JN039357

日本の海のレジェンドたち

山縣記念財団 80 周年記念出版編集委員会 編

海 文 堂

ここに登場する海のレジェンドたちをはじめ、
わが国海事産業の発展に関わるすべての方々に
本書を捧げます。

はしがき

　本書は、江戸時代以降、海を舞台に活躍した「レジェンドたち」の評伝を集めたものです。その中には商人や武士もいれば、偶然の漂流から生還して一躍ヒーローになった庶民もおり、また、明治・大正・昭和期に海事産業の近代化に尽くした海運企業の経営者、さらには大船長の名前もあります。

　わが国は、「海の日」を「国民の祝日」にしている唯一の国です。「海の日」は、「海の恩恵に感謝するとともに、海洋国日本の繁栄を願う」ことを目的に制定された祝日です。四面を海に囲まれたわが国は、古来、海から多くの恩恵を受けてきました。海のおかげで、湿潤で温暖な気候や風土、豊かな海産物や資源に恵まれ、そこには漁業等を営む人々がいましたし、また、船によって、離れた地域と物資をやりとりする貿易商たちや海運企業で働く人々がいました。時代が進み、人口が増加し、海外とのヒト・モノ・文化の往来もますます活発になりました。こうして海は「世界を隔てるもの」ではなく「世界をつなぐもの」になったのです。

　本書の編者である一般財団法人山縣記念財団は、「海事交通文化の発展に寄与すること」を目的として、昭和15年（1940）、当時の辰馬汽船（現在の商船三井の源流の一つ）社長であった山縣勝見によって設立され、令和2年（2020）6月に設立80周年を迎えた記念として、本書を企画しました。企画の動機は、当財団の設立時期よりさらにさかのぼって、江戸時代以降の「日本の海のレジェンドたち」がいかにその時代の課題を見つめるとともに将来へのヴィジョンを描き、より良き時代の到来に向けて努力を重ねてきたか、現代を生きる私たちにも参考になることはないか検証したい、という考えからです。

　この文章を書いているいま現在、世界は新型コロナウイルス感染症という未曽有の危機に直面し、人々の健康に対してはもちろん、生活や仕事にも大きな影響が出ています。しかし、この間も「海運」をはじめとした「物流」は片時も止まることなく、人々に食料・生活物資・エネルギーを供給し続けています。

「海運」が人々の生活の「基本インフラ」であること、「船員」という仕事がいかなる状況であっても「エッセンシャル・ワーカー」であることを多くの皆様に是非知っていただきたい、そして、離れた地域間、ひいては世界中の人々と平和的に共存共栄できるようなつながりを求め、海上交通網を構築し、維持・拡大に努力してきた人々、その中で活躍した人々に思いを馳せていただきたい、そうした思いを胸に本書を皆様のお手元にお届けさせていただく次第です。

　最後になりますが、これだけ多くの「日本の海のレジェンドたち」が生きた航跡を紹介できるのも各評伝を執筆いただいた 21 名の皆様、並びに資料や画像を提供してくださった皆様のおかげであり、ここに心からお礼を申し上げます。

　また、これまで当財団の出版物は海事関係者など限定した範囲での配布としていましたが、本書については、より多くの方に読んでいただきたいとの願いから、初めて出版社経由での出版といたしました。本書の企画段階から、編集、出版に至るまで終始多くの助言をいただいた編集委員諸氏、並びに、海文堂出版の臣永真氏に、この場を借りて改めてお礼申し上げます。

2021 年 2 月

一般財団法人　山縣記念財団

理事長　郷古　達也

目　次

日本の海のレジェンドたち生没年表（巻末折込）

助　走

～世界に冠たる内航海運を支えたレジェンドたち～

　第一部に登場いただくレジェンドたちは、わが国海事産業が近代化に向けて助走するなかで一際目立つ偉人たちです。

　河村瑞賢、大黒屋光太夫、高田屋嘉兵衛、銭屋五兵衛…彼らは、まさしくわが国海事産業近代化への懸け橋となった人たちです。河村瑞賢は西廻り航路・東廻り航路を開拓することで世界に冠たる内航網を構築し、大黒屋光太夫は廻船の船頭にして日露の橋渡し役となり、高田屋嘉兵衛は北洋航路によってなした財で以って箱館（現在の函館）を整備し、加賀の豪商銭屋五兵衛（銭五）は北前船で財をなしました。

　豊臣秀吉の朝鮮出兵に激高した明（中国）は、日本との交易を認めようとしませんでした。そこで考えられたのが朱印船貿易、すなわち、海外渡航許可の朱印状を与えられた朱印船のみによる貿易です。朱印状を与えられた大名は島津、松浦、有馬、鍋島など九州の大名が多く、商人では、京都の角倉了以、茶屋四郎次郎、大坂（現在の大阪）の末吉孫左衛門、納屋助左衛門（呂宋助左衛門）、長崎の末次平蔵や荒木宗太郎などでした。徳川家康もまた秀吉の貿易政策を継承して外国との交易を発展させようとしますが、結局は「鎖国」へと舵を切り、海外との交易は長崎、対馬（対朝鮮）、薩摩（対琉球）、松前（対蝦夷）に限定されることになりました。寛文 12 年（1672）、河村瑞賢によって西廻り航路が整備され、北前船が寄港する下関・兵庫・敦賀・新潟・酒田・深浦・松前などの港町が栄えます。菱垣廻船や樽廻船、大坂と江戸を結ぶ尾州廻船、日本海側から津軽海峡を抜けて江戸に向かう東廻り廻船なども津々浦々を行き交い、当時の日本は世界に冠たる内航網を構築していました。

河村瑞賢

かわ　むら　ずい　けん

（1618-1699）

江戸期の日本沿岸に
湊や水路の整備を進め、番所や通信手段を創設し
海難事後処理方法等を確立した航路開発者

まえがき

　河村瑞賢は、徳川幕府の年貢米輸送に従事し、東
廻り航路や西廻り航路を開発した人として、江戸時
代の海運を語る時に忘れられない人である。

　しかしその功績は、その輸送そのものもさること
ながら、輸送のための湊や水路の整備を進め、番所
や通信手段を創設し、海難事後処理方法等を確立し
て、船舶輸送制度全般の改革や近代化を実現したこ
とにある。

　計画に当たっては、現場状況の詳細な観察と広い

河村瑞賢（筆者撮影）

視野からの検討を行っており、現代の我々から見ても学ぶべき点が多く、真に
偉大な開拓者である。技術革新を根付かせるには、社会面も含め総合的変革が
必要で、その故に功績が後世の仕組みにまで発展している。

生誕と生い立ち

（1）生誕地

　三重県と和歌山県の南岸をつなぐ、国道 260 号線沿い三重県度会郡南伊勢
町東宮が、河村瑞賢の生誕地である。元和 4 年（1618）の生まれで、国道と交
差する東宮川左岸の生家宅地跡には、御木本幸吉翁建設の碑があり、井戸跡も
残っている。また、東宮瑞賢公園には、河村瑞賢の銅像が建っており、近くに
は瑞賢が奉納したと伝わる石鳥居のある八柱神社や河村家菩提寺の大仙寺も

ある。

(2) 生い立ち

　瑞賢は、13 歳の時江戸に出て、日雇い人足から身を起こし、車力（車曳き）、人夫頭、材木商などを経験した苦労人といわれている。その所業については、京都町奉行与力神沢杜口が編述した『翁草』（寛政 3 年（1791）完）に詳しく述べられており、以下に主なものを述べる。

　最初江戸に出たが、芽が出ないため上方で一旗上げようと旅立ったが、途中小田原で出会った老人に、「今、繁盛している江戸を捨ててなにが立身じゃ[1]」と諭されて、再び江戸へ戻ることにしたという。その帰路、品川に差しかかったとき、盆の精霊送りの瓜やナスが海岸に打ち上げられているのを見て、これを漬物にして近くの工事現場の人足に売り歩いた。漬物は飛ぶように売れて資金をつかみ、工事監督役人と親しくなり、土木関係の事業に進出したと云われている。

　瑞賢のさらなる飛躍は、明暦 3 年（1657）の江戸大火の時であった。火災の報を聞くと、有金全てを持って木曾へ飛び、木材を買い巨富を得た。大火で焼けた江戸城の修復も手がけ、幕府の信用を得た。

　「増上寺の鐘」の逸話では、芝増上寺の鐘が落ちた時、吊し直しに他が高額の見積りを出す中で、瑞賢はそれらの半額以下で請け負った。多数の米俵を用意し、鐘を傾けてその下に米俵を差し込み、次に反対側に傾けて下に差し込むことを繰り返して、短時間で吊り上げた。使用米は損料を付けて米屋へ引きとらせ、安く工事を終えたという。このように、瑞賢は卓抜したアイディアで仕事をし、幕府要路の信用を得ている。

東廻り航路の開発

(1) 阿武隈川水路開発

　新井白石著『奥羽海運記』に、寛文 10 年（1670）冬、河村瑞賢は、「奥州信夫郡（信達両郡）桑折・柳（梁）川及び福島等処、官糧数万石を漕ぐ方略を試みる[2]」（カッコ書きは筆者による）ことを幕命によって請負ったとある。こ

の輸送は、上杉米沢藩減封に伴い信夫・伊達両郡12万石が幕府直轄領となったため、その年貢米を江戸に運ぶものであった。

『奥羽海運記』には「粮米河道（りょうまいかわみち）を下り、荒浜に積継ぎ、海船また荒浜に集まる[3]」とあり、阿武隈川を下り（くだ）、河口荒浜（現在は宮城県亘理（わたり）町の一部）で積み替えて、房総半島回りで江戸に運ばれた。この詳細は、『宮城県史5』に所載された荒浜武者家（むしゃ）の「勤功書上（きんこうかきあげ）（勤務上の功労記録）」にも記述されている。

現在の阿武隈川河口（荒浜）（筆者撮影）

この川舟輸送については、阿武隈川下流部は問題無かったが、上中流部は川底が浅く岩もあり、流れも激しかったため、その水路整備が必要で、瑞賢は、自ら水路調査を行い、難所の改造等の水路整備を行った。特に潜岩（くぐりいわ）や猿跳付（さるとび）近の改良に心を砕いた。福島市ふれあい歴史館蔵の「阿武隈川舟運図」は、福島県指定重要文化財で、瑞賢が中流部を航行する舟のため作成した水路図の写（明和6〜7年（1769〜1770）頃の写とされている）で、図には水路情報に加え難所も明示され、問屋や船頭等が便利に利用したものである。また、出発地の福島には、当時の福島河岸（川港）や米蔵が復元されている。

「阿武隈川舟運図（部分）」（福島市ふれあい歴史館蔵）

　積替地荒浜には、御城米を保管する米蔵が多数建っていたと言うが、現在は荒浜小学校になり水路も道路になっている。筆者も現地を訪れた際、近所も探したものの、当時のものは見あたらなかったが、亘理町郷土資料館「悠里館」に、瑞賢が幕府城米廻船を示すための標識「御城米絵符」（巾12センチメートルの木札、上部に朱で「日の丸」を描き、下部に「御用」と墨書）が展示されており、興味を引かれた。

（2）瑞賢以前の東廻り航路

　東廻り航路とは、東北地方の日本海側や北海道から津軽海峡を経由し、又は太平洋側東北地方の各湊から江戸に至る航路である。

　家康が江戸の町造りを始めると、物資の大量輸送が必要となり、参勤交代が始まると、大名江戸藩邸の消費米や生活費用現金確保から、米や国元産品の江戸輸送が必要となった。東廻り航路は、このように徳川幕府の発展とともに本格的に発達していった航路である。

　当初東廻り航路には、200～300石積程度の小型船（天当船等）が運航されたが、小型帆船は外洋直行航海が難しく、天候を見つつ沿岸湊に寄港し、海岸伝いに航海したため、あまり盛んではなかった。

　房総半島東方海上は、親潮と黒潮の流れの交差に加えて、冬季は西又は北西の強い季節風を受けるためである。それ故手前の那珂湊や銚子で荷物を陸揚げして陸送したり、内陸の河川舟運を利用したりもしていた。

（3）瑞賢の東廻り航路開発

　瑞賢は、実際の輸送に当たっては、冬季輸送の危険を避けるため、輸送時期を夏期にし、房総半島を迂回して伊豆半島の下田か三浦半島の三崎に入港し、ここで風待ちして江戸に入港する航路を選択した。江戸湾口では逆風による海難事故が多かったことから、一度西行し、伊豆半島で順風の風待ちをして江戸に入港するためである。

　瑞賢は、房総半島周辺の気象海象や航路状況を実に綿密に調査している。その結果、正月に欲しい新米の冬季輸送を避け、夏航海とした。正月の新米需要

も意に介さなかったことが、重大な判断である。

　我々の現代感覚でいうと、房総半島から直接東京湾に入れば良いと簡単に考えるが、冬季のこの海域は、現代でも船の難所で、「ぼりばあ丸」、「かりふぉるにあ丸」、「尾道丸」等多くの大型船が、海難事故を起こしている。加えて、鎖国政策のため外洋型船の建造が禁止され、堪航性の悪い沿岸用の船しかなかった。菱垣廻船や樽廻船等にも使われ、江戸期の最優秀船という弁才船（千石船）でも、棚板構造の船体は強度不十分、甲板の大部分は水密性がなく、舵は吊舵で不安定、帆装も風上への切上性能が十分でなかった。

　瑞賢は、輸送に当たって沿岸湊の整備の他に、天候観測用の日和山や通信用の狼煙台、常夜灯等の航海安全施設整備を行い、運航状況の連絡体制を刷新した。さらに、途中の平潟、那珂湊、銚子、小湊等に船番所を置き、廻船救助、破損船取調べ、荒天時の打荷検査、船具不備や水主不足の検査、漂流船や積荷の保管等廻船事故処理方法を確立した。その結果、時間も費用も半減し、この輸送を成功させた。

　江戸初期の太平洋東岸には良港がなかったことから、この瑞賢の新航路開発は、単に幕府にとってのみならず、事後、東北諸大名の蔵米輸送や商業用諸物品の輸送にとっても役立つものとなり、東北から江戸への直行航海に飛躍的発展を促すものとなった。新井白石の『奥羽海運記』においても「是より後漕政一新して便捷に帰す。（この時から、航海制度が一新され、便利になった。）4)」と書かれている。しかし、これにより冬期の房総沖航海や津軽海峡通過問題が解決したわけではない。徳川幕府でも、冬期の東廻り航路の困難性を解決するため、当初江戸湾に流れていた利根川を、関東郡代伊那家が三代をかけて、関宿から銚子に流れるように切り替える難工事を行い（利根川東遷）、銚子で川舟に積み替え、人力曳船も使って、関宿から江戸川に入り、さらに小名木川から隅田川に出る、積み替えが多く不便ではあるが安全な「内川回し」を開発した原点になっている。

西廻り航路の開発

（1）最上川舟運の整備

　東廻り航路の輸送に成功した瑞賢に対して、幕府は翌年寛文 12 年（1672）に、今度は出羽の年貢米輸送を命じた。瑞賢は、最上川を利用して川舟で酒田まで運び、江戸に運ぶ計画を立てた。

　西廻り航路においても、産地から海船積替地の酒田までの輸送のために瑞賢は、最上川水路を綿密に調査

山形県最上川中流の流れ（筆者撮影）

し、岩礁や急流を改善し、積出地や積替地には蔵を建てて、保管費の節約を図っている。

　整備された最上川舟運はその後、山形米や、染料「最上紅花」の他、大豆・青芋・煙草等の山形特産品輸送のみならず、秋田や宮城など奥羽諸藩の米も酒田へ運ばれ、帰り舟には、塩、魚、古着などの生活物資などが積み込まれて、この地方の有力な流通手段となった。

（2）瑞賢以前の西廻り航路

　日本海海運の歴史は古く、室町時代から京都や上方に近い越前や若狭と東北地方や北海道の間に交通があった。しかし、この航路は、日本海側の産物を京都や大坂へ運ぶことが中心で、敦賀や小浜からは、陸路を牛馬などで琵琶湖北岸に運び、琵琶湖水運を利用した。

　これは安全なルートであったが、何回も荷物の積み替えを必要とし、陸路の輸送距離が長いことから、全行程を一回の海上輸送で行いたい要求が出るのは当然である。関門海峡を回り、瀬戸内海を経て大坂に直行する西廻り航路の古い記録としては、寛永 16 年（1639）に加賀藩が大坂に藩米を輸送した記録が残されている。頻度は少ないものの、河村瑞賢以前にも、加賀藩や島根藩が下関（赤間関）経由の大坂への藩米輸送をしているが、定常的ではなかった。

（3）瑞賢の西廻り航路開発

　酒田からの輸送に際して瑞賢は、日本海を南下して、下関から瀬戸内海に入り、紀伊半島を廻って江戸に運ぶ計画を立てた。

　瑞賢は、前年の東廻り航路の開発が必ずしも十分でないことを誰よりもよく知っており、津軽海峡や房総半島周辺の通過に危険を感じていたので、輸送距離が長くても安全性の高い西廻り航路をとることとしたのである。この西廻り航路は、北国航路、瀬戸内海航路、江戸・大坂間航路が開発されており、安全であったためである。

　前年の東廻り航路の場合と同様に、途中の各湊の整備や番所の設置を行い、事故処理方法を確立し、常夜灯等の航海安全施設整備を行った。同時に使用船舶として、日本海航路運航に慣れている讃岐国の塩飽諸島、備前国の日比浦、摂津国の伝法・河辺・脇浜などの諸廻船を雇って、江戸までの年貢米輸送を無事成功させた。

　西廻り航路の利用は、瑞賢が初めてではないが、瑞賢が瀬戸内海廻船を傭船したことや、東廻り航路同様、沿岸の航海安全施設整備や管理体制創設等、海運制度の刷新を図ったことが、西廻り航路で重要な役割を果たしており、その後の航路の基盤となっている。途中の寄港地は、佐渡の小木、能登の福浦、但馬の柴山、石見の湯津（温泉津）、長門の下関、摂津の大坂（大阪）、紀伊の大島、伊勢の萬座（万座）、志摩の畔乗（安乗）、伊豆の下田とし、ここに番所を置き、管理に当たらせた。

　東廻り航路完成の一年後、瑞賢自身が、酒田から江戸までの輸送に西廻り航路を選んでいるということは、日本海からの物資輸送は、関門海峡から上方を経由して江戸までの方が、たとえ長距離になっても、東廻り航路よりも経済的と考えたのである。もちろん、その中には海難リスクも含まれる。これは同時に東廻り航路の難しさを示しており、冷静な判断と綿密な調査に裏付けられたものである。

　この西廻り航路開発の結果、「天下の台所」大坂と日本海側の都市は海路で結ばれ、大坂を経由して、江戸まで繋がり、その後一般的な完成された航路として発達していく。一方、日本海方面からの琵琶湖経由の物資輸送は衰退し、

基地として繁栄してきた敦賀や小浜が打撃を受けた。

　積替地の酒田は、古くから海運の要地であったが、その範囲は若狭国辺りまでだったのが、上方・江戸にまで広がり、井原西鶴の『日本永代蔵』に紹介されるような日本有数の海湊として発展をとげた。

　実際の輸送に当たっては、瑞賢自身が長子伝十郎他多くの部下を伴って酒田に来訪したことが『山形県史資料編5　鶏肋編』に収録されている「瑞賢下向ニ付覚書」にあり、御城米を砂浜に野積みにすることなど、いろいろ具体的な現場指示を出している。

　酒田港の高台に日和山があるが、ここは瑞賢が城米積出用米倉を建てた所であり、船頭達が出航前に日和を見た丘である。瑞賢の建設した御城米置場は、東西 151 メートル、南北は 96 メートルと大きなもので、堀や土塁で囲われて

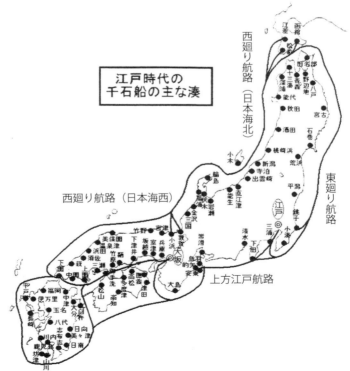

江戸時代の千石船の主な湊（谷弘著『千石船の湊を訪ねて』より）

いた。その建設作業人足は、約 3 万人と云われている。現在倉跡には、上から見ると「米」の字を表す高さ 2 メートルの記念碑が建てられ、公園には、河村瑞賢像や千石船の他、当時利用された常夜灯や方角石等、往時を偲ばせるものが点在している。

瑞賢から学ぶこと

瑞賢以前の水運の状況は、幕府も各藩も商人との入札請負制度を取り、請負商人に全てを任せ、請負者も従前の方法を踏襲していた。

瑞賢の功績は、古い各種制度を改廃し、合理的な制度を確立したことである。海難予防、海難発生時の措置を徹底するため、船頭任せの航海ではなく、常に船と陸が連携を保ち、海陸一体となって輸送する広範な対策を取ったことこそ、瑞賢の面目躍如たるものがあり、幕府米の輸送のみでなく、その後の海運制度確立にも貢献した。

新井白石も『奥羽海運記』において、農産物が多く人口の少ない東北から人口が多く農産物の少ない西南諸国への輸送は、国民経済の上からも非常に有益なことであると、感想を述べている。

安治川開削など、航路開発以外の瑞賢の功績

瑞賢の功績は、航路開発が一番に出てくるが、これはもちろん大偉業であるが、これのみではない。新井白石著『畿内治河記』に述べられている安治川の改修の他にも、高田藩家老小栗美作守正矩の保倉川付替（関川との合流と改修）、直江津築港、関川浚渫による舟運路整備等の港湾土木工事についても、指導力を発揮し、多大の功績を上げている。ここでは、安治川開削を例に、大略を述べる。

別名大坂川とも呼ばれる淀川は、大和川、木津川、加茂川、桂川等大小数十の河川が流入する川で、泥砂が流入し閉塞する河である。瑞賢は、天和 3 年（1683）幕府の若年寄、大目付、勘定頭などの重役による畿内巡視に随行し、淀川流域を視察し、淀川整備工事に着手した。

　江戸初期まで、淀川河口部には九条島があり、淀川の流れを遮って度々洪水を起こし、上流からの土砂堆積が舟運を妨げていた。

　徳川幕府は、河村瑞賢が献策した治水計画を入れて貞享元年（1684）、彼に水路の開削を命じた。工事は、淀川河口流路を直線化するため九条島を開削し、新川を作ることである。この新川が後の安治川で、その総延長は約3キロメートル、幅は約90メートルである。

　さらに瑞賢は、中津川分流点での流量を制限し、本流である淀川の水量が保たれるように延長200余丈（約600メートル）の杭柵を築いている。この畿内の治水工事は、貞享4年（1687）まで、開始から4年にわたって続けられ、各河川の流路の拡幅整理、下流部の整理浚渫など、その行った関係工事は枚挙にいとまがない。

　一度江戸に帰った瑞賢は、元禄11年（1698）81歳の時、再度大坂の治水工事を任され、堀江川開削、難波島開削等淀川河口デルタ地帯の土地開発、護岸工事などを行い、大坂湊と水路の広範な整備を行った。このような港湾工事の結果、船が海

摂津名所図会「安治川口諸船入津」（国立国会図書館蔵）

から直接大坂市中へ入れるようになり、中之島に各藩の蔵屋敷や商業地が整備され、瑞賢が開発した西廻り航路の船の利便も大きく向上した。菱垣廻船や樽廻船の運航が盛んになったのも、この水路整備の結果である。『摂津名所図会』所載の「安治川口諸船入津」（寛政10年（1798）刊行：国会図書館蔵）を見ると、その様子が手に取るようにわかる。

　大阪地下鉄九条駅から安治川に向かうと、左岸に「河村瑞賢紀功碑」がある。碑は大正4年（1915）に建てられたが、背面に瑞賢の業績が刻まれ、功績が忘れられず近世まで続いていることがわかる。

晩年と墓所

　瑞賢は、徳川幕府の数々の事業に協力したことで、元禄11年（1698）に旗本に列せられ、禄米150俵を賜った。もちろんこれは、その経済的価値よりも身分社会における名誉の要素の大きいものである。

　しかし、元禄12年（1699）大坂の治水工事が終わって江戸へ帰ったとたんに長年の疲れが出たのか、その年の6月に不帰の客となった。享年82であった。遺体は鎌倉五山筆頭臨済宗建長寺に葬られた。この寺は、建長5年（1253）北条時頼時代に来日していた高僧・蘭渓道隆が建立したわが国最初の禅の専門道場で、記録5）には瑞賢自身が「禅に傾注し、建長寺に参禅したこと、寺の裏に別荘を構えたことが縁で墓地が置かれた」と説明されている。

　また、瑞賢は学問を好み、新井白石ら多数の学者と交遊を結び、かつ経済的な援助を惜しまなかった。その縁のためか、新井白石は、東廻り航路や西廻り航路開発の功績を讃えて『奥羽海運記』を、大坂の治水業績を記述した『畿内治河記』を著している。

鎌倉建長寺の瑞賢墓と顕彰碑（筆者撮影）

　墓所には、瑞賢の偉業が書かれた河村瑞賢追憶碑が建てられており、建長寺の菅原管長等の有志が集い、河村瑞賢墳墓保存会が発足し、昭和9年に、保存会編の『河村瑞賢伝』（非売品）が発行されている。この書では、建長寺の瑞賢及び嗣子通顕の墓碑、並びに河村瑞賢追憶碑等の内容を収録するとともに、随所に新井白石の著書を引用して細部に解説を加えており、瑞賢の功績を知る上で有益な資料となっている。

（執筆：谷　弘）

【注】

1）京都町奉行与力神沢杜口編『翁草』（寛政 3 年（1791））日本随筆大成 19（吉川弘文館）P161

2）新井白石著『奥羽海運記』新井白石全集第 3 巻（明治 39 年（1906））P594

3）新井白石著『奥羽海運記』新井白石全集第 3 巻（明治 39 年（1906））P596

4）新井白石著『奥羽海運記』新井白石全集第 3 巻（明治 39 年（1906））P594

5）河村瑞賢墳墓保存会編『河村瑞賢伝』（昭和 9 年（1934）、非売品、国会図書館蔵）P44

【引用・参考文献】

京都町奉行与力神沢杜口編『翁草』（寛政 3 年（1791））日本随筆大成 19（吉川弘文館）

新井白石著『奥羽海運記』新井白石全集第 3 巻（明治 39 年（1906））、日本経済大典第 4 巻

新井白石著『畿内治河記』新井白石全集第 3 巻（明治 39 年（1906））、日本経済大典第 4 巻

河村瑞賢墳墓保存会編『河村瑞賢伝』（昭和 9 年（1934）、非売品、国会図書館蔵）

川崎有則著『河村瑞賢祈念碑』（松成堂発行、明治 32 年（1899）、国会図書館蔵）

古田良一著『人物叢書河村瑞賢』（吉川弘文館、平成 7 年（1995））

中井信彦著『人物日本の歴史 14　豪商と篤農』（小学館、昭和 50 年（1975））

河村瑞賢作成水路図写『阿武隈川舟運図』（明和 6～7 年（1769～1770）年頃の写、福島市ふれあい歴史館蔵）

宮城県編『宮城県史 5（地方交通史）』（宮城県史刊行会、昭和 35 年（1960））

山形県編『山形県史資料編 5　鶏肋編上』（巖南堂書店、昭和 36 年（1961））

新修大阪市史編集委員会編『新修大阪市史第 3 巻』（大阪市発行、平成元年（1989））

土木学会編『明治以前日本土木史』（岩波書店、昭和 48 年（1973））

村田路人著『河村瑞賢の治水事業』（学士会会報 No894-2012III、昭和 52 年（1977））

谷弘著『千石船の湊を訪ねて』（芸立出版、平成 23 年（2011））

谷弘著「異常海難防止システムの総合研究開発」海事史研究第 74 号（平成 29 年（2017））

【関係資料館、記念館等】

福島市ふれあい歴史館　福島市松山町 39 番地の 1

　　http://www.city.fukushima.fukushima.jp/fureai/rekishikan/index.html

建長寺の瑞賢墓と顕彰碑　神奈川県鎌倉市山ノ内 8

大黒屋光太夫
だい こく や こう だ ゆう

（1751–1828）

ロシアでの 10 年に及ぶ漂泊の末
エカテリーナ二世から帰国を許された伊勢の船頭
彼の異国体験は、日本の対外政策や蘭学に影響を与えた

生い立ち（伊勢に生まれた大黒屋光太夫）

　周囲を海に囲まれた我が国では、漂流の末に九死に一生を得て生還した例は古来より決して少なくはない。特に、近世は飛躍的な経済発達に伴い物流を担う廻船の航行数が増加した時代で、それに伴い海難事故が急増、心ならずも漂流して異国へと渡る人々が多く現れた。そして、海外への渡航が禁止されていた時代でもあったため、漂流という事故のみが海外を経験する唯一の機会でもあったのである。

大黒屋光太夫磯吉画幅より
（大黒屋光太夫記念館蔵）

　ロシアからの初めての帰還者となった大黒屋光太夫も、海難事故により異国へと渡ったひとりである。

　当時、日本最大の物流量を誇っていた江戸・上方航路の途上にある伊勢湾には、積荷の集積地・寄港地が多く存在した。中でも紀州藩領の白子湊（現三重県鈴鹿市）は、江戸に進出した伊勢商人が木綿荷物の積出湊として利用したため伊勢湾最大の賑わいを見せていた。

　その白子湊に近い伊勢国南若松村に生まれ、廻船問屋・一見勘右衛門のもとで江戸・白子間を往復していた船頭が大黒屋光太夫である。

漂流・漂着・孤島での生活

　天明 2 年（1782）12 月、千石積の神昌丸に木綿荷物や紀州藩の回米を積み込み、16 名の仲間とともに江戸へ向かった光太夫は、駿河湾沖で突如嵐に遭遇した。北風と西風が揉み合うような暴風の中、怒涛によって舵を折られ、船は煽られて転覆寸前となる。光太夫は、船体を安定させるために、上荷を投げ捨て帆柱を切り落とすという苦渋の決断を余儀なくされた。やがて嵐は去り、辛うじて転覆は免れたが、帆柱を失った船は、その後、太平洋を北に向かって流され漂うことになる。

　あてもしらず大海を漂う中、陸地を見ることもなく日は過ぎていく。遠い水平線ばかり見つめる日々を伊勢神宮の神籤を引いて陸地までの距離を占ったりして過ごしていた。他の漂流船では、閉ざされた極限状態の船内において争いが生じたり恐怖心から自殺に至ったりする例もあったが[1]、神昌丸の船内では光太夫が仲間に対して強い統率力を発揮し、平常心を保つことに成功していた。食料は積荷の回米がまだ大量にあったので補うことができたが、3 ヵ月ほど経た頃に雨が降らず飲料水が欠乏した。光太夫は水桶に錠前をかけ、鍵は自分が管理して、水の使用量を制限しつつ仲間に平等に配分する制度を作った。仲間は素直にこれに従い、雨が降るまで争いが起こることなく命を繋ぐことができた。このような光太夫の機転と統率力は、極限状態の船内で精神的な支柱となっていたのであろう。

　そして、遭難から約 7 ヵ月後、一行はロシアとアラスカとの間に位置するアリューシャン列島のアムチトカ島に漂着した。先住民のアリュート族とラッコなどの海獣猟のために在島していたロシア人に保護されたが、上陸してすぐ 2 人が死亡した。やがて冬が訪れ、絶海の孤島での苛烈な寒さにさらに 5 人が亡くなった。

　光太夫たちは、ロシア人たちと寝食を共にしていたが、半年ほどは身振り手振りでコミュニケーションをとっていた。そんな折、ロシア人が光太夫たちの持ち物を見て「エトチョワ」[2]という言葉を発することに気が付いた。やり取りの中で、エトチョワとは「これは何か」というロシア語であることに気づい

た光太夫たちは、その後はエトチョワと質問して語彙を増やしていき、やがて
会話が可能になった。不安な日々ではあったが、言葉が通じるようになると、
猟を手伝うようにもなり島の生活に馴染んでいった。彼らが異郷の地で生き抜
くためにロシア語は大いに役立ち、漂着から3年後にはロシア人たちと協力し
合って1年がかりで六百石積ほどの船を造りあげるまでになり、その船でカム
チャツカ半島へと脱出することに成功したのである。

カムチャツカ

　1787年 [3] の夏、カムチャツカ半島の中心であるニジニ・カムチャツカに到
着した光太夫たちは、現地の長官オルレアンコフ少佐の厚い保護を受けること
ができた。光太夫たちは、そこで初めて洋風の食事を味わったようである。し
かし、カムチャツカでの生活も決して平穏ではなかった。季節が秋から冬に変
わるころ、大飢饉が半島を襲ったのだ。餓死と背中合わせの危機的状況の中、
ロシア人たちは光太夫たちを救うため牛の股肉2つを運んできた。食肉は禁忌
であると躊躇する光太夫たちであったが、禁忌を守れば死が待っている。ロシ
ア人に説得され、食肉を受け入れることで命を繋いだ。しかし、新年を迎える
頃にはその肉すら払底し、木の皮まで煮て食べる有様で、ここでも3人の仲間
を失ってしまう。

　飢饉に喘ぐ最中、光太夫はジャン・レセップスというフランス人に出会っ
た。彼は、スエズ運河の掘削で有名なフェルナンド・レセップスの叔父にあた
り、ルイ16世の命を受けた大航海士ラペルーズによる北西航路発見の旅に通
訳と史料編纂官を兼ねて同行し、カムチャツカからシベリアを横断してフラン
スへ帰国する途中だった。光太夫に強い関心を寄せたレセップスは、帰国後に
出版した『レセップスの旅行日録』[4] にその印象を詳しく書き残している。そ
れによると、光太夫は船員に対して著しい支配力を持ち、部下は光太夫に対し
て特別の愛着と尊敬を示していたという。そして、光太夫も彼らに劣らない愛
情を示していたとあり、カムチャツカにおいても一行は光太夫を中心とした強
い絆で結ばれていたことがわかる。さらにレセップスは、「光太夫が尊敬され

るわけは身分上の優越ではなく
敏捷（びんしょう）活発な精神と優しい性質から
である」と分析し、また「光太夫は礼
儀にこだわらず無遠慮で、潑溂（はつらつ）とし
て率直な意見を述べる」とも記して
いる。身寄りのない異国の地で物怖
じせずに堂々と渡り歩く光太夫の姿
が浮かんでくる。光太夫が艱難辛苦（かんなんしんく）
を乗り越えて帰国することができ
たのは、確固たる意志を形成しなが

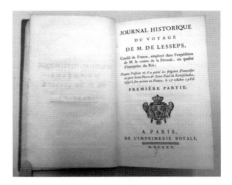

レセップスの旅行日録
（大黒屋光太夫記念館蔵）

ら、時にこうした図々しい一面もあったからではないだろうか。それが仲間た
ちに慕われる光太夫の魅力であり、ロシアで出会った多くの人々が彼に協力的
だった理由もまたそこにあったのかもしれない。

シベリア横断、そして帝都へ

　翌1788年5月、凍っていた河川が解けだし小魚や鮭の遡上がはじまると、
飢えによる壊血病で苦しんでいた仲間たちも鮮魚を食べて回復した。光太夫た
ちは帰国許可を求めてさらに西へと旅立つことになった。6月にニジニ・カム
チャツカを発ち、途中オホーツクで冬の旅装を調え、野宿を重ねながら厳冬の
荒野シベリアをイルクーツク目指して横断したのである。仲間の庄蔵が凍傷に
罹り、後に片足の切断に至るという決死の大移動であった。

　イルクーツクは、シベリア総督が治めるシベリアの中心都市で、南に清との
交易地キャフタを控え、毛皮貿易で財を成した商人も多く居住する商都でも
あった。1789年2月に同地に着いた光太夫らは、すぐさま日本への帰国許可
願いを提出したが、サンクトペテルブルグから届いた回答はロシアに帰化を勧
めるものであった。実は、日本との交易を望んでいたロシアは、以前から漂着
した日本人を日本語教師として取り立てていたが、この時期には皆死亡して日
本人教師が不在だった。ロシアにとって光太夫たちの出現は好都合だったので

ある。しかし、日本に帰国したいと願う光太夫はそれを拒否した。するとロシアはそれまで光太夫たちに支給していた生活費を打ち切ってしまったのだ。そんな光太夫に救いの手を差し出したのは、イルクーツク郊外でガラス工場の経営を行っていたキリル・ラクスマンであった。キリルは、植物学・化学・地質学など様々な分野で活躍する博物学者であり、ロシア科学アカデミーの会員であった。オランダ商館に赴任したツンベルクやケンペルの著書を通じて日本に対し強い興味を持っており、光太夫たちを自宅に招いてつぶさに話を聞き、日本の情報を収集した。そして、その境遇に深く同情し、彼らに惜しみない支援を与えたのである。光太夫が提出した4度目の帰国願いが退けられると、キリルは光太夫にサンクトペテルブルグへ行き帰国を嘆願することを提案した。

　1791年2月、キリル・ラクスマンに連れられ首都サンクトペテルブルグに入った光太夫は、その年の5月に皇帝エカテリーナ二世への謁見を許された。キリルが用意したフランス製の衣服に身を包み、王宮に伺候した光太夫は、400人ほどの官人が取り囲む中、女帝の前に参上した。左膝を折るロシア式の礼をすると、女帝の前に進み、差し出された右手に三度口をつけた。そして、これまでの経緯を語り、帰国を訴えた。それを聞いた女帝は、「ヲホ・ジャウコ（なんてかわいそうに）」と声をあげたという。

　こうして恙（つつが）なく拝謁を終えた光太夫だったが、帰国許可は期待に反してなかなか下りなかった。キリルは光太夫の送還を日本との貿易開始のきっかけにすべきと上申していたが、反対意見もあり女帝の心は揺れていたのだ。その帰国許可を待つ間、光太夫は皇都で時の人となった。貴族や豪商から破格の厚遇で迎えられ、女帝や皇太子からも幾度となく招かれて日本のことを語ったりした。この頃に光太夫が日本に宛てて書いた手紙[5]がドイツに残されている。その手紙には「今一度日本へ帰りこの国の話つかまつり候。書きて差し遣わしたく候事は紙何千枚にも尽くし申さず候」とある。望郷の思いとは別に、ロシアのことを日本に伝えたいという思いが彼の中に生まれていたことを示す貴重な手紙である。

ロシアでの別れと 10 年ぶりの日本

　1791 年 9 月 13 日、エカテリーナ二世はシベリア総督ピーリに対して、光太夫ら日本人漂流民の送還に関する勅令を出した。それは、キリル・ラクスマンが提出した上申書に基づくものであり、

エカテリーナ二世より与えられた金メダル
（大黒屋光太夫記念館蔵）

キリルの推挙により 25 歳のキリルの次男、アダム・ラクスマンがロシア初の公式な遣日使節として、ピーリの書簡と贈り物を携え、光太夫たちを日本に送り届けることが決定したのだ。光太夫は女帝に召され、嗅ぎ煙草入を別離の品として手渡された。また、金メダル、金の懐中時計、金貨なども拝領し、親交を結んだ人々からも様々な餞別の品が続々と贈られた。そして、多くの人に見送られて 9 ヵ月滞在したサンクトペテルブルグに別れを告げ、キリルとともにイルクーツクの仲間の元へと向かったのである。

　イルクーツクに到着したのは 1792 年 1 月のことだった。17 人で白子湊を出帆した光太夫一行であったが、12 人が既に亡く、帰国を希望したのは光太夫・磯吉・小市の 3 人であった。凍傷により片足を切断した庄蔵と、大病を患いロシア正教の洗礼を受けた新蔵の 2 人はすでに帰国を諦めていた。5 人の日本人はイルクーツクで最後の時間を共に過ごし、そしていよいよオホーツクへと 3 人が旅立つ日の朝、光太夫は庄蔵に別れを告げ、名残り惜しさを断ち切って外へ駆け出すと、庄蔵は「立あがりこけまろび、大声をあげ、小児の如くなきさけび悶えこがれ」6) たという。光太夫はその声が道中も耳に残り、まさに断腸の思いであった。

　また、ロシアの父とも慕ったキリルとの別れも、光太夫にとって辛いものであった。キリルはオホーツクまで光太夫に付き添った。ついに別れの時、光太夫はキリルの足を戴きこれまでの厚恩に深く感謝し涙をぬぐって別れた。

エカテリーナ二世の勅令からちょうど1年後の1792年9月13日、光太夫ら3人の日本人とアダム・ラクスマンをはじめとする38人のロシア人を乗せたエカテリーナ号はオホーツクを出帆し、10月9日（和暦で寛政4年9月5日）[7]に蝦夷地ネモロ（根室）に入港し

エカテリーナ号の図（『北槎聞略附図』）亀井高孝旧蔵資料（大黒屋光太夫記念館蔵）

た。この「ラクスマン来航」の第一報は、アダムから松前藩主へ宛てた手紙とともに松前藩庁に早飛脚で届けられた。松前藩は、幕府へ急使を走らせると同時に、藩士をネモロに派遣した。報せを受け取った幕府では、松前に滞在中だった幕府役人をネモロに向かわせ、老中首座・松平定信を中心に協議を重ねたが、軍事的脅威であるロシア船の江戸回航を回避し、ロシア使節と交渉するための対応方針が確定するまで約2ヶ月を要することになる。その間ネモロでは冬が訪れ、海は凍り、光太夫たちは海岸に小屋を造って越冬することになった。幕府や松前藩から派遣された人々が到着するとネモロの海岸では日本人とロシア人との交流が生まれていった。

史上初の日ロ会談

光太夫帰国の報が白子へと伝達されたのは、寛政4年（1792）11月7日のことだった。その時の様子について「光太夫・磯吉・小市の3人の親族の喜びは当然ながら、残留した庄蔵・新蔵の家族の悲しみは骨身に徹し、亡くなった12人の親族は離別の嘆きも新たになり、喜びと恨みと悲しみと妬みで前代未聞の騒ぎとなった」[8]と地元の資料は伝えている。同様に、ラクスマン来航のニュースは飛脚の情報伝播などによって早々に全国に広まり、世間は騒然とな

漂流人帰国松前堅之図異国人相形図　松前の町を行くラクスマン一行
後方から二人目が光太夫（大黒屋光太夫記念館蔵）

った。好奇心と危機感が日本中に溢れ出し、情報収集のために藩士を蝦夷地へ
と送る藩も現れた。当時の人びとの関心を最大限に集めた大事件だったのである。

　一方、幕府は松前藩の城下で会談を行うこととし、目付の石川将監・村上大
学の2名の派遣を決めた。光太夫たちはネモロから箱館に入港し、700人以上
の日本側の警護を受けて陸路松前へと向かった。そして寛政5年（1793）6月
に3回にわたって、松前藩家老の屋敷で日ロ史上初の公式な外交会談が行われ
たのである。この会談で、幕府側はアダムらへ「国書のやりとりはせず、外交
交渉があれば長崎で受けつけることにしている」という趣旨の「国法申渡書」
を読み渡した。アダムはピーリ総督の書簡を読み上げ日本との貿易を求めた
が、幕府側はその書簡の受け取りは拒否し、光太夫らの身柄を受け取ることは
承諾した。最後に、長崎への入港許可書である「信牌」がアダムに渡され、会
談は終了した。

　この会談において、松平定信は「国法」をつくり上げ、ロシアに示した。の
ちに「鎖国」[9]と呼ばれた幕府の外交政策は、この時にはじめて意識されたの
である[10]。「信牌」を手にしたアダムは、長崎には回航せず帰国したが、定信
はロシアに長崎での通商の可能性を示したのだった。その後、幕府は、ロシア
の再来に備えて本格的な北方警備へと動きだし、文化元年（1804）には「信牌」
を所持したレザノフが長崎に来航、通商を拒否されたために紛争を起こし日ロ

関係は悪化の道を辿りはじめる。国交樹立には至らなかったが、光太夫の帰国は幕府の対外政策に大きな 楔 を打ち込む結果となったのである。

江戸での光太夫

その後江戸に送られた光太夫は、寛政5年（1793）年9月に江戸城に召しだされ、将軍家斉の前で尋問を受けた。ロシア服に身を包み、金メダルを胸に下げ、次々と繰り出される多少意地悪な質問にも淀みなく堂々と答えるその姿を、「とても日本人には見えず、紅毛人のようだった」と蘭学者で幕府の奥医師を

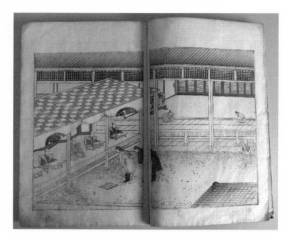

石井研堂著『日本漂流譚』　江戸城での将軍・家斉上覧の様子（大黒屋光太夫記念館蔵）

務めていた 桂 川甫 周 は『漂民御覧之記』に記している。『漂民御覧之記』は、甫周がこの時の問答の記録をまとめたもので、やがて全国に写本が流布して光太夫のロシア経験を多くの人々が知るところとなった。

また、甫周は光太夫からさらに詳しいロシアの事情を聴きとり、それを『ゼオガラヒ』[11]　などの蘭書の内容と比較検討して『北槎聞 略 』を編み上げ幕府へ献上した。これは江戸時代のロシア研究の最高峰とされ、読者は限定的であったが西欧事情を紹介する極めて貴重な書物として重用されることになった。そして、光太夫以降に帰国した漂流民の取調べや彼らの漂流記の編纂にも大きな影響を与えることになるのである。

番町御薬園（現在の靖国神社付近）に屋敷を与えられた光太夫は、江戸で残りの人生を過ごすことになった。帰国後の光太夫は世間に異国情報が漏れない

よう軟禁状態に置かれたと思われがちであるが、実際には比較的自由な生活を許されていた。大名や蘭学者などに招かれてロシアでの見聞を語る機会も多くあり、大槻玄沢主催の新年会に招かれたりもした。また、光太夫が持ち帰った情報をもとに『魯西亜弁語』など露語辞典が作成され、光太夫自身も馬場貞由（佐十郎）[12]らにロシア語の手ほどきをするなど、光太夫が生きるために身に着けたロシア語は、わが国のロシア語研究の黎明をもたらすことになった。他にも光太夫が持ち帰った地図や器物など様々なものが注目され、19世紀初頭の地理学や言語学、北方研究に大きく貢献することになる。海防意識の高まりや西洋知識が求められる時代の中で、多くの蘭学者や知識人が光太夫を必要としたのである。

　また、光太夫の存在は庶民の好奇心も刺激した。光太夫とともに帰国しながら根室で亡くなった小市の遺品は、各地で追善供養と銘打った展覧会が開かれ人気を博した。光太夫自身が書いたロシア文字による墨書も珍重され、掛け軸などに仕立てられて現在も多数遺されている。これらは江戸時代の人々が異国情緒に触れる僅かな機会であったのだろう。

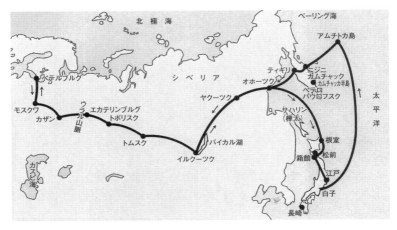

光太夫の足跡　ペテルブルグはサンクトペテルブルクのこと
（大黒屋光太夫記念館作製）

一時帰郷とその後

　そして、従来の研究では故郷に戻ることはなかったと考えられてきた光太夫であるが、昭和61年（1986）に発見された『南若松村文書』（大黒屋光太夫記念館蔵）により、享和2年（1802）に1ヵ月余の帰郷を許されたことが判明している。漂流から20年ぶりに見た故郷であった。また、この帰郷は伊勢神宮の参拝が目的でもあった。船頭として持ち続けた信仰心と長い漂泊の旅で失った仲間への気持ちもあったのだろう。

　光太夫は、度重なる先の見えない絶望的な状況の中でも進取の気性で異文化を受け入れ、運命を切り拓いてロシアから生還した。そしてその帰国は幕府の北方政策に影響を与え、もたらした情報は蘭学者らに重用された。ペリー艦隊が来航するのは、光太夫が78歳で江戸に没したその25年後のことであったが、光太夫の帰国からすでに開国の足音は聞こえていたのである。

（執筆：代田 美里）

【注】
1) 小林茂文「漂流の諸相―督乗丸を中心に―」（『ニッポン人異国漂流記』小学館 2000）に詳しい。
2) ロシア語の「Что это？」のことである。
3) 以降の日付はロシア暦（ユリウス暦）とする。当時ヨーロッパではすでにグレゴリオ暦が普及していたが、ロシアでは1918年までユリウス暦が用いられた。光太夫はロシア滞在中に詳細な記録をつけていたと考えられるが、その記録はロシア暦によらざるをえなかった。
4) LESSEPS, Jean Baptiste Barthelemy M. de "Journal historique du Voyage de M. de Lesseps" 2vols. Paris, 1790 pp203–211.
5) 白子屋清右衛門宛書状 1791 ゲッチンゲン大学附属図書館蔵 asch コレクション No.150。亀井高孝『大黒屋光太夫』吉川弘文館 1964 pp171–177 に全文の翻刻が掲載されている。この手紙は、光太夫の船主であった一見勘右衛門（別名白子屋清右衛門）に宛てられたものだが、ロシア政府の高官で医師だったドイツ人アッシュの手に渡り、彼の母校ゲッチンゲン大学に寄贈された。
6) 亀井高孝校訂『北槎聞略―大黒屋光太夫ロシア漂流記』岩波文庫　1990 p61
7) これ以降の日付は日本側の資料によるため和暦で記す。和暦はロシア暦よりほぼ

　　1ヵ月遅れる。

8）『漂流船実録』江戸後期成立　大黒屋光太夫記念館蔵

9）「鎖国」とは、ケンペルの『日本誌』の一部を志筑忠雄（1760–1806）が訳出した『鎖国論』（1801成立）によって誕生した言葉であり、ラクスマン来航時点では存在しなかった。また、近年では、江戸時代の対外政策を「鎖国」ではなく「海禁」という言葉を用いて東アジア全体の対外政策の中で捉え直されている。

10）松平定信をめぐる鎖国祖法観については、朝尾直弘氏、藤田覚氏、岩﨑奈緒子氏などの論考がある。いわゆる「鎖国」が祖法であるという観念は、光太夫を伴って来航したロシア使節ラクスマンへの対応をめぐる検討の中でその観念が形成され、レザノフが来航した文化期に決定づけられたと考えられている。

11）Hubner, Johan "Algemeene geographie, of beschryving des geheelen aardryks." Amsterdam, 8vo. 6vols. 1769. ヒュブネル著の世界地理書のことを当時の蘭学者たちは「ゼオガラヒ」と呼んだ。

12）馬場貞由（1787–1822）。志筑忠雄に師事したオランダ通詞であり、後に幕府天文方に仕え蕃書和解御用掛となり蘭書の翻訳に従事する。

【引用・参考文献】

亀井高孝『大黒屋光太夫』吉川弘文館　1964

亀井高孝『光太夫の悲恋』吉川弘文館　1964

亀井高孝校訂『北槎聞略―大黒屋光太夫ロシア漂流記』岩波文庫　1990

木崎良平『光太夫とラクスマン―幕末日露交渉史の一側面』中公新書　1992

小林茂文『ニッポン人異国漂流記』小学館　2000

山下恒夫編『大黒屋光太夫史料集』全4巻　日本評論社　2003

山下恒夫『大黒屋光太夫』岩波新書　2004

平川新『全集　日本の歴史　第12巻　開国への道』小学館　2008

『漂流船実録』江戸後期成立　大黒屋光太夫記念館蔵

【関係資料館、記念館等】

大黒屋光太夫記念館　三重県鈴鹿市若松中一丁目1-8

　　http://suzuka-bunka.jp/kodayu/guide/

高田屋嘉兵衛
<small>たか た や か へ え</small>

（1769–1827）

日本にはあらゆる意味で人間という
崇高な名で呼ぶにふさわしい人物がいる

淡路島から兵庫へ

高田屋嘉兵衛は、明和6年（1769）
元旦、淡路島の西海岸中央にある
津名郡都志本村（現在の洲本市五色
町都志）に、六人兄弟の長男とし
て生まれた。幼名を菊弥といった。
その幼少期から青年期の入口まで
を、嘉兵衛と同郷の儒者岡田鴨里
（1806–1880）が著した評伝から引
用する。

高田屋嘉兵衛
（リコルド『対日折衝記』より）

　　　嘉兵衛少くして大志有り。
行検治まらず。嘗て船戸に傭
と為るや佻易意に任せ、動
もすれば誚ち人と諍う。衆
皆之を厭う。嘉兵衛固より人
に傭わるるを屑しとせず。乃ち諸弟を将いて去り、摂の兵庫に入り、
拮据して産を治む。巨船を造り奇貨〔大きな利益を生む商品〕を松前よ
り転漕し、家資稍饒かとなる。[1]

「行検治まらず」とは、気位が高い子供で小さな枠に収まることなく、おとな
しく人に使われるような性格ではなかったということだろう。12、3才の頃に
は、嘉兵衛は都志浦新在家の親戚弥右衛門方で漁業を手伝い、漁具や小間物を

商う和田屋喜十郎方で商売を学んだ。喜十郎の妻は、嘉兵衛の母の妹である。淡路の瓦を大坂（大阪）へ運ぶ瓦船に雇われたが、船上の嘉兵衛は持ち前の性格から周囲との軋轢を繰り返していたようだ。寛政 2 年（1790）、弟たちを連れて郷里を出た嘉兵衛は、兵庫津（現在の神戸市兵庫区）に飛躍の舞台を求めた。和田屋喜十郎の実弟である廻船問屋の堺屋喜兵衛方に身を寄せ、江戸と大坂を結ぶ樽廻船の水主として働く。

　「巨船」とは嘉兵衛初めての持ち船で、寛政 8 年（1796）に建造された 1500 石積みの辰悦丸のことである。第二次世界大戦の戦火で焼失したが、兵庫の七宮神社には、嘉兵衛が奉納した辰悦丸他 3 艘の船模型があった。郷里の菩提寺である多聞寺の過去帳には、嘉兵衛の命日である文政 10 年（1827）4 月 5 日の項に、「高誉院至徳唐貫居士　高田屋嘉兵衛　高田嘉兵辰悦　五九才」と記されている [2]。若い嘉兵衛が、自分の分身であるかのように慈しんだ船であったのだろう。

辰悦丸模型（1/30）（七宮神社旧蔵）

北の海へ

　寛政 8 年（1796）、辰悦丸の完成と期を同じくして、嘉兵衛は兵庫の西出町に「諸国物貨運漕高田屋嘉兵衛」の看板を掲げ、高田屋を公称するようになる。

　年貢米の運送を中心として成立した近世の海運は、幕藩体制の整備と商品の流通が全国的に普及したことによって大きく変貌を遂げつつあった。特に大坂を拠点として瀬戸内海から赤間関（現・下関市）を経て、日本海の湊を結びながら、東北そして蝦夷地に至る西廻り航路の発展はめざましかった。

嘉兵衛は、蝦夷地交易を志した。神秘的な逸話が語り継がれている。

　　寛政九巳年（1797）正月兄弟六人兵庫表に寄り集ひ、例により屠蘇酒
　雑煮餅といふ元旦の祝膳の上にて、兄嘉兵衛先ず曰く、おれは今暁太
　陽が北海より躍り出でたる初夢を見たり。太陽は常に東海より出づるも
　のなるに今北海より出づるとは、なんと奇ならずやと。言未だ終らざる
　に弟嘉蔵曰く、余も亦今朝兄貴と同様北海日の出の奇夢を見たり豈妙な
　らずやと。……一座忽ち其奇に驚き、是れ何かの吉兆ならんと互に祝
　杯を交へ、本年は更に航路を拡張して北海即ち蝦夷が島に乗り出すこと
　となせり。……後年翁が家宝として子孫に伝へし一幅の旭軸はかの霊夢
　と成功とを記念せんが為に作られしものなり。3)

　嘉兵衛と兄弟たちが時を同じくして見たという霊夢は、事実であったのか
虚構であったのか。狩野正栄齋幸信の筆によるこの旭軸は桐箱に納められ、
高田家の家宝として今日に伝わっている。

　寛政10年（1798）、嘉兵衛は箱館の大町に支店を構えた。

　松前藩下の箱館は、当時殷賑を極めた松前、江差と異なり寒村であったが、
「綱知らずの湊（波が穏やかで船を繋ぐ艫綱がいらない）」と呼ばれた天然の良
港を持った。享和2年（1802）、幕府が奉行所を置いたのを契機として、箱館
は飛躍的な発展を遂げることになる。嘉兵衛は、長年にわたってその発展に尽
くした。

対外危機と幕府の蝦夷地政策

　寛政11年（1799）、幕府は東蝦夷地を松前藩から取り上げ、7年間の仮上知
（直轄領）とし、『蝦夷地開国御用趣意書並有司之事』を示して、先住民である
アイヌの教化撫育をはかろうとした。その背景にあったのは、蝦夷地に迫り来
る「ロシア」の登場という対外緊張の高まりだった。

　ロシア人を日本へ向かわせた理由のひとつが、毛皮である。その商業的価値
から「柔らかい金」とも呼ばれたクロテンなどの毛皮獣を追って、シベリア大

陸を東進してきたロシアの冒険的商人集団は、さらに千島列島・露領アメリカ（北緯 55 度以北のアラスカ）・アリューシャン列島で新たな商品となるラッコを発見した。18 世紀初頭には、この毛皮を追いかけて千島列島の南下がはじまった。千島海域でのかれらの活動が盛んになるにつれ、物資補給地、交易地としての日本との関係構築は、喫緊の課題となった。

　一方、幕府は渡来するロシア人がアイヌと交易するような事態を危惧し、国防という観点から蝦夷地を松前藩という一大名に任せておけないと考えるようになった[4]。仮上知から 3 年後の享和 2 年（1802）には、幕府は東蝦夷地を永代の直轄地とした。文化 4 年（1807）にはこれに西蝦夷地も加え、全蝦夷地を直轄領として、松前氏を陸奥国梁川へ転封した。こうした幕府の蝦夷地政策が、否応なく嘉兵衛の人生と重なり合ってくる。

　幕府の蝦夷地政策が大きく転換したこの時期、嘉兵衛は箱館で幕吏高橋三平の知遇を得た。嘉兵衛の才能

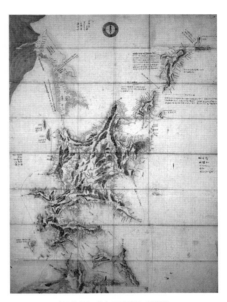

蝦夷図（高田耕作氏蔵）

を奇とした高橋は、寛政 11 年（1799）4 月、嘉兵衛を上司の三橋藤右衛門成方（蝦地夷御用掛五有司の一人）に紹介した。三橋は嘉兵衛に酒田港から松前への産物輸送を命じ、嘉兵衛を蝦夷地御用御雇に任じた。

　嘉兵衛が厚岸で松前蝦夷御用取扱の近藤重蔵に会ったのは、同年 6 月 3 日のことである。エトロフ島拓殖の任務を帯びて同地に逗留していた重蔵は嘉兵衛に、エトロフ島へ図合船のような小さな船で渡ることができる航路を拓いて欲しいと頼んだ。毛皮を求めて南下を続けるロシア人は、ラッコ島とも呼ばれるウルップ島に入殖を試みており、隣接するエトロフ島は日本側にとって異国境

の最前線ともいうべき島となった。しかしクナシリ島からエトロフ島の間は潮流が激しく、この海峡では海難事故が繰り返されていた。エトロフ島開発を進めるには、なにより安全な航路が必要とされたのである。

　重蔵の委嘱を受けた嘉兵衛は、クナシリ島の東岸アトイヤ岬に滞留し、高山に上って波浪の動静順逆を計り、あるいはアイヌの舟を浮かべて潮流の緩急風向きを知ろうとした。7月18日、遂に宜温丸という70石積みの官船でアトイヤを出航すると、みずからの観察に従って大きく迂回路を取り、翌19日には「海穏カニシテ少シモ危難ノコトナク」5）エトロフ島のタンネモイに到達した。

　この航路開拓の成功は、否応なく嘉兵衛の名声を高めた。12月24日、嘉兵衛は江戸で幕府書院番頭松平忠明に目通りし、エトロフ島官物輸送を命じられた。翌寛政12年（1800）10月、休む暇もなく、嘉兵衛にはエトロフ島開発用の官船5艘の建造の命が下った。浜田（現在の島根県浜田市）外の浦の廻船問屋であった清水屋の客船帳には、寛政13年〔享和元年〕（1801）3月11日、帆印を朱の丸に染めた瑞穂丸を先頭に、大坂で竣工したばかりのこの船団が次々と入港した記録が残されている6）。同年10月、嘉兵衛は蝦夷地定雇船頭に任じられ、3人扶持、手当金27両、苗字帯刀御免となった。

嘉兵衛の奇禍

　寛政4年（1792）9月、ロシア使節ラクスマンが日本人漂流民大黒屋光太夫らを連れて根室に来航した。ロシア皇帝エカテリーナ二世の勅命に従い、漂流民送還という人道行為を名目に、シベリア総督ピーリ名義の修好要望の書簡を持参し、通商を求めた。

　幕府から派遣された宣諭使二名は、漂流民引き取りには応じたが、書簡の受け取りを拒否し、この問題は長崎でのみ交渉しうるとして、信牌（長崎入港許可証）を与えた後、帰国させた。

　その後、ナポレオン戦争による欧州の政情不安や国内の皇位交代のために、ロシアの遣日使節の派遣には長い空白期が生まれた。一方でアラスカやアリューシャン列島での毛皮商人たちの活動が広まるにつれ、物資補給地として

対日交易の重要性は高まっていった。

　文化元年（1804）9月、新皇帝アレクサンドル一世の侍従長となったレザノフが、皇帝の国書と信牌を携えて長崎に来航した。レザノフは、ロシア政府が毛皮を扱う国策会社として設立した露米会社[7]の総支配人でもある。食料難や物資の不足で苦しむ入殖地の同胞のためにも、露日交渉の成功は悲願であっただろう。

　レザノフは上陸も許されず、半年間港口に留め置かれ無為に過ごした後に、幕府から派遣された目付遠山景晋との交渉に臨んだ。しかし通商の申し出は拒否され、信牌も取り上げられた。失意のまま、レザノフは長崎を後にする。

　ペトロパブロフスクに戻ったレザノフは、鎖国日本の扉を開けるには武力に訴えるしかないと考え、皇帝に二度にわたり日本襲撃計画を上申したが、露都（サンクトペテルブルグ）からは返答がなかった。1806年8月8日（露暦）、レザノフは中央政府の勅許を仰ぐことなく、部下の海軍中尉フヴォストフ[8]に命じて日本襲撃計画を実行するよう訓令を発した。レザノフはフヴォストフが出港する直前の9月24日になって、攻撃を一旦中止するよう追加命令を出し、皇帝へ本遠征を報告するためサンクトペテルブルグへ旅立ったが、その途上クラスノヤルスクで客死した。一方のフヴォストフは、レザノフの真意はあくまで日本襲撃にあると考え、独断で8月8日付訓令を実行し、文化3年（1806）9月のカラフト襲撃を皮切りに、翌文化4年にはエトロフ島（4月）、再びカラフト（5月）、利尻島（6月）の日本人居留地を次々と攻撃した。これに対して幕府は、東北諸藩に出兵を命じて厳戒した。流言蜚語の類が飛び交い、日露間の緊張が高まる。

　鎌倉時代の元寇になぞらえて、日本側ではこの事件を「文化露寇」と呼ぶ。近世の日本人にとって、本事件は外国から攻撃を受ける、しかも守備を配置していたにもかかわらず敗北したという衝撃的な事件だった。

　ゴロヴニン艦長率いるディアナ号がエトロフ島沖で日本人の前に姿を現したのは、文化露寇の喧騒が未だ冷めやらぬ文化8年（1811）5月のことである。

　6月4日、ゴロヴニン等8名は、クナシリ島で尽きかけた水、食料の補給を得ようと、上陸して日本側と交渉しようとしたが、厳戒体制にあった警備隊に

捕虜とされてしまう。

　副艦長リコルドは、望遠鏡を通して陸上の異変を知った。交渉を試みようと艦を陸へ近付けたが、日本側から砲撃を受け、応戦するもついに断念した。このような状況下では救出の見込みがないと考え、一旦オホーツクへ帰港して、上官より更なる命令を得ようと決した。

　ディアナ号は文化9年（1812）8月、再びクナシリ島沖へ来航して陣屋との交渉を試みるが、日本側は拒否。困り果てたリコルドは、海上を通りかかる日本船を捕らえて同胞の情報を得ようとした。

　その時偶然にクナシリ沖を通りかかった日本船観世丸を拿捕、乗船していた船主が高田屋嘉兵衛であった。嘉兵衛は随行を希望した5人と共に、ペトロパブロフスクに連行される。嘉兵衛はディアナ号艦上で弟の嘉蔵と金兵衛に手紙を書き送り、その中で「何分とらわれと相成候ら得ば、命おしき事無之、大じよぶニて掛合〔交渉〕見可申積り、」そして「併し日本ためあ〔悪〕しく事ハ致し不申、只天下ノためを存おり候」9) と交渉に向かう決意を表明している。

　カムチャツカの長い冬をゴロヴニン事件解決のため、嘉兵衛とリコルドは「一冬中に二人だけの言葉を作って」10) 交渉する。嘉兵衛は云った。

　「もしイルクーツクの長官様から、フヴォストフの蛮行は全く政府が関与していない旨の証言があれば、皆さんのお仲間を解放するのに充分でしょう」

嘉兵衛とリコルド像（高田屋顕彰館蔵）　　　P. I. リコルド肖像（高田屋顕彰館蔵）

リコルドは嘉兵衛の言を受け入れ、文化 10
年（1813）5 月、クナシリ島へ嘉兵衛を帰国さ
せた。幽囚中のゴロヴニンたちの証言も功を奏
したのであろう。その頃クナシリ島では、既に
幕府よりフヴォストフ等の乱行がロシア政府の
命じたことでないという保証があれば、捕虜を
釈放することが伝えられていた。それはまさし
く嘉兵衛の予想と合致するものであった。

V. M. ゴロヴニン肖像
（高田屋顕彰館蔵）

やがて松前奉行支配吟味役の高橋三平が到着
すると、嘉兵衛を仲介としてリコルドに捕虜釈
放の条件が示された。嘉兵衛の助言に従ってリコルドが自署で提出した釈明書
は、リコルドが嘉兵衛を捕らえた当人であるという理由から、幕府は採用する
に至らなかった。リコルドは直ちにオホーツクへ引き返し、既に同地に届いて
いた政府高官 2 名の文書を携えて、同年 9 月 16 日に箱館に入港し、かくして
2 年 3 ヶ月にわたるゴロヴニン事件は平和裡に解決した。

9 月 29 日（和暦）、箱館港から帰国の途に就くディアナ号を、嘉兵衛は小舟
で見送った。艦上からディアナ号の乗組員たちは「タイショウ、ウラァ」を三
唱して、嘉兵衛に別れと感謝を告げた。

晩年

高田敬一による評伝は、嘉兵衛の最後の日々を次のように伝えている。

　　然るに文政十亥年（1827）初春に至り、ふと翁の背中俗に手打掛と
いふほとりに一種の腫物即ち毒癰を発し、種々療養に手を尽せしかど
も、毫も効顕これなく、次第に腫れあがりて終に癒えず。同年四月五日
（……）五十九歳を一期として、郷里都志本村の自宅に永眠せり。偉人翁
に於ては此毒癰を発せし初めに於て、已に之は自分の命とりなりとて、
覚悟をきはめ居たりとぞ。かくて翁の遺骸は大なる瓶に納め朱詰めにな
し、之を都志本村芽生の隈なる墓地に厚く埋葬せり。……[11]

日本とロシアの間で

　明治 29 年（1896）に長田権次郎（偶得）が著した『高田屋嘉兵衛　全』という評伝がある。例言の中で著者は、その記事を書くにあたって種々の説話聞書、鴨里の『嘉兵衛伝』、そしてゴロヴニン（ガローウニン）の『遭厄記事』[12]を拠り所としたと記している。そして「間々事実の正確を証示せんが為に、遭厄記事の原文を引用せり、外人の看察は当時の状況を知る上に公平精密の材料を与ふる者あればなり」と注記している。明治から今日にいたる日本の「高田屋嘉兵衛」という言説をつくりあげていく過程で、ロシア側の資料が「公平精密の材料」として影響を与えているという。

　歴史を切り取る、歴史を編む作業というのは、あるいは量子論のようなジレンマを抱えているのかもしれない。時間を定めれば位置が定まらず、位置を定めれば時間が決まらない。そしてまた、「歴史」に潜む事実は、時間の中で地層のように折り重なっている。

　本稿の「物語」は、なんらかの客観性を担保した「歴史＝社会科学」なのだろうか。それとも創作の産物である「文学＝虚構」なのだろうか。なにより私達日本人は、その民族的な感情と相まって「歴史＝恨みの法廷」を克服することができるのだろうか。

　日本とロシアの間で、倫理観や宗教、文化、政治など、様々な夾雑物（きょうざつぶつ）が交錯する不思議な位相の中に、高田屋嘉兵衛という言説は存在する。そこに私達の「希望」があるのではないか。リコルドはその手記の中で、嘉兵衛をこう評している。

　　　日本にはあらゆる意味で人間という崇高な名で呼ぶにふさわしい人物がいる。[13]

　　　　　　　　　　　　　　　　　　　　　　　　　　（執筆：斉藤　智之）

【注】

1）長田　1896　原文漢文。書き下しは、太田剛氏による。

2）生田　2012

3）高田　1933

4）……かくのごとく、ヲロシア国より蝦夷地蚕食の催し頻なりといへども、もとより松前氏小家なれば、施すべき術もなく、只そのままに歳月を過せしに、この事追々公に聞え、かくてそのまま捨置なば、終には国家の後弊を生ずまじきにもあらずとて、さまざま、寛政ころ朝議有（『休明光記』）。

5）嘉兵衛によれば、この海峡には、カラフトの汐、西蝦夷の汐、北海の汐という三筋の潮流が流れているという。従来の航路は、二島間の最短距離を横断しようとするあまり、三筋の潮流が合流するところで海難に遭うことが多かった。激しい潮流を迂回しようと、嘉兵衛はいったん子（北）へ向かい、それから卯（東）に変針してエトロフ島へ至るという新しい航路を拓いた。（宮本源次郎著『擇捉渡海之記』）

6）『高田屋嘉兵衛翁伝　嘉兵衛翁生誕 250 周年記念版』20–21 頁に関連記事。

7）クックの第 3 次航海によって、ラッコを中心とした毛皮市場の存在が広く知られるようになり、北太平洋はロシア・イギリス・フランス・スペイン・アメリカが利権を求めて争う海域となった。露米会社の礎を築いたのは、詩人デルジャービンが「ロシアのコロンブス」と称えたイルクーツクの商業家グレゴリー・シェリホフ（1747–1795）である。シェリホフは競合する毛皮事業者たちをひとつの会社組織に統合し、資本の効率化をはかることで国際競争力を高め、事業を発展させようとした。レザノフはシェリホフの娘婿であり、大株主としてその事業を継いだ。

8）初期の露米会社の船は、いわゆる「素人船」だった。ゴロヴニンは手記の中で、その航海技術を「物見旅行の域を越え」ない水準だと酷評している（『日本幽囚記 I』）。繰り返される海難事故に、1799 年 7 月 8 日（露暦）、皇帝パーヴェルは海軍士官がその位階を維持しながら、露米会社の職務に入ることを許すという勅令を発した。フヴォストフはその勅令の結果、初めて採用された士官の一人である（『日本幽囚記 IV』）。

9）高田屋嘉兵衛書状（嘉蔵・金兵衛宛）神戸市立博物館蔵『高田屋外交』72–73 頁を参照。

10）リコルド　2002

11）高田　1933

12）文政 4 年（1821）オランダ通詞馬場貞由（佐十郎）は、江戸参府のオランダ商館長ブロムホフからゴロヴニンの『日本幽囚記』オランダ語訳を借り受けて写し、重訳に取り組んだ。馬場はその翌年病没したが、その訳業は杉田立卿、青地林宗ら後輩の手を経て文政 8 年（1825）に完成し、『遭厄日本紀事』の名で日本語版が出版

　　された。長田のいう『遭厄記事』とは、合本として同書に収められたリコルドの手
　　記『対日折衝記』のことである。初の嘉兵衛伝を著した鴨里もまた、同書を参照し
　　ている。

13）リコルド　　2002

【引用・参考文献】

生田美智子著『高田屋嘉兵衛　只天下のためを存おり候』ミネルヴァ書房　　2012

岡本柳之助編『日魯交渉北海道史稿』田中三七　　1898

ゴロヴニン著　斉藤智之訳『日本幽囚記』I、II、III、IV　　自刊　　2006-2018

斉藤智之編『高田屋外交　ゴロヴニン事件解決後 200 周年記念版』自刊　　2014

斉藤智之編『高田屋嘉兵衛翁伝　嘉兵衛翁生誕 250 周年記念版』自刊　　2019

須藤隆仙著『高田屋嘉兵衛伝』国書刊行会　　1989

瀬川 亀_{ひさし}・岡久殻_{こう}三郎共著『高田屋嘉兵衛』堀書店　　1942

高田敬一著『高田屋嘉兵衛翁傅』寶文館　　1933

寺沢一〔ほか〕編『休明光記』北方未公開古文書集成　第 4 巻　叢文社　　1978

長田権次郎（偶得）著『高田屋嘉兵衛　全』裳華房　　1896

函館区役所編『函館区史』名著出版　　1973

原喜覚著『高田屋嘉兵衛と北方領土』ぎょうせい　　1977

リコルド著　斉藤智之訳『対日折衝記』自刊　　2002

渡辺京二著『黒船前夜　ロシア・アイヌ・日本の三国志』洋泉社　　2010

林復斎編『通航一覧』（復刊）清文堂出版　　1967

『高田屋嘉兵衛遭厄自記』文化 11 年〔1814〕9 月成立　安政 3 年〔1856〕9 月写　大阪
　　府立中之島図書館蔵

【関係資料館、記念館等】

高田屋顕彰館・歴史文化資料館　兵庫県洲本市五色町都志 1087
　　　http://www.takataya.jp/nanohana/nanohana.htm

銭屋五兵衛
<ruby>銭<rt>ぜに</rt></ruby><ruby>屋<rt>や</rt></ruby><ruby>五<rt>ご</rt></ruby><ruby>兵<rt>へ</rt></ruby><ruby>衛<rt>え</rt></ruby>

（1774[1]–1852）

加賀宮腰の一商人から
一代で全国に名をはせる海の豪商にのし上がった銭屋五兵衛
加賀藩の藩営海運の企画・運営を一手に引き受け
藩財政改革の歴史に名を遺す

冤罪を負った背景と波紋

銭屋五兵衛の事績につき明治以来、多くの小説や偉人伝、また芝居や映画を通して歪められた姿が喧伝されてきた。

銭屋五兵衛は加賀国金沢の西5キロに位置する湊町 宮腰（現・金沢市金石）の商家に生まれ、のち加賀百万石の御用商人となり、加賀藩の権威をバックに栄華をきわめた北前船主と評

銭屋五兵衛 （石川県銭屋五兵衛記念館蔵）

してよいが、「海外密貿易で巨万の富をなした海商」というのは間違いである。

また晩年、河北潟埋立て新田に巨額の富をつぎ込み、これに失敗し破産した豪商とも言われるが、この新田開発は失敗といえず、その後受け継がれ潟沿岸での開田事業は徐々に進展した。銭屋破産の理由も、この新開事業中におきた所謂「銭屋疑獄事件」であった。銭屋疑獄事件とは、河北潟埋立て新田事業の最中に、銭屋五兵衛ら新田開発側が潟に毒を流したという噂が流れ、藩は五兵衛はじめ一族・関係者を逮捕し厳罰を科すとともに、その資産を根こそぎ没収した事件である。しかし、この疑獄事件は冤罪であった。

この事件が発生した嘉永5年（1852）、河北潟周辺で魚類・鳥類などが大量変死、これらを食べた人々が数名死んだことは事実であるが、原因は毒物また

は石灰などの垂れ流しでなく、蘭学者の検証所見によれば、河北潟で数十年おきに発生する自然現象（潟水の自然腐敗）とみるのが合理的であった。

　しかし、現実は毒流しの噂のほうが蔓延、庶民から嫌われていた政商銭屋への反感から、この噂は悪意に満ちた流言となってひろまった。藩当局者として放置できない状態となり、銭五（銭屋五兵衛）一族の逮捕に踏み切った。藩による調査でも銭屋が毒を流した明確な証拠は得られず、拷問で得た自白をもって裁判をすすめ厳罰を科したというのが真相である。

　嘉永6年（1853）暮、藩は五兵衛の三男要蔵や手代市兵衛を獄門さらし首という極刑に処したうえ、五兵衛の長男・次男ら5人を永牢（終身刑）、そのほか関係者11人を禁牢（禁錮刑）に処した。この判決が出るまでに五兵衛など6人が牢死、自殺1人という犠牲者が出ていたので当時稀なる厳罰事件であった。さらに家屋敷没収、資産没収・売却、また銭屋からの債務帳消し令[2]という過酷な処罰も下したので、事件当初から世論の注目を浴び、庶民の間に間違った情報が数多く流れ全国に瞬時にひろがった。こうして銭屋五兵衛の名前は、銭屋疑獄や牢死という悲劇的結末を通して全国に知られた。

　この事件は、ペリー来航の前年、嘉永5年（1852）の出来事であり、その後、イギリス・ロシアなどが江戸幕府に開国や通商条約締結を求めてきたことから、銭五の悲劇的結末は、ロシアやイギリスとの密貿易説という虚説を生み出した。鎖国という江戸幕府の祖法を無視し大胆にもロシア・イギリスと交易した銭五は肝の座った大人物とも評された[3]。河北潟への毒流しで処罰したのは表面を糊塗するためで、じつは加賀藩は銭五とともに密貿易を行っていたことを隠蔽するため、銭五とその一族を徹底して抹殺したという噂も広まった。

　噂・流言の中味は真実からかけ離れたことが多いが、これは庶民の願望の反映でもあったので、広く受け入れられた。幕末の政治不安の一齣であり、人々は幕府や藩の封建支配に倦み、身分制の軛から解放され自由な経済活動、庶民が主役となる時代を渇望していた。そうした願望も含まれた流言と噂であり、事実や証拠をもって、これをかき消すことは難しかった。

　史実を丹念にみていくと、加賀藩が密貿易を藩ぐるみで進めたことはなく、銭五がこれに加担したこともなかった。また、銭屋一族が藩の許可をうけて進

めた河北潟埋立て事業は、沿岸農村に利益をもたらすものであったが、商業資本の資金力による新田開発は寄生地主制を容認するものとして、農民は藩の方針転換[4)]に不満を持っていた。藩政の原則変更に農民や漁民が怒っていたさなか、攻撃の刃 は藩に向かわず、新田開発を計画した銭屋一族に向けられ、毒流しの汚名を着せられたのであった。

　銭五をめぐる間違った理解や噂・風聞から解放され、その生涯や足跡をたどる

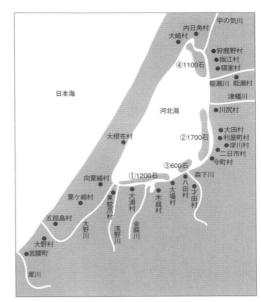

河北潟埋め立て地の見取図
（筆者著『銭屋五兵衛と北前船の時代』北国新聞社より）

と、「海の豪商」として果敢な挑戦を行い、閉塞していた近世海運業や地域産業に新局面を開いた商人であったことがわかる。なかでも、加賀藩の天保改革を推進した加賀藩年寄・奥村栄実の嘱望にこたえ、藩営海運事業を天保13年（1842）から嘉永5年（1852）の疑獄事件まで10年にわたり一手に引き受け、藩財政に貢献したことは第一に注目される。その前にこれ以外の銭五の地域産業への貢献についてみておこう。

加賀藩の北前交易

　加賀藩の御用商人らは17世紀後半より、蝦夷地・下北半島などで伐採されたヒバ材を大量に買い付け、城下町金沢（加賀前田家の城下町）の外港宮腰などに回漕した。その結果、藩用材木および民需の材木取引で宮腰湊は繁栄したが銭屋五兵衛も、40歳になった文化9年（1812）に藩から宮腰の材木問屋職の

役目を拝命し、材木商売の監督役をつとめるかたわら、東北地方の材木購入と回漕への関わりを深め、北前船主として材木海運を大きく展開させた。徐々に所持船を増やし、北前船による買積み海運（自己資金で商品を買い入れ自分所有の船で運び転売する商法）を手広く行うと同時に、藩の蔵米を大坂に回漕する賃積み海運も手堅く行った。銭五の持船は、海運業を始めた後の40年（生涯全体）でみると30艘以上となるが、銭屋疑獄事件の時点で没収されたのは14艘であった。嘉永年間の北前船主としては豪商レベルとみてよい。

　宮腰の材木荷受問屋として、銭五は回漕されてきた材木の保管と藩への売却、あるいは民間販売も仲介した。この材木問屋職に銭屋親子（五兵衛・喜太郎）は、嘉永4年（1851）まで40年も在職したので、材木価格決定など諸事に大きな影響力をもち反発もかっていた。

当時の海難保険制度

　19世紀前半の宮腰湊で最も賑わったのは材木取引で、「所方商売の第一」と評される。その采配を銭屋五兵衛・喜太郎親子が仕切っており、彼らが材木商売隆盛に貢献したことは間違いない。

　たとえば、銭屋は材木海運と荷受問屋の両者を兼営していたので、材木海運の難船リスクに備えるため「敷金積」という難船時の損害保障の制度を積極的に採用し、海難リスクに備えた点などはその一例である。

　敷金積というのは、簡単にいえば材木生産者である荷主（下北半島の積み出し商人など）・船主（材木運搬業者）・荷受問屋という三者間での海難保険制度とみてよかろう。保険金としての敷金を最初に支出するのは船主で、船主は材木荷物を回漕するとき荷主に一定の敷金を預託しないと材木海運に参入できなかった。もし海難が発生したら荷主は荷損を引き受ける代わりに預託された敷金を受け取り、損害を軽減できた。船主は破船の責任者であるゆえ、敷金は没収され運賃も支出されなかった（運賃・敷金損）。船主にとって極めて不利で過酷な保険制度にみえるが、海難を避けるには、このようなハードルを設けないと無責任な中小船主が幅をきかせ、荷主側に大損をかけるからであった。材

木海運の安全性を高めるインセンティブにつながり、材木海運は頑丈で安全な船でしか運べないという体制づくりに貢献したといえよう。

　なお船主は材木荷物を無事届けると、敷金の返還を荷主からうけるはずであったが、実際の取引経緯をみると荷受問屋が船主から利足付で敷金の返還をうけた。というのは船主の多くは高額の敷金を用意できなかったからで、一般に荷受問屋から借り受け早目に下北半島の荷主に渡し、材木荷物を確保したのち運送していたからである。無事宮腰に材木を届けると、敷金は荷主側から返金されるが、もともと荷受問屋からの借金だから、荷受問屋側に利足付で還流した。それは回漕した材木販売代金の内から敷金分や利足を差し引く形で決済されたから、荷主・船主の収益は限定されていた。それでも、多くの中小船主が日本海の荒海に挑み、安全かつ早い材木回漕を競った。

　敷金積は材木の買積み海運に大きな海難リスクがあったがゆえ、これを避けるため生まれた海難保険である。しかし、保険金（敷金）は荷受問屋側が前貸しすることで成り立っていたから、宮腰の荷受問屋による金融市場という面もあった。荷受問屋は船主側に積極果敢に敷金を前貸し融通し、利足も稼ぎつつ材木船主の増加を促したのである。資金力のある荷受問屋が、手持資金のない船主や荷主に前貸しを行い、敷金を活用し東北材木の買付を有利に行うためのシステムでもあった。これは船主にとって過酷な制度であったが、買積み海運の船主として材木を取扱い大きな利益を稼ごうとするとき、こうした保険制度も必要であった。こうした荷受問屋主導の海難保険制度も導入されて、宮腰の材木商売は繁栄をみたのである。

宮腰湊の繁栄

　宮腰湊は城下町金沢の外港であり、藩の蔵米の積出し港、能登の専売塩の集散地として江戸初期から栄えた。江戸後期になると材木商売が台頭し湊の賑わい拡大に貢献した。

　19世紀になると宮腰湊にも多くの北前船主が登場し、日本海を北へ南へと買積み商売を展開したが、銭五もそうした北前船主のトップランナーであり、

前田領で生産される菅笠・織物・生糸などの特産品の領外販売も手広く行っ
た。市場からのニーズを背景に前田領の製糸農家や布生産者に品質改善の要請
も行ったのではないか。市場のニーズを地元生産者に伝えることも地域産業に
活性化を促す要因である。江戸の呉服商、伊豆蔵・松阪屋・三井向店などと幅
広く取引していた銭屋は、江戸で売れる織物という視点で地元に一定の品質を
要求したのであろう。こうした要求は生産者側からの反発や怒りを引き起こす
ことがあり、銭屋五兵衛の不評の要因となった。こうした点も含め銭五のよう
な北前船主の地域産業貢献を論ずることが必要であろう。

藩営海運事業の経緯

　さて銭五の業績で特筆すべき第一
は、やはり藩営海運事業であろう。
銭五が加賀藩政商として最も勢いが
あったのは、天保末期（1840 頃）か
ら嘉永 5 年（1852）までの 10 年で
あった。この頃、藩年寄の重鎮奥村
栄実が 13 代斉泰政権を補佐し、藩
の天保改革がこの頃、栄実主導の
もと行われた。天保改革では村方で
の高平均策、借財方仕法5)、物価方
役所の設置など従来にない社会政策
が多いのが特徴であった。銭五の関

奥村栄実（前田土佐守家資料館蔵）

わった藩営海運事業は天保 14 年（1843）に始まるが、これも奥村栄実の推進
した天保改革の一環とみてよい。

　奥村栄実は、前田家中のなかで「加賀八家」6) と呼ばれる筆頭身分の出身で
あり、それゆえ保守的政治家もしくは守旧派とみられてきた。しかし、彼は改
作法に代表される農業振興と米生産に特化した藩財政運営は限界にきていると
察知し、むしろ商人の力を評価し、彼らの協力なくして藩財政再建は困難であ

ると明確に自覚した現実主義者であった。銭五を藩の「御銀裁許」つまり藩札
に信用保証を与える役目などに抜擢したのも、彼の現実主義によるもので、商
工業勃興の気運を的確に把握していた。国学・朱子学に通暁した学者として
も知られるが、積極的な商人登用が持論で、藩財政運営に明晰な見通しをもっ
た政治家であった。

　「多くの豪商たちは産業の道の巧者であり、それぞれの業務につき優れた才
能を発揮し富をなした者たちである。いたずらに蔑視すべきではない。国家と
して頼みにすべき存在で決して軽んじてはいけない」（天保 11 年 5 月「意見
書」）と奥村栄実は述べており、算用場奉行など藩財政改革を担う諸役人に、豪
商に対し過度な警戒心をもつべきではないと戒めている。宝暦年間（1751–64）
以来、加賀藩でも財政困窮は慢性化、担当役人は大坂や地元商人などへ金策に
奔走し、苦々しい経験を積み、豪商や金融商人を恨む向きもあったからであ
る。それゆえ、藩直営で蔵米はじめ藩内諸物資を運送・販売し利益を取るとい
う発想など、当時の加賀藩内には皆無であった。武士の名誉や倫理・道徳の強
化を優先する意識が濃厚で、商業や金融の道に暗い藩首脳の身分意識と不勉強
こそが問題であった。

　しかし、藩の天保改革を主導した栄実は、こうした頑迷な保守性を打破し、
根本的な財政再建を行うには藩営商業も活路を開く方策の一つと認識してい
た。ところが、これを具体的に進める有能な財政官僚は乏しく、藩営海運への
参画を求められた豪商も尻込みするばかりで、応じたのは銭五一人であった。
それまで藩の金融・商業政策、とくに藩札発行や産物方政策（商工業の育成・
助成策）は失敗続きで、どれも永続性なく中途打ち切りや、当初計画に反した
強権的変更で、地元商人や庶民は何度も大損してきた。藩営の海運・商業など
「画餅」であり、うまくいくはずがない、というのが豪商連はじめ民間側の見
方であったから、栄実の構想はなかなか実現しなかった。

　しかし、天保 13 年（1842）になって、財政担当の算用場役人や改作奉行の
なかに賛同するものがあり、まず藩営海運事業の立案が年末に行われた。しか
し、年寄衆のなかに根強い反対意見があって頓挫しかかるが、栄実の巻き返し
で何とか「御手船」（所有船）購入による藩営海運は実施と決まった。この立

案過程で銭屋五兵衛は何度も奥村栄実邸にでかけ、藩営海運事業の具体案につき相談にのった。翌年には、銭五の協力をうけ、新造の常安丸（千石積）を大坂で購入し、藩所有の御手船第一号とした。

藩営海運事業の終焉

　こうして加賀前田家は、初めて藩営海運という事業に乗り出した。その背景に、当時日本近海では異国船がたびたび出没し緊迫していたという事情もあった。海防強化は藩政にとっても大きな課題であり、幕末には藩として軍艦を購入し、所謂梅鉢海軍（前田家の家紋である梅鉢が船印に使われたのでこう呼ばれる）も編成された。そうした気運は、天保末期の加賀藩になかったが、栄実は内心で藩として海防充実には海運技術を加賀藩士自体が習得することが必要と考えていたかもしれない。奥村栄実にとって藩営海運はたんなる財政再建策ではなく、海防強化の基礎力養成という政治的意図があったとみたい。というのは、以下にみる通り、実施に移された藩営海運の事業目的がいまひとつ明確でなく、とても困窮する藩財政を一変させるような事業内容ではなかったからだ。

　天保14年（1843）に始まった藩営海運は、御手船常安丸（新造）によるものだが、じつはその購入資金2千両は銭五が立替えたもので、藩は銭五の資金を借りて藩営事業を開始したのであった。御手船常安丸の運用も銭五に委託され、年2回藩米を大坂に回漕することが義務付けられただけで、その他は銭屋が常安丸で自分商売を展開することは容認されていた。しかし、これでは銭屋に藩営海運そのものを丸投げし請け負わせただけで、銭屋としては藩の御手船という名目を借り、常安丸で蔵米輸送ほか多彩な買積み商売をして稼げばよかった。利益が出れば藩と折半したが、藩の収入は大半、銭屋が当初出資した常安丸購入費用に充当されたから、その初期投資の費用弁済が済むまで銭屋が収益の大半を独占した。これで一体藩財政の再建になるのか疑問である。藩として御手船で蔵米販売を行ったという実績は残るが、藩に収益が還元されるのは、常安丸の費用弁済が終わったあとで、順調にいっても数年後のことで

あった。

　このように、藩として藩営海運で得られる財政収入はごく限られたものであり、御手船が10艘、20艘と増えていけば藩財政に貢献するステージへと進むが、それまでに10年以上の年月が必要であった。わずか数艘では財政効果が見えにくい事業であった。

　こうした藩営海運の事業計画自体に含まれる問題に加え、天保14年（1843）8月、藩営海運の生みの親である奥村栄実が不運にも病死した。享年52であった。家督を継いだ栄親が翌年夭折したので、奥村家分家の奥村内膳（惇叙）の実弟栄通が弘化2年（1845）から奥村本家を相続し、次第に手腕を発揮、兄奥村惇叙とともに藩営海運事業を擁護した。惇叙は早くから銭五に目をかけた藩の重臣であり、栄実亡きあとは惇叙・栄通兄弟が銭五の請け負った事業の推進派であった。しかし、惇叙が弘化2年（1845）に死去し、藩営海運を擁護する藩年寄はまだ若輩の栄通のみであった。この脆弱な状況から脱するには、銭五自身が前面に出て活躍するほかない状況になっていた。

　藩の御手船は弘化2年（1845）までに2艘（常盤丸・常全丸）加え、3艘になっていたが、同年4艘目の常豊丸の建造が地元宮腰で行われた。常豊丸（千五百石積）は五兵衛自慢の北前型弁財船で、「日本一の船玉」と自画自賛している。その模型は石川県銭屋五兵衛記念館にあり、その偉容をしのぶことができる。

常豊丸模型（石川県銭屋五兵衛記念館蔵）

　この常豊丸建造費も銭五の資金拠出によっており、藩の借金で建造され藩の御手船とされた。進水式に藩主斉泰や妻女・嫡男なども見学に訪れ銭五主導の藩営海運は絶好調のようにみえたが、内実は薄氷を踏む状態で、いつ廃止となってもおかしくない状況にあった。

　急激な政策変更をきらう加賀藩の年寄衆たちは、栄実の始めた藩営海運をかなり気長に見守ったので、嘉永年間まで藩営海運はかろうじて継続された。し

加賀藩からの御手船建造の感謝状（石川県銭屋五兵衛記念館蔵）

かし、栄実・惇叙の死後は反対意見が強まり、窮地にあったと推定される。反
対論の急先鋒は年寄衆の長 連弘らで、その主張は藩首脳部に徐々に広まって
いた。

　銭五はその間、弘化元年（1844）と嘉永元年（1848）に藩から領内豪商らに
要求された御用金につき、分不相応な金額を出し藩側の要求に応えた。藩営海
運事業を守る意図からと思われるが、藩側は銭五に丸投げした藩営海運で莫大
な利益を得たはずゆえ、御用金への協力は当然と冷ややかにみていた。

　弘化元年（1844）の御用金は、江戸城焼失により幕府から前田家に要求され
た臨時御用金であった。8万両のうち4万両（銀2,700貫匁）が領内豪商23
人に賦課され、どの豪商も出し渋るなか銭五は、木谷藤右衛門（300貫匁）・島
崎徳兵衛（250貫匁）に次ぐ金額（200貫匁：金約3千両）を負担した。嘉永
元年（1848）の臨時御用金5万両（銀3,250貫匁）は領内29名の豪商に要求
され、この時も上位から3番目、230貫匁もの大金を厭わず負担した。銭五の
藩営海運の継続を願っての行動である。商人側の弱味に付け込んだ藩側の狡猾
な御用金要求でもあった。

　藩営海運の実施にあたり、参入を渋った北前船主が多かったのは、政権交代
があると藩の態度は一変、予定外の負担を強いられ、こうした御用金賦課があ
れば実力不相応な負担を要求されたからである。五兵衛は当時70歳を超えて
おり、藩営海運維持のために払った諸負担は銭屋の経営に重くのしかかったこ

とは間違いない。加えて、嘉永元年（1848）に自慢の御手船常豊丸が能登半島沖で難船、沈没した。嘉永初期の銭五は追い詰められていた。

　嘉永2年（1849）に着手した河北潟埋立て新田の計画は、こうした劣勢を挽回する方策の一つだったかもしれない。だが、この新田開発の工事中、河北潟で魚鳥大量変死という事件が嘉永5年（1852）8月におき、これが銭屋疑獄事件へと発展、藩営海運も打ち切りとなった。これを進めた改作奉行など藩役人10人は役職を解任され、逼塞または遠慮（いずれも謹慎刑）などの処罰が下されたが、いずれも奥村栄実から命をうけ藩営海運事業を担った人物である。罰としては軽いが、藩営海運反対派による政治的粛清とみてよい。奥村栄実の進めた「改革」への反動が、黒羽織党という政治グループにかつがれた藩老長連弘を中心に始まろうとしていた。

おわりに

　このように奥村栄実という加賀藩きっての宰相が、藩主の信任をうけ藩財政改革を行う一環として始めた藩営海運事業に、銭五は勇気をもって献身的に協力したが、栄実死後、これを擁護する藩士は弱体であり、豪商や商工民の側にも銭屋五兵衛への妬みから支持するものは少なかった。銭五ひとりが藩と結託して利益独占していると「高見の見物」に徹し、藩側の動静を眺めるだけであった。

　栄実と銭五が始めた藩営海運事業は、支持者が少なく脆弱な環境にあったが、嘉永5年（1852）まで約10年継続できたことは、加賀藩の財政改革史のなかでも特筆できる出来事であった。しかし、若手下級武士あるいは地元海運業者のなかに、銭五の果敢な挑戦に意義を認め積極的に参画する若者がほとんどなかった点が、この事業の限界であった。時局認識が低いまま、旧来の通り場当たり的金策に奔走、朝令暮改を繰り返すなか、幕末の怒涛に巻き込まれていったのが幕末加賀藩の現実であった。栄実も銭五も時代を先取りしすぎたのかもしれない。

（執筆：木越　隆三）

【注】

1）生まれた安永 2 年 11 月 25 日は西暦 1774 年 1 月 7 日なので、本書では 1774 年生とした。

2）「債務帳消し令」とは、銭屋と商取引のある商人などを対象に、銭屋からの借金や未納代金返済につき、50 年賦返済でよいと事件直後、加賀藩が発したもの。のち安政 6 年（1859）正月には、それまで年賦返還した分以外の残高につき年賦返済も無用であると命じた（『金沢市史』資料編 8）。

3）幕末期の薩摩藩では琉球との密貿易が行われ、そこに中国人なども参入したとされる。長崎貿易では抜荷（密貿易）事件が頻繁におきていたが、こうした九州地域などでの密貿易の噂や風聞が背景となり、銭屋疑獄事件と密貿易伝説が混同された。

4）加賀藩の新田開発の原則は、改作法以来、各村領の範囲内では地元村民に優先的な開発権があり、他村民や町人による新田開発は制限されていたが、嘉永年間には、藩が認めた公益性のたかい新田開発に関し町人資本による開発が容認された。これが藩の方針転換である。その結果、河北潟沿岸での埋め立て新田についても、期日内に村方から開発希望者が出なければ、町人出資の開発も認められた。それゆえ銭屋は河北潟沿岸で 2,900 石の新田開発の計画を申請し嘉永 2 年（1849）、藩から公許され新開事業に着手したが、村方からは不満の声が執拗に出ていた。

5）加賀藩の天保改革では、小農民経営の疲弊救済を旗印に、借金の方に取られた百姓の持高を出来るだけ本人に戻す措置が取られた。享和 2 年（1802）の法度以後に町人に売渡した田畠は藩が没収し、元の高持百姓に返した。百姓相互の土地質入れも違法とし元の百姓に戻した。こうした一連の徳政的仕法を高平均策という。また借財方仕法では町人相互の貸借は、以後無利足年賦返済とし、諸商品の未払代銀は今年春以前については帳消し、春以後の分のみ返済とした。質入れ品についても元金の 10 分の 1 で質入れ主に質物は戻るとされた。

6）加賀藩前田家中において武士身分の最高位は「人持組頭」であり、藩執政役である年寄役への就任が約束されていた。のち八家に限定され、将軍家から陪臣叙爵の栄誉もうけ「加賀八家」と俗称された。

【引用・参考文献】

木越隆三「銭屋五兵衛の材木取引と敷金積」『地方史研究』272 号、平成 10 年（1998）

木越隆三『銭屋五兵衛と北前船の時代』北國新聞社、平成 12 年（2000）

上原兼善『鎖国と藩貿易―薩摩藩の琉球密貿易―』八重岳書房、昭和 56 年（1981）

【関係資料館、記念館等】

石川県銭屋五兵衛記念館　石川県金沢市金石本町ロ 55　　https://www.zenigo.jp/

前田土佐守家資料館　石川県金沢市片町 2-10-17

　　https://www.kanazawa-museum.jp/maedatosa/

第二部

ホップ

〜海外と関わったレジェンドたち〜

　第二部に登場いただくレジェンドたちは、幕末から明治維新期にかけて海外と関わり
わが国海事産業を近代化へと誘った偉人たちです。

　勝海舟、小栗上野介忠順、中浜万次郎（ジョン万次郎）、坂本龍馬、そして漂流の末に
海外と関わった船乗りたち…彼らは、まさしくわが国海運産業の近代化における先駆者
です。咸臨丸艦長として渡米した勝海舟は志ある若者たちを開国へと駆り立て、同じく
渡米した小栗上野介忠順はフランス人技師ヴェルニーの力を借りて横須賀製鉄所（のち
の造船所）を建設し、「ジョン万次郎」としても知られる中浜万次郎は漂流者ながら激
動の幕末期にあって日米通商の振興に尽力し、勝海舟に感化された坂本龍馬は海外との
交易に活路を見出そうとします。おもしろいのは、歴史に埋もれ、あるいは埋もれつつ
ある漂流者の存在です。彼らの活躍、生き様は、海事史に一定の彩を添えてくれます。

　ペリー来航によってわが国は覚醒され、維新後の文明開化によって近代化されたと考
えがちです。たしかに歴史的に見ても、わが国の近代化が海の向こうからの刺激に因っ
ているという一面は疑いを挟む余地もありません。弥生時代の大陸からの文化伝播を
第1次文明開化とすれば、南蛮文化の伝播を以って第2次文明開化と言っていいかも
しれません。しかしながら、忘れてならないのは、明治期における近代化の萌芽はすで
に江戸期にあった、ということです。オランダなどを介して西洋文化、知識や情報がわ
が国に持ち込まれ、ここに挙げられたようなレジェンドたちがいたからこそ明治期の第
3次文明開化を吸収、消化することができたのです。

<ruby>勝<rt>かつ</rt></ruby> <ruby>海<rt>かい</rt></ruby> <ruby>舟<rt>しゅう</rt></ruby>

勝海舟

（1823–1899）

世界の大きな変革のうねりの中で
日本の独立を守り近代国家建設の礎を築く

生い立ち〜技術革新の時代に生まれる〜

　勝海舟は文政 6 年（1823）1 月晦日、本所亀沢町で旗本・勝小吉と信の長男として生まれた。

　18 世紀半ばから、世界は技術の躍進的な変化によって大きく変わっていく。海舟の人生のキーワードとなる蒸気船、軍事技術も例外ではなかった。

　当時の帆船は、帆の性能が上がったため風上にかなり切り上がることもできるようになり、さらに小回りもきくようになっていた。大型化も進みかなりの数の大砲も載せられるようになった。

勝海舟　サンフランシスコにて撮影
（勝海舟の会提供）

　18 世紀に蒸気機関が発明され、後半にはフランスで船の両舷に取り付けた外輪を蒸気機関で回し川を航行したのが世界初の蒸気船といわれ、1807 年アメリカ人のフルトンがハドソン川を航行、蒸気船の実用化が始まった[1]。イギリス、ロシアがそれに続いた。

　大西洋横断の必要日数も 1818 年の初航海で 27 日かかったのが 1870 年代には 7〜8 日と短縮された。

　帆船から蒸気船に変わることで機動性が上がり、迅速に動けるようになった。つまり東南アジアに本拠地を持つ西欧諸国にとっては簡単に日本沿岸に到達でき、しかも人や大砲、物資の積載量も増え有利になった。しかも死角の多

い台場の砲台では、機敏に動き回る蒸気船を確実に狙って撃沈させることは非常に難しくなったのである。

　18世紀後半にはロシアが何度も蝦夷周辺海域に来、寛政4年（1792）に漂流民大黒屋光太夫らを伴いラクスマンが初の遣日使節として根室に来航、通商を求める。イギリスも蝦夷、長崎、浦賀（神奈川県横須賀市）に再三来ては通商を求めるようになった。

　幕府が異国船無二念打払令を下したのは、海舟が生まれた2年後、文政8年（1825）である。

　インドは既に度重なる戦争に敗れ、イギリスの支配下になっていた。押し寄せてくる欧米列強に植民地化されることなく日本の独立をいかに保っていくかは急務であり、当時の人々の最大関心事であった。このような世界と日本の情勢の中で海舟は成長した。

　旗本の子として、少年期は25歳年長の従兄で、幕末の剣聖と呼ばれ講武所の頭取並、剣術師範役を兼務した男谷精一郎信友のもとで修業し、のち男谷の弟子、中津藩出身の島田虎之助の内弟子になった。

　19歳で免許皆伝を授かり、島田の代稽古として諸藩の藩邸を回るまでに成長する。

蘭学修業時代〜洋書から学ぶ〜

　島田は剣術修行で九州を二度遍歴し長崎へ行ったこともあり、蘭方医（西洋医術）伊東玄朴とも知己だった。自分はもう学ぶには年齢的に遅いと、島田は海舟に蘭学を学び西洋兵学を学ぶよう勧めた。

　海舟は蘭和辞書「ヅーフ・ハルマ」を書写し、それを駆使して西洋兵学の原書を読み始めた。アメリカ使節のペリーが浦賀に来航する5ヶ月前、嘉永6年（1853）1月、海舟は「蠏行私言」という論文を書いている。蠏行というのは横文字が、蠏が歩いた跡のように見えるところからつけたらしい。

　これは、オランダ海軍提督も務めた経験のあるキンスベルゲンの著書『舶中備用』を読み、考察したことを書いた小論文である。この中で海舟は、

「（略）なに事においても、その原因・由来を考究し、その事跡をしっか
り知っておかなければ、事がおきたとき、つまずくおそれがある。外夷
が隙をうかがい、辺境の備えの必要なときにおいては、なおさらのこと
である。近世においては、米利翰（アメリカ）という強敵が、辺疆（中
央から遠く離れた国境い、またその地）をうかがい、ひと呑みにする勢
いで、却略（他人の領地や財産などを強奪すること）を達成しようと
している。彼の長短得失を知って、緩急の対策をたてておかないと、不
測の事態にぶつかった場合に防禦のしようがない。そのときになって思
いなやみ、深慮をめぐらしても、労多くして、功は少ないこととなって
しまう」[2]

と書き論文の途中で具体的に外国軍艦や大砲の性能、兵卒の能力を挙げてい
る。それに比べて日本の銃隊（小銃を主要武器とした部隊）は、「古轍（前人の
行った通りの方法や様式）になじんで実用を失っている」、これでは「兵を論
ずることにはならない」と説く。

　ではどうしたらいいのか。

「当今の急務は、（1）英雄を選挙することである。（2）兵制を改むこと
である。（3）そのための言路を開くべきである。もし、そのようにした
ならば、外寇（外国から攻め入ってくること）少しもおそるることはな
い。（略）」[2]

人的ネットワークの構築

（1）伊勢商人・竹川家の三兄弟と海舟の交流

　蘭学修業時代の海舟を支えたのが、『氷川清話』に出てくる箱館の豪商、渋
田利右衛門から紹介された商人ネットワークである。ヤマサ醤油の濱口梧陵、
神戸の廻船問屋の嘉納治郎作（講道館を創設した嘉納治五郎の父）、伊勢商人
の竹川竹斎と養子にいった彼の弟たち、乳熊（現・ちくま味噌）の竹口家の養
子になった信義、大国屋（現・国分グループ）の国分家の養子になった信親た

ちのネットワークの中で、商
人達の持つ海外情報も含めた
広範囲な情報と、海舟の蘭学
塾に通ってくる幕臣から得た
情報、海舟が洋書を研究して
得た西洋の技術や情報を交換
していたのである。

　例えば、現存する海舟直筆
の手紙は、嘉永2年（1849）
9月13日付の竹口信義に宛
てたもので、浦賀に入港した
イギリス船マリナー号につい
て、また幕閣が奉行以下関係
者に宛てた諮問文も書き写し
て送っていた。

　この後の信義の日記を見る
と同年11月6日と11日に、

中央はサンフランシスコにて撮影した正装、下
が海舟から竹川竹斎に宛てた手紙、上は竹斎が
綴った思い出の記（射和文庫蔵）

信義は本代として7両ずつ貸しており、海舟は砲術書、原書などの本や黒船
図、西洋兜といったものを渡している。信義はこの頃、「阿蘭（オランダ）風説
書」も入手している。海外情報はかなり一般に出回っていたのであろう。

　長男の竹斎は本拠の射和（現・三重県松阪市）におり、荒廃した村の再生に
尽力、今でいう地方創生を試みていた。商品作物としての茶、桑の栽培の他、
弟たちが輸出する醤油の入れ物を作るために先祖伝来の萬古焼を復活させ、貯
水池と灌漑設備を作り米の安定栽培を計るなど色々挑戦を続けていた。こつこ
つ集めた和洋書約14,000冊、弟・信親と書き写した世界最先端の世界地図な
ど収納した文庫を開設、村人は自由に読むことができた。

　ペリーが来航したとき、竹斎は『護国論』『護国後論』という意見書を海舟を
通じて幕閣に提出した。これは大変な評判を得、幕閣ばかりか朝廷まで回覧さ
れた。

　まず、機動性の優位から洋式軍艦導入の必要性を説く。伊豆など離島に常時砲台を配備するには多額の費用がかかるが、軍艦ならばすぐ応援に行ける。また平時の時は大砲をおろし商品輸送に使う。当時は海難事故、水夫による積み荷横領などで年間約500万両、船の破損や漂流などで約30万両もの損害が生じており、堅牢な軍艦で商品を輸送すれば、窃盗・難破も減り、輸送日数も短縮できるというのである。

　また軍艦購入の初期費用は共同出資で賄い、その後は商品輸送や海外貿易を盛んにし、その利潤から毎年軍艦を買い増やしていくという計画も実際の数字を上げ試算もしている。

　論文の最後に「これは雑煮のようなものである」とも書いている。自分一人で考えたのではなく多くの人々と議論しながら考え導いた結論だというのである。

　海舟がペリー来航時に提出した意見書に、竹斎の影響を受けたと考えられるものが見られる。例えば「海軍創設には莫大な費用がかかるが、それを庶民からの血税で賄ってはいけない。人心が政府から離れるからだ。費用は貿易の利潤を充てる。蝦夷などからロシアや清に向け日本の産物を持って彼の地で売り、向こうの有用な品を日本に持って帰って販売する」というのである。

　日本橋に店を構える竹斎の弟二人を通して、海舟は竹斎と手紙のやりとりをしたり、竹斎が上京した時に会って話したりしていた。海舟は『氷川清話』でも経済が大切だと語っているが、商人の合理的な考え方、何か事を行うにはそれを可能にする資金を手当てすることの大切さを彼らから学んだ。のちの海舟の人生に大きな影響を与えたと、私は考えている。

（2）もう一人の支援者・島津斉彬との出会い

　蘭学修業時代、海舟は生活のために、筆耕（ひっこう）という書写のアルバイトをしていた。本人曰く、自分は字（いわ）が下手だったので、他の人の5分の1程度の料金しか得られなかった。ところが、とてもお金を弾（はず）んでくれる人がいる。まだ薩摩藩主になっていなかった島津斉彬の家来衆だった。彼らのお陰で、なんと海舟は斉彬との知遇を得るのである。

史談会速記録[3]を読むと、その頃の海舟の状況がよくわかり興味深い。

> 「順聖公（斉彬）はいつもお話になられた。「お前のことは伊勢に頼んでおいた」と。
> 　当時の私には伊勢とはいったい誰のことやらわからなかった。後から考えると、当時の老中首座、阿部伊勢守正弘のことだった。
> 　もっとも当時、老中などは大名たちでさえおそれはばかるような存在だったので、斉彬公が家族のように至極分けなくお話になるとは自分には想像もつかなかったからである。（中略）
> 　他にもご親切にしていただいたことがある。「金が必要になった時はいつでも屋敷に来て持っていけばよい。その取次ぎは側役の山田宗右衛門に頼みなさい。他の者に頼んではならぬ。他人に知られると面倒だから」と斉彬公は仰ってくださった。」（現代語訳筆者）

まだ何者でもない、伊勢守が誰だかもわからない海舟が斉彬と出会い励まされる。これはのちの海舟の人生ばかりでなく、日本の行く末にもいい影響を与えたと、私は考える。

数年後幕臣となった海舟が、長崎海軍伝習所で学んでいる時、オランダ人教官を伴って咸臨丸で薩摩を訪ねる。斉彬も藩主となって薩摩にいた。斉彬は幕府に内緒で書物を頼りに作っていた大型船をオランダ人に見せ、教えを乞う。人ばらいをして饗応する。弟の久光や自分の腹心の部下たちを海舟に紹介した。その中にのちの江戸城無血開城の時の交渉相手、西郷隆盛もいる（当時は出張中だったので名前だけ聞く）。彼らは斉彬を尊敬し、その考えに大きな影響を受け、明治維新の鍵を握る人々だった。明治維新の頃、幕臣と薩摩藩士と立場もプロセスも違うが、斉彬を通して考えてきた日本の将来像は一致するのである。

長崎海軍伝習所〜人材育成の重要性〜

ペリー来航時に書いた海舟の意見書には、人材育成の重要性も書かれている。

軍艦はお金を積めば買えるが、人は一朝一夕には育たない。学校を作り、和書漢書だけでなく、西洋の本も読める文庫を作る。外国の書物は諸藩の有能な人々で手分けして翻訳し、官費で出版する。運動場を作り体を動かせば筋骨たくましくなるだろうと書いているのは、当時の旗本が困窮し内職ばかりに励み、体がたるみ、いざという時に役立つとは思えなかったからだろう。長男ばかりでなく次男、三男、厄介と言われる者も学校へ通わせ技術を習得させる、登校した時には手当てを出し、彼らの生活が成り立つようにしようとはかってもいる。

　海舟は、のちに神戸に海軍操練所を開いた時にも、図書室を作り、海外の本も多数揃えている。これらの考え方も商人たちの影響があらわれていると思う。

　提言が幕閣の目に留まり、海舟は勝家悲願の幕臣に取り立てられた。私は、斉彬が海舟に言ったことを守り、阿部伊勢守に海舟のことを頼んでおいてくれたお陰だと思っている。阿部伊勢守は部下たちに「勝麟太郎（海舟）という名前を見聞きしたら報告するように」と命じ、部下たちはそれを忠実に守り、山のように集まったペリー来航時の意見書の中から勝麟太郎の名を見つけ、内容も報告しても大丈夫なレベルと判断し上司に挙げていったのだと思う。誰と出会い、その縁を大事にするかは、海舟の時代も今も変わらない。

　めでたく幕臣に取り立てられ、勉強の知識を買われ、いくつかの仕事をして、すぐ長崎海軍伝習所への派遣が決まった。ここでは「初めて」が二つある。

　それまで幕臣の移動は陸路だった。長崎への派遣にあたって陸路と海路2班に分け、海舟は海路、薩摩藩が幕府に献上した昇平丸で向かった。この船は、幕府が大型船製造を解禁したのち薩摩藩が建造した洋式帆船で、3本のマストを持ち、船の長さが約31メートル、幅が7.3メートルの船である。幕末になると、早く大量に人やモノが運べるので、幕臣も諸藩士も船で移動することが当たり前になったが、それまで運航していたのは商船だけだった。今回の昇平丸での移動は、時代の大きな転換点の一つである。

　海舟はこの航海で、目指す海軍士官としての自分の弱点を知る。船酔いだ。遠州灘で暴風に遭い、苦しんだ。長崎に着いてから江戸の留守宅を預けた友人

に手紙を書いた。

> 「船は非常に揺れた。大嵐で大砲を備えておく穴からも海水が入り込み、私などは船の底の畳を剥がしてその下にもぐり込み体が転がらないようにした。薩摩藩の侍は万一の時は海に飛び込もうと夜通し甲板で備えていた。いっそ沈没してくれた方が、早くこの苦しみから逃れられると思った」と。（現代語訳筆者）

　海舟は、船酔いを克服するのも海軍の勉強の一つだと思うと書いているが、咸臨丸で渡米するため太平洋を航海した時も苦しめられた。

　もう一つの初めては、時間割。長崎に到着した早々に授業が開始される。月曜日から土曜日まで船具、造船、築城、航海、騎馬訓練、蒸気、地理、算術、オランダ語と科目が並ぶが、日曜日は休みになっている。現代の私たちから見れば当たり前だが、日曜日が休日というのはキリスト教の考え方である。旧約聖書の創世記にある神が6日かかって、光、水、大地、動植物などこの世の森羅万象を完成させた後7日目に休まれた話を反映している。オランダは宗教を布教しないことを条件に通商を許されたのだが、キリスト教的暦は持ち込まれていたのである。これが日本初の西洋式の暦の導入である。

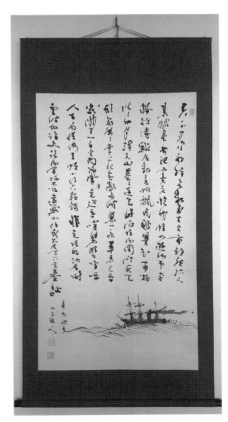

海舟書「咸臨丸画讃」
（北海道坂本龍馬記念館蔵）

　海舟は足掛け5年長崎にいた。日米修好通商条約を批准するためアメリカへ

別船を派遣する話を聞き、急ぎ江戸へ戻った。

江戸城無血開城と海軍

　慶応4年（1868）3月14日、江戸城を戦闘なしに明け渡すため、海舟は交渉相手である薩摩藩士・西郷隆盛にいくつかの条件を提示する。最初の一つは、15代将軍徳川慶喜を水戸に預けるということである。慶喜の首はなんとしても守らなければならない。これは幕臣のためではなく、日本のためである。

　先立つ2月11日、慶喜は、新政府軍に恭順の姿勢を示すため、寛永寺に蟄居した。その折、家臣たちにこう言いおく。「お前たちの悔しい気持ちはよくわかるが、インドやシナの二の舞（植民地化）にならないために、新政府軍に対し武力行為をしてはいけない。」幕臣たちにとって殿の言葉は絶対であり、守らなければならないのである。

　しかし、もし新政府軍が慶喜の首を取ったとしたら、もう我慢する必要はないのである。榎本武揚率いる幕府艦隊には、世界最先端の軍艦開陽をはじめとして、回天、蟠竜、長鯨、咸臨、朝陽など蒸気軍艦が十隻以上あり、これらはトップの号令一つで右でも左でも一斉に動けるのである。

　逆に、新政府軍は、軍艦はあっても船ごとに藩籍が違い、それぞれの船が所属する藩の担当者の号令がなければ動けないのである。

　ちなみに薩摩藩は3隻中1隻を鳥羽伏見の戦いで失い、長州藩は藩士の移動に他藩の船を借りている状況だった。

　この海軍力の差をどう活かすか。幕臣の遊撃隊長で榎本武揚と共に箱館戦争を戦った人見寧の話が史談会速記録に残っており、それが実に興味深い。

　　「榎本の当時の戦略はこの13、4隻の艦隊を率いまして、大坂に向かって発航致します考えでございました。こうして本体は兵庫に置きまして、それから一分隊は馬関（下関）へ廻して長州を討ち、九州から中国に渡る所の道を絶ち、又、一分隊は鹿児島を砲撃するという方針でありました。このことは榎本等と段々戦略を議した時に承知しましたのであります」（現代語訳筆者）

　幕府海軍はまだ健在だったのである。数でも性能でも勝る幕府海軍軍艦に、新政府軍の3倍ほどの幕府歩兵を分乗させ、瀬戸内海の輸送海路を封鎖、物資と人の移動を止め、新政府軍に所属する藩の海岸線に数百人ずつ小分けに上陸させてそこでゲリラ戦を起こしたらどうなるか。幕府の歩兵はフランス式調練を受けており、決して無能な歩兵ではない。

　徳川は一枚岩だが、新政府軍は一枚岩ではない。諸藩が集まってできている。もし自藩でゲリラ戦が起きたら新政府創設より自藩の領土保全が第一ではないか。この時点ではまだ版籍奉還はなされておらず、自藩領内から収入をあげなければ食べていけないのである。

　しかも江戸までの距離が長ければ長いほど武器弾薬購入費用の他に移動や食料などの路銀が増え、兵への給料も馬鹿にならない。藩の蔵も空っぽだが、頼みの綱の大坂商人たちの蔵も借り入れのために空っぽにしながら江戸へ向かって来ているのである。だから帰りの費用、帰ってからの戦闘費用などどこから捻出するのか。かなり困難である。

　たとえ帰り着いて幕府歩兵とゲリラ戦を戦ったとしても、そんな内戦をしている間に手ぐすね引いて待っている諸外国に攻め入られ、あっという間に日本は植民地にされてしまう。

　植民地にならなかったとしても、万一幕府軍に敗戦すれば、また徳川の世が復活してしまう可能性も否定できない。

　これではいつまでたっても新しい世の中など実現できない。早急に新政府を始動させるには、慶喜を要求通り水戸藩預けにするのが合理的な判断と言えるのではないか。

　江戸城無血開城については、とかく登場人物ばかりが注目されてきたが、幕府海軍の力は侮れない。この交渉を行った田町の薩摩藩邸は海に面しており、そこにはずらっと榎本率いる幕府軍艦が控えているのである。その圧力も忘れてはならないと思う。

結びに　日本海軍へ

　榎本はこの幕府艦隊を率いて箱館へ向かった。ここで蝦夷共和国を宣言する
も、新政府は認めない。江差で浅瀬に乗り上げた開陽をはじめ、箱館戦争、宮
古島海戦で何艘もの軍艦を失った榎本たちは投降した。

　その後、幕府海軍に所属していた人々はどうなったのか。明治5年の日本海
軍の構成を見てみると、約30％が旧幕臣、15％が薩摩藩、7％が長州藩出身
者で、薩摩藩も長州藩もあらかた長崎海軍伝習所出身者である。

　植民地化を免れた日本は、挙国一致で近代化に邁進していく。それは、江戸
城無血開城のための交渉の時、海舟
が出した条件の一つ、幕臣たちの助
命を西郷が受け入れたことも一つの
要因である。徳川幕府はたくさんの
幕臣を海外留学させ、世界最先端の
技術、学問、知識を学ばせてきた。
近代化に必要な能力を備えていたの
である。幕臣、新政府軍出身者、両
者それまでの立場を捨て、気まずさ
を乗り越えて、世界の中の独立国日
本を作るべく、手を携えて新しい国
作りに励んだ。

　明治4年（1871）、海舟は大久保
利通邸に招かれた。そこには西郷、
木戸孝允も来た。幕末維新の激動期
の思い出話をしながら、当時を夢か
幻かと皆で思うのである。

明治初期の海舟（大田区立郷土博物館蔵）

（執筆：高山 みな子）

【注】
1）国立国会図書館サイト　博覧会—近代技術の展示場—
　　https://www.ndl.go.jp/exposition/s2/6.html
2）片桐一男『勝海舟の蘭学と海軍伝習』勉誠出版（2016 年）
3）『史談会速記録』（明治 22 年から 46 年間にわたり宮内省によって発刊された、幕末
　　から明治維新を体験した古老による実歴談などを収録した資料集。1971 年–75 年原
　　書房から復刻版が出版された）

【引用・参考文献】
森重和雄、高山みな子、三澤敏博『勝海舟関係写真集』風狂童子
片桐一男『勝海舟の蘭学と海軍伝習』勉誠出版
金澤裕之『幕府海軍の興亡』慶應義塾大学出版会
松浦玲『勝海舟』筑摩書房
勝部真長『勝海舟』PHP 研究所
『史談会速記録』
上野利三、高倉一紀『伊勢商人竹口家の研究』和泉書院
竹川竹斎生誕二百年記念事業実行委員会『竹川竹斎』
児玉幸多『日本史年表・地図』吉川弘文館

【関係資料館、記念館等】
大田区立郷土博物館　東京都大田区南馬込五丁目 11 番 13 号
　　　　https://www.city.ota.tokyo.jp
大田区立勝海舟記念館　東京都大田区南千束二丁目 3 番 1 号
　　　　https://www.city.ota.tokyo.jp
北海道坂本龍馬記念館　北海道函館市末広町 8-6
　　　　http://www.ryoma1115.com/index.html
勝海舟の会　東京都千代田区内神田 3-11-2 竹仙内
　　　　http://katsukaisyu.com/katsukaisyunokai/
射和文庫　三重県松坂市射和

小栗上野介忠順

<ruby>小<rt>お</rt></ruby><ruby>栗<rt>ぐり</rt></ruby><ruby>上<rt>こう</rt></ruby><ruby>野<rt>ずけの</rt></ruby><ruby>介<rt>すけ</rt></ruby><ruby>忠<rt>ただ</rt></ruby><ruby>順<rt>まさ</rt></ruby>

（1827–1868）

幕末、造船所から日本産業革命
日本近代化を図った男

隠された日本人初の世界一周と小栗の業績

神田駿河台で生まれ育った旗本小栗忠順は、大老
井伊直弼に日米修好通商条約批准書交換の万延元年
（1860）遣米使節団目付に抜擢され、34歳で歴史の
表舞台に登場する。

小栗上野介忠順
（村上照賢画・東善寺蔵）

安政7年（万延元年・1860）1月、新見豊前守正
興を正使とした遣米使節団一行77名は米国軍艦ポ
ウハタン号で品川沖を出港、ハワイ〜サンフランシ
スコ〜パナマに至り、米艦ロアノウク号で大西洋を
北上してワシントンに到着。15代大統領ブキャナ
ンと条約批准書を交わすと、ボルティモア〜フィラ
デルフィア〜ニューヨーク。ニューヨークで最後の大歓迎を受け、米国最新鋭
の軍艦ナイアガラ号で大西洋〜喜望峰〜インド洋〜ジャカルタ〜香港〜日本
と、9ヶ月の旅で帰国した。公式に世界一周をした初の日本人であった。

この遣米使節も世界一周も、咸臨丸と勝海舟の話で隠された。咸臨丸は日
本〜サンフランシスコ〜ハワイの練習航海にすぎない。ところが、勝海舟の猛
勉強と咸臨丸での活躍という虚構に近い話を、「歴史」ではない「修身」の国
定教科書で大正7年（1918）から昭和20年（1945）の敗戦まで27年間、日
本中の小学生に教えたので「何でも勝海舟・咸臨丸」と誤解する日本人が育っ
ている[1]。

逆に、明治以来の学校教育でこれから述べる小栗上野介の功績は一切取り上
げられなかった。

　幕府解散後、小栗主従は明治新政府軍に無実の罪名で上州烏川のほとりで斬首された。その明治政府が明治5年（1872）に始めた学校教育で小栗の日本近代化の功績を教えれば、当然小栗主従斬殺の政府の所業が明るみに出る。それゆえむしろ逆賊のイメージを強調してきた。現在も、ほとんどの日本人が「明治の父」[2]小栗上野介を知らない。

国際レース「近代化」

　15代大統領ブキャナンに国書を奉呈したあと、遣米使節は強く希望してワシントン海軍造船所を見学した[3]。

　最初に案内された大きな鉄工所では、運び込んだ銑鉄を小型の反射炉で熔かして蒸気機関を造っていた。石炭を焚く罐、その上で湯を沸かす釜、パイプ、ジョイントやネジ、ボルト、車輪も歯車もシャフトも全てここで造っている。さらに軍艦で使用する大砲も砲弾も、ライフル銃も弾丸も造り、生活用品の鍋、釜、ナイフ、フォーク、スプーンからドアノブまで、あらゆる鉄製品が造られていた。

ワシントン海軍造船所見学　前列右から2人目が小栗上野介
（米海軍資料局提供：東善寺蔵）

　木材を汽水に漬けてアクを抜き乾かすと木工所で板にひいて船体、船室、床、壁、天井や階段、すべて木で造っていた。当時は蒸気船でも機帆船だから製帆所で帆布を織り、製綱所でロープを造っている。

　その向こうではたくさんの部品で組み立て、船も造っていた。造船所とは「船も」造る所だったのだ。現代風に言えば蒸気機関を原動力としてあらゆる工業製品を生み出す総合工場といえる。

　使節一行は、そこで全てが造られる初期の造船所の形態と機能を見たことになる。蒸気船やパナマ鉄道の動力が蒸気機関と解っていたが、造船所のさまざまな作業の原動力にも蒸気機関が使われていたことは、大変な驚きと発見だったろう。

　産業革命以来、欧米先進国では「近代化」という国際レースが始まっていた。このレースの特徴は、一斉スタートではなく仕度ができた国から走り始めていいこと。アメリカはもう背中も見えないほど先を走っているのに、日本は仕度が出来ていないからスタートラインにさえつけないことを痛感した旅だった。

　日本は何から手を付けたらいいのか、この課題に頭を悩ませていた小栗忠順は、この造船所見学で日本はまず総合工場としての造船所を造ればよいと確信した[4]。日本を木の国から鉄の国へ…。造船所建設はまさにその第一歩であり、それが日本を国際レースのスタートラインに立たせることになる。この思いが、帰国後に小栗忠順が造船所建設を声高に主張していくベースとなった。

アメリカでノーと言った最初の日本人

　フィラデルフィアで造幣局を訪れた使節らは、日米通貨の分析試験を要求した。米側が日米金貨のカケラで始めようとしたとき、小栗が異を唱えた。「分析方法を知りたいのではない。日米金貨の全量を分析し金属成分量を全て調べてほしい」という。「それには時間がかかる」と渋る米側に「我々は待つ」と再びノーを言い、日米金貨のフェアな品位比較を要求する小栗に押され全量分析が開始された。

　この背景に日米通貨の交換比率に不公平が生じていたことがある。

　日米修好通商条約締結の際、通貨交換の比率を公使ハリスは「同種の通貨は同量で交換が国際慣例」と、メキシコドル銀貨1個に釣り合う重さで一分銀貨3個の交換を主張した。

　幕府役人は「一分銀貨1個は三分の価値がある」と反論するが、見た目は同じで日本の銀貨は小さくても3倍の価値があるという説明がハリスには理解できない。外国人に3倍の値段で物を売りつける陰謀と受け止め、強硬に同種同量交換を主張した結果、日本の役人はとうとう押し切られ、同種同量交換を認めてしまった。

　その結果、当時来日した外国人は（図参照）

① 日本でメキシコドル銀貨4つを、一分銀貨12個に換えられる
② 日本国内では一分銀貨4個で小判金貨1個と交換できたから、一分銀貨12個は小判金貨3個と交換できる
③ その小判金貨3個を上海や香港に持ち出し、ドル銀貨に換えると12ドルになる

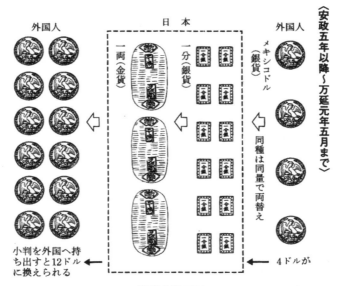

通貨交換の図
（村上泰賢著『小栗上野介』平凡社新書155ページより転載）

　お金の交換だけでお金を 3 倍に増やせるから外国人は争って一分銀貨に換え、さらに小判金貨に換えて国外へ持ち出し、日本は「小判の濫出」で国内経済に混乱が生じていた。外国人にとって日本は財産が 3 倍に増え、物価は 3 分の 1、逆に渡米した使節は 3 倍の値段で買い物をする事態になっていた。

　この原因は、元禄 8 年（1695）に勘定吟味役の荻原重秀が「たとえ瓦礫でも政府の判を押してあれば貨幣である」という理論で、金貨に対する補助通貨を銀貨とし、一分銀は従来の 3 倍（三分の価値あり）としたことに始まる[5]。「瓦礫でも通貨」とは乱暴なようだが現在も紙切れに「壱万円」と印刷された紙幣が通用しているのと同じ、政府の信用を背景とした先進的かつ画期的な世界に先駆けた補助通貨の概念でこれが国内で通用し定着していた。

　国内だけなら通用した補助通貨の概念が、幕末に外国通貨との交換が入って、上記のような混乱が生じていた。その是正策を探ることが井伊直弼から小栗に命じられていたのである。

　朝から始まった試験は夕方までかかり、その間使節らは昼食も弁当ですませてその場を離れず我慢強く静かに待ち続けたので、米紙はその主張の鋭さ、知性と忍耐を称賛した[6]。

　実験の結果、金の含有率は両方ともほぼ同じ。日本の小判金貨は銀が少し多く、やや価値が高いことを正確にアメリカ側に認めさせたことになる。これを確認すれば日米の金貨はほぼ同等なのに外国人がドル銀貨から通貨交換の結果、小判を 3 分の 1 の値段で入手しているのはおかしい、と改訂交渉に入ることができる。

　しかし遣米使節はこれ以上の正式交渉を幕府から命じられていない。アメリカ側からすればいったん決めた交換比率を変える交渉は、利害を伴うだけに簡単に応じられない。「正しい貨幣交換のシステムが日本とアメリカの間で確立されることを確信する」と挨拶した小栗の心中は複雑痛恨なものだったろう[7]。

　結論として幕府は使節一行が出発して間もなく、金の含有率は変わらず形状を従来の 3 分の 1 にした小粒の「万延小判（金貨）と万延一分金」を発行することで、「濫出」を切り抜けている。

土蔵付き売据えで、日本産業革命の地に

　遣米使節団の足かけ9ヶ月の旅の間に派遣責任者の井伊大老は「桜田門外の変」で暗殺され、それを契機として国内は江戸も京都も外国人排斥の攘夷論が一気に吹き荒れ、攘夷を唱えない者は武士の風上にもおけない空気に一変していた。

　帰国しても、むしろ厄介者が帰ってきたという雰囲気で、うかつに海外の見聞知識を自分から語れない風潮であった。その中にあって小栗は憚ることなく、外国文化の長所をどんどん取り入れなければ日本の将来は危ういと、幕僚たちに訴え続けた[8]。

　当時蒸気船に関して「買船派」と「造船派」に分かれ論争があった。初め造船派が多かったが、造船には莫大な経費と巨大な施設、多くの附属施設と熟達の技術者が必要とわかって、買船派が多くなっていた。しかし小栗は、買った船もいずれ故障修理が必要になる。造れなければまともな修理はできないとして造船所建設を主張した。

　この頃勝海舟は「軍艦は数年で出来るが、出来た船をまともに動かす人材教育が肝心だ。英国は300年かかっている。日本は500年かかる」とうそぶき「人材教育が先だ」と反対した[9]。しかし、明治以後に生き残った勝海舟が人材教育に邁進した話はない。

　ほかにも「日本ではまだ早い」「金がない」「先に陸軍を増強しろ」「なぜ技術指導がフランスか」といった反対論が渦巻いた。

　指導援助を受けたかったアメリカは南北戦争に入っている。オランダは国力が落ち余裕がない。イギリスは日本に接近を図っているが、インド・中国で手を汚し、狡猾なイギリス商人の手口もあって敬遠された。ロシアは、対馬事件のように欲しいものにいきなり爪を出す粗暴さがある。結局小栗の盟友で仏語が達者な栗本鋤雲－仏公使レオンロッシュの仲介を経て、フランスが「いくらかまし」と消去法で選ばれた。

　造船所建設が決まりかけたころ、ある幕臣が「幕府の運命もなかなか難しい。これから大金をかけて造船所を造っても、出来上がる頃には幕府がどうなって

いるか分からない」と言うと、小栗は「幕府の運命に限りがあるとも、日本の運命には限りがない。自分は幕臣だから幕府の為に尽くす身分だけれども、それは結局日本の為であって、幕府のしたことが長く日本の為となって、徳川のした仕事が成功したのだと後に言われれば、徳川家の名誉ではないか。国の利益ではないか」と答え、「いずれ土蔵付き売据えの栄誉が残せるよ」と笑ったという[10]。

　売据えとは今の不動産用語で居抜き物件、家具調度付きの売家のこと。いずれ幕府の政権は終わるが、同じ売家（日本国の政権）でも土蔵（横須賀造船所）付きなら後の政府の役に立つよ、という江戸っ子小栗の洒落であろう。小栗上野介には常に先見性や洞察力の深さを感じるが、この言葉からもその根底に、幕府を越えて国を思う強烈な当事者意識を感じ取ることができる。

　小栗の主張が容れられ、帰国から4年目に幕府は横須賀に造船所建設を承認した。着工は翌慶応元年（1865）。フランス人技師長ヴェルニーの技術指導を受け、当初は工事期間4年、総予算240万ドルを毎年60万ドルずつ支払いながら工事が進められた。

　注目すべきは、完成した工場ごとに順次操業を開始したから、慶応年間から製綱所はじめ各工場で蒸気機関によるモノづくりが始まり、定時労働、年功給、能率給、日曜休日、メートル法、複式簿記が定着し、労働者の生活形態も一変している。ゆえに日本の産業革命の地は、横須賀造船所と見てよい。明治維新ですべてが一新されたようにいうのは明治政府の宣伝で、日本の近代化は幕末から始まっていた。

横須賀製鉄所（慶應3年ごろ）　中央左の山の右下に1号ドックを掘り、2、3号ドックはこの山をどかして掘った。右の長い建物（273m）が製綱所（東善寺蔵）

横須賀製鉄所の 3 つの特徴

　横須賀造船所は始め横須賀製鉄所と呼ばれた。明治 4 年（1871）に「造船所」と改称、製鉄所は「鉄を製する所」の意味となった。横須賀製鉄所の特徴を 3 つ挙げると

（1）なんでも造る総合工場

　横須賀製鉄所はワシントン海軍造船所と同じく蒸気機関、シャフト、歯車、大砲、銃のほか、鍋・釜・スプーンからドアノブまで、民生でも使えるあらゆる工業製品を蒸気機関で造った。

　蒸気機関を造るだけでなく、構造・機能・効率が研究改良され、船体工学・船舶機関工学が当時の機械工学の最高の位置だった。

（2）蒸気機関が原動力 —慶応年間から蒸気機関でモノづくり—

　建物が完成すると慶応年間から工場ごとの蒸気機関で部品の生産体制に入った。従来日本の工業の原動力は人力－牛馬力－水力までだが、横須賀に大きな川はない。横須賀は初めから蒸気機関を原動力とする日本最初の総合工場で、司馬遼太郎が「ここは日本の近代工学のいっさいの源泉」[11]と書くゆえんである。

（3）教育機関で人づくり —モノづくりの原点は人づくり—

　職場内学校「黌舎」が慶応 2 年（1866）に設置され、授業料は無料。定員 60 名で仏語、数学、物理、船舶工学を学び、今の工業高専や大学理工学部卒業程度の知識と技術を身に着けた職工や技師を育てる国内最高水準の学校であった。卒業後は家族を養えるほどの給料を造船所からもらえるので人気となり、全国から優秀な若者が殺到した。

　例えば辰巳 一 少年は石川県金沢から歩いて横須賀の黌舎に入学、努力の末にフランスに派遣留学、帰国後に造船大監となった[12]。

　さらに高度な造船工学を学ぶ「機関学校」を明治元年（1868）に開校。全国から集まった若者が最高の船舶工学を学んで、船の設計までできる技術将校となった。東京大学工学部学生はここでの現場実習が卒業の必須単位だった。

横須賀造船所から全国に波及

　世界遺産・富岡製糸場の建物は、横須賀の仏人技師たちが造船所の建物をモデルにわずか50日で設計図を仕上げ、技師バスティアンが派遣されて建設した。小栗や栗本鋤雲が横浜に設けた日本初の仏語学校や、黌舎の卒業生が仏語通訳として活躍している。

富岡製糸場の東置繭倉庫（104ｍ）（左）。右の横須賀造船所の製綱所（季刊『大林』47号より）がモデル

　明治5年（1872）からの製糸場経営も、横須賀と同じくフランス式に委ねた。横須賀造船所を兄とすれば富岡製糸場は妹といえる。

　横須賀造船所の弟・中島飛行機は明治40年（1907）に横須賀海軍機関学校を卒業した中島知久平が、航空機生産は欧米のように民間会社で行い、陸海軍はそれを買うのがいいと主張して立ち上げた。

　兵庫県生野銀山は明治初年に仏人技師コワニエの指導で横須賀造船所に蒸気機関、採掘工具を発注、鉱山の再生・近代化を図ってモデル鉱山となり、全国の鉱山に技師や鉱夫を派遣している。

日本初の株式会社 ―「兵庫商社」「築地ホテル」―

　パナマ鉄道で小栗は建設費の工面について質問した。国内の裕福な商人が資本を出し合って鉄道組合を作り建設、利用賃で運営し、運営費以上に利益が出

ると出資者に分配する、と「コムペニー」のやり方を説明された[13]。日本もコムペニーで貿易だけでなくインフラ整備もできると理解した小栗は、兵庫の開港を機に大阪商人20名に出資をさせ、慶応3年（1867）に日本初の株式会社「兵庫商社」を立ち上げた。

　従来、横浜・長崎で小資本の日本商人が個々に外国の商社組合（コムペニー）と取引をしていては、大資本の外国商社に操られ日本人同士の競争となり利益は外国人のものとなり、いずれ国全体の損益にもかかわる懸念があったからにほかならない[14]。残念ながら明治維新で解散を余儀なくされたが、日本に役員・定款を備えた株式会社の先鞭をつけた意義は大きい。兵庫商社は日本初の株式会社に相応しい。「亀山社中が日本初」と命名した坂本藤良教授[15]が後に、「早まったが、なかなか訂正がきかなくて…」と苦笑しておられた。

　また、小栗は町人を集め江戸に外国人向けのホテルが必要と「資本金を町人から集め、ホテル組合で築地にホテルを建て完成後は利用賃で運営し、利益が出たら分配してよい。やる者はいないか」と呼びかけた。パナマ鉄道と同じ手法である。手を挙げたのが清水建設二代目の清水喜助。明治元年（1868）8月に完成した築地ホテルは、総ナマコ壁の2階建て、部屋数102室。水洗トイレ、シャワー、暖炉もあって一躍東京の新名所となったが、3年半後の明治5年（1873）、「銀座の大火」で惜しくも焼けてしまった[16]。

　長野県小布施町の豪商高井鴻山は小栗の助言で、新潟に船会社を興し国民利

築地ホテル（三代目広重画・東善寺蔵）

福の道を図りたいと企画したが、明治維新の幕府解散・小栗の勘定奉行免職で、幻の船会社となってしまった [14]。

　小栗の考える近代化政策は、兵庫商社の経営が軌道に乗れば、その利潤でガス灯や郵便（「書信局・ポストオフィシー」）、電信、江戸〜横浜間に鉄道敷設といった社会基盤の整備まで構想されていた [17]。

　その一方で歩兵、騎兵、砲兵三兵の洋式陸軍編制とフランス人教官による伝習を進めるなど幕府軍の近代化も推し進めていた。

東郷平八郎の謝辞 ―土蔵が日本を救った―

　明治維新による幕府解散で罷免された小栗は「帰農願」を認められ江戸を引き払って、知行地の上州権田村（現・高崎市倉渕町）へ家族ぐるみで帰農移住した。その2ヶ月後、西軍（明治新政府軍）は「官軍」の名のもと「反逆の意図明白なり」と無実の罪状で、小栗主従8名を斬首してしまう。小栗の実力を恐れた所業と言われる。日本の近代化に努めた人物のあまりにあっけない最期だった。西軍は小栗家や家臣の家財道具を全て没収、競売で売り払って軍資金として持ち去った。

　明治45年（1912）夏、東郷平八郎は小栗家遺族を自宅に招き、懇切丁寧に礼を述べた。「日本海海戦において完全な勝利を収めることができたのは、横須賀造船所を建設しておいてくれたおかげ…」と。

　小栗上野介の言葉通り、居抜き物件の売家につけた土蔵（横須賀造船所）が、間違いなく国家存亡の危機に役立ったのである。

小栗家に贈られた東郷平八郎の書額「仁義礼智信　壬子夏為小栗又一君東郷書」（東善寺蔵）

（執筆：村上　泰賢）

【注】

1）小栗上野介顕彰会機関誌『たつなみ』37、38 号「修身教科書が作った咸臨丸神話」村上泰賢

2）司馬遼太郎『明治という国家』

3）「わが国の第一の急務は海軍を開くことだから、海軍の創設に役立つよう、造船所の施設や工場機械の機構、操作をゆっくり見学したい…」（「遣米使節史料集成第一巻」付録「亜行船中并彼地一件」）

4）「彼らは財布をはたいてあらゆる種類の反物、金物、火器、宝石類、ガラス器、光学機器そのほかわれわれの創意と工夫を示す無数のものを買う。我が国と日本との通商の道が充分に開放されれば、これらの品物はそっくりまねされ改良されてわが国に戻ってくるにちがいない。小栗豊後守はアメリカの進んだ文明の利器を日本に導入することに大賛成である、と言われている」（「ニューヨークタイムズ」1860 年 6 月 22 日付）

5）「貨幣は国家が造る所、瓦礫（がれき）を以ってこれに代えるといえども、まさに行うべし」村井淳志『勘定奉行荻原重秀の生涯』集英社新書、平成 19 年（2007）

6）「彼らの、日本の硬貨の分析に費やした長くてあきあきする作業への忍耐力には、デュポン大佐や海軍委員会の他のメンバーすら驚かされた。分析試験の間、遣米使節の人たちは昼食にホテルに戻ることさえ断って、その場でご飯と魚で昼食をすませた。彼らの一貫した忍耐強さは、鋭さ、知性、集中力と相まって、現場にいた人々に感銘を与えた。」（「ニューヨークタイムズ」1860 年 6 月 16 日）

7）「使節の人たちは、感謝の気持ちを伝え、分析結果に満足していると述べた。目付（小栗）は、正しい貨幣交換のシステムが日本とアメリカの間で確立されることを確信すると述べた。」（「ニューヨークタイムズ」1860 年 6 月 16 日）

8）「使節が帰朝の時に当たり、鎖（国）攘（夷）の議論漸く朝野に熾なりければ、皆口を緘して黙したるに、小栗一人は、憚る所なく米国文明の事物を説き『政治武備商業製造等に於ては、外国を模範として我国の改善を謀らざる可からず』と論じて幕閣を聳動せしめたり」福地源一郎『幕末政治家』

9）勝海舟『海舟日記』

10）島田三郎「懐舊談」・『同方会報告』明治 28 年 6 月・第 1 号

11）司馬遼太郎『街道をゆく〜三浦半島記〜』

12）小野雄司『辰巳一　造船大監』研成社、平成 21 年

13）『万延元年遣米使節資料集成』全 7 巻　風間書房、昭和 36 年（1961）

14）村上泰賢『小栗忠順従者の記録』上毛新聞社、2001 年

15）坂本藤良『小栗上野介の生涯』講談社

16）平野弥十郎『幕末維新日記』北海道大学、平成 12 年（2000）

17）渋沢栄一『徳川慶喜公伝』・塚越芳太郎『讀史餘録』

【引用・参考文献】
『万延元年遣米使節資料集成』全 7 巻　風間書房、昭和 36 年（1961）
『幕末維新外交資料集成』全 6 巻　第一書房
宮永孝『万延元年のアメリカ報告』講談社
村上泰賢『小栗忠順従者の記録』上毛新聞社
村上泰賢『小栗上野介』平凡社新書、平成 22 年（2010）
小栗上野介顕彰会機関誌『たつなみ』1〜45 号
福地源一郎『幕末政治家』
田辺太一『幕末外交談』
横須賀市『横須賀百年史』
『横須賀海軍船廠史』原書房
『横須賀海軍工廠史』全 8 巻　原書房
富田仁・西堀昭『横須賀製鉄所の人びと』有隣堂、昭和 58 年（1983）
勝海舟『海舟日記』
司馬遼太郎『明治という国家』
司馬遼太郎『街道をゆく〜三浦半島記〜』
栗本鋤雲『匏庵遺稿』
『同方会報告』第 1 号
塚越芳太郎『讀史餘録』民友社、明治 34 年（1901）
渋沢栄一『徳川慶喜公伝』
平野弥十郎『幕末維新日記』北海道大学、平成 12 年（2000）
清水建設『清水建設 180 年史』
山崎實『高井鴻山物語』平成 7 年
岩崎長思『高井鴻山小伝』昭和 8 年
坂本藤良『小栗上野介の生涯 ―兵庫商社を創った最後の幕臣―』
村井淳志『勘定奉行荻原重秀の生涯』集英社新書、平成 19 年（2007）
村上泰賢他共著『小栗上野介』みやま文庫、平成 16 年（2004）
東善寺ウェブサイト URL: http://tozenzi.cside.com/

【関係資料館、記念館等】
小栗上野介顕彰会　群馬県高崎市倉渕町三ノ倉 303　高崎市倉渕支所地域振興課内
　　http://www12.wind.ne.jp/oguri-k/index.html
東善寺　群馬県高崎市倉渕町権田 169
　　http://tozenzi.cside.com/index.htm

ジョン万次郎

（1827–1898）

海で学んだグローバル・マインド
今に生きる万次郎のメッセージ

「ジョン万次郎」という名

実は万次郎自身は日本で「ジョン万次郎」と名乗ったことは一度もない。漁民の次男として生まれ「万次郎」と名づけられた。漂流して米捕鯨船に助けられた後のアメリカ生活と捕鯨航海では「ジョン・マン（John Mung）」と呼ばれた。10 年後に帰国して「万次郎」の名に戻ったが、ペリーの黒船来航を機に武士に取り立てられて「中浜万次郎」と名乗り、その名で 71 年の生涯を終えた。

「ジョン万次郎」として知られるようになったのは、井伏鱒二の小説『ジョン萬次郎漂流記』が直木賞（昭和 12 年（1937）下半

48 歳の万次郎（中濱京氏提供）

期）を受賞し、広く読まれるようになってからである。

考えてみれば、「中浜万次郎」からは劇的な海外体験はうかがえないし、かといって「ジョン・マン」だけでは、帰国後の後半生は表せない。「ジョン万次郎」は巧まずして彼の全生涯を表すネーミングとなって、独り歩きをしている。

異文化との出会い

万次郎は天保 12 年（1841）1 月に漂流し、嘉永 4 年（1851）2 月に琉球に上陸を果たして帰国した。その間ちょうど 10 年。14 歳になったばかりで、一番年少の雑用係として 4 人の先輩漁師と舟出した万次郎は、24 歳の若者となっ

ていた。

　死の瀬戸際の漂流と、それに続く苛酷な無人島生活。米捕鯨船による幸運な命拾いと、予期せぬ外国人との出会い。そしてその後の捕鯨船上と米本土での異文化生活。鎖国日本では想像も出来なかった体験を経て、24歳の青年万次郎は、グローバル・マインドと呼べるものの見方を身につけた、それまでに見られない全く新しい日本人となっていた。

　異文化体験の中での人格形成、いわば万次郎の心の軌跡を、まず彼の帰国までの体験をもとに考察しよう。

草の根民主主義を生きる

　万次郎は、ホノルルで漂流仲間と別れて捕鯨船に残ってからは、「マン」或いは「ジョン・マン」と呼ばれた。「マンジロウ」はアメリカ人には発音しにくいので「マン」となったのであろう。また「ジョン」は捕鯨船ジョン・ハウランド号の「ジョン」だが、アメリカではごく普通の名で、同名の

ジョン・ハウランド号船尾「符詞ノ文字ニテ合衆国ニ用ユルモノノヨシ」という言葉が判読できる。（米国ローゼンバック博物館蔵。『漂巽紀畧』より）

船員が他にもいたので「ジョン・マン」と呼ばれた。

　万次郎がホイットフィールド船長の故郷マサチューセッツ州フェアヘイブンに着く前に船上で過ごした1年10カ月は、捕鯨業務の見習い期間だったばかりでなく、アメリカとアメリカ人について学ぶ、絶好の見習い期間だった。生きた英語を少しずつ覚え、見よう見まねで海の男たちの生活習慣を学んでいた万次郎は、初めての米本土での新しい生活にも適応が早かったであろう。

1843 年（天保 14 年）5 月 7 日、ホイットフィールド船長に連れられて米本土に初上陸した万次郎は、フェアヘイブンの船長の家で、アメリカ生活の第一夜を過ごした。

それから後の 3 年は、万次郎の生涯でおそらく最も忘れ難い、充実した年月であったに違いな

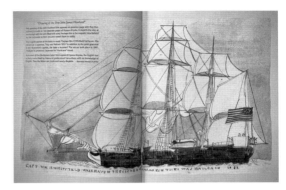

ジョン・ハウランド号全体図
（米国ローゼンバック博物館蔵。『漂巽紀畧』より）

い。16 歳から 19 歳まで、彼の青春期だ。万次郎の考え方や性格形成の基盤がここで作られたと言っても過言ではあるまい。

フェアヘイブンは、ニューイングランドと呼ばれる米東北部の中心都市ボストンから、南へ約 90 キロにある小さな海辺の町だ。町の南側を流れるアクシュネット河の対岸が、当時「捕鯨の都」と呼ばれたニューベッドフォードである。

「大きな歴史を持つ小さな町」というのがフェアヘイブン住民が誇らしげに口にする言葉だ。フェアヘイブンの歴史は、アメリカ建国の歴史と密接に結びついていて、タウンミーティングと呼ばれる住民参加の直接民主主義が連綿と続いている。万次郎はこのように草の根民主主義が脈々と生きる社会で暮らした。

船長の家族として

ホイットフィールド船長は最初の妻を亡くしていたが、今度の航海を終えたあとアルバティーナという女性と再婚し、フェアヘイブン郊外に農場を買って移り住んだ。航海と航海の間に農場暮しをするのが、当時の捕鯨船長のライフスタイルだった。

　万次郎も船長の元の家の近所の小学校で、基礎的な英語習得を終えると、船長の農場の家に家族の一員として移り住み、農作業を手伝った。日本では武士しか許されない乗馬も体験できた。船長は、万次郎の英語力が向上すると、フェアヘイブンのバートレット・アカデミーという航海術を主に教える私塾に入れて学習させた。

　こうして万次郎はホイットフィールド船長夫妻の庇護のもとに充実した生活を送ったが、フェアヘイブン暮らしの初めの頃、一つの事件が起きた。

　敬虔なキリスト教徒だったホイットフィールド船長は、万次郎を自分の属するコングリゲーショナル派の教会に連れて行き、家族席に着けようとしたが、教会がこれを拒否したのである。万次郎が白人でないというのが理由だった。隣町のニューベッドフォードでは、捕鯨の重要な労働力である黒人に対する理解もあったが、保守的なフェアヘイブンの教会には人種偏見が根強く残っていたのである。

　結局万次郎を受け入れてくれたのは、同じフェアヘイブンの町で、教義のゆるやかなユニテリアン教会だった。万次郎は、自分のために大事な教会の宗派まで変えた船長の行為に強い感銘を受け、感謝したに違いない。

　1844 年 10 月 6 日、ホイットフィールド船長は新たな捕鯨船の船長として、太平洋に向かった。そして万次郎も 1846 年 5 月 16 日、捕鯨船フランクリン号に乗ってニューベッドフォードを出港し、大西洋回りで日本近海の捕鯨航海に出た。フランクリン号が帰港したのは、1849 年 9 月 23 日である。

海のイエールとハーヴァード

　一般に、万次郎は米捕鯨船に救われてから日本に帰るまで、殆どアメリカで暮らしたと思われているようだが、事実はそうではない。

　ジョン・ハウランド号で米本土に来るまでの 1 年 10 カ月とフランクリン号の 3 年 4 カ月の航海を合計しただけでも 5 年 2 カ月となる。これにゴールドラッシュのカリフォルニアに行く半年ほどの貨物船航海や、ハワイから沖縄に上陸するまでの航海を合計すると、万次郎は 10 年の海外生活の実に大半を海

の上で過ごしたことになる。

　その陸よりも長い海の体験の中心が捕鯨だった。その当時の捕鯨と捕鯨文化を理解しなければ、万次郎を本当に理解したと言えないだろう。その鍵を提供してくれるのが、19世紀アメリカ文学の最高傑作と言われる、ハーマン・メルヴィルの『モービィ・ディック』（『白鯨』）である。

　メルヴィルの言葉を借りれば、「捕鯨業は紳士のなすべき仕事と称される諸々の職業と同列とは見なされていないという事実がある。」このため、「捕鯨船というものは海に浮かぶヤクザ社会みたいなもの」だという。

　万次郎が体験した捕鯨航海も、『白鯨』の世界とさほど違ったものではあるまい。捕鯨船員を鍛える教訓として、「鯨に鉄をぶち込む前に、自分の体に鉄をぶち込め」という言葉がある。また、メルヴィルは『白鯨』の中で自分の分身のように登場させているイシュメールという若者に、「捕鯨船こそは、おれのイエール大学でありハーヴァード大学であったのだ」と言わせている。万次郎も同じように体に鉄をぶち込み、海のイエールとハーヴァードで学んだと言えるだろう。

帰国後の明暗

　嘉永4年（1851）、日本人初のアメリカ生活と捕鯨という異文化体験を身につけて、10年ぶりに帰国した万次郎は、ペリーの黒船来航を機に一躍脚光を浴びたが、それにともなう陰もまた深かった。

　伝蔵と五右衛門と共に琉球に上陸を果たしたのが嘉永4年（1851）2月。半年のあと、鹿児島を経て長崎に送られ、幕府の長崎奉行所で1年近くに及ぶ取り調べを受けた。結局無罪放免となって、高知城下に帰り着いたのが嘉永5年（1852）8月である。この時に万次郎たちの異文化体験を記録したのが、『漂客談奇』と『漂巽紀畧』である。

　翌嘉永6年（1853）夏、ペリーが率いる黒船4隻が来航。開国を迫る大統領の親書を残して去ったあと、幕府は土佐藩の最下級武士に取立てられていた万次郎を急きょ江戸へ呼び寄せ、アメリカ事情を聴聞した。

　そして万次郎の能力を認めた幕府は、彼を御普請役格の武士に取り立てるという異例の措置をとった。帰国漂流民の身から幕府直参の武士中浜万次郎へと、異例の昇進である。

　続いて万次郎は、伊豆韮山の代官で幕府きっての国防技術専門家である江川英龍（太郎左衛門、坦庵）の部下となり、海外で得た知識を役立てた。

　ここまでが、万次郎が帰国以来浴び続けた光の部分と言えるだろう。

　江川英龍は万次郎を、ペリー再来日の際の交渉で、通訳に起用することを幕府に進言した。

　これに対して水戸の徳川斉昭から横槍が入る。斉昭は万次郎の能力を認めながらも、アメリカで恩義を受けた万次郎はアメリカの不利になるような通訳はしないだろうと言うのである。そして万次郎をペリー一行と接触させないこと、交渉の内容と幕府内の協議の内容を万次郎に知らせないことなどを江川に告げた。

　結局この斉昭の考えが受け入れられ、対米交渉に関しては万次郎に一切関与させないことが幕府の方針となった。

　またその後の幕府とハリス総領事との日米修好通商条約の交渉にも、万次郎は一切関与していない。徳川斉昭が示した意見が保守的な幕府中枢に信じられ、万次郎をアメリカのスパイ視する見方が根強く残ることになった。

　そして万延元年（1860）、日米修好通商条約の批准書交換がワシントンのホワイトハウスで行われた時、日本使節団の通訳は英語のできる万次郎ではなく、オランダ語通詞だった。

　日本使節団は米政府差回しの軍艦ポウハタン号で渡米したが、幕府はその随行艦として咸臨丸を派遣することになり、アメリカに要請して 11 人の米海軍軍人を水路案内役として乗船させた。

　当然通訳が必要だが、例によって万次郎はお呼びでなく、当時外国奉行の下で通弁御用雇いとして英語を学んでいた福地源一郎（桜痴）が決まりかけていた。しかし米捕鯨船で大洋を渡り、帆船の操法を熟知している万次郎以外に適任者はいなかった。万次郎が正式に士官級の「通弁主務」という資格で乗船が決まったのは、咸臨丸が品川を出帆する僅か 2 週間前のことだった。

　咸臨丸のサンフランシスコまでの往路は、日本人が嵐の太平洋を初めて独力で横断した壮挙だと長い間信じられ、教科書にも取りあげられたが、事実はそうでなかったことが、咸臨丸渡航のほぼ100年後に公表された同乗のブルック米海軍大尉の船中日記で明らかになった。

　その中に、咸臨丸が嵐の外洋に出ると、艦長役の勝麟太郎（海舟）と総指揮官の木村摂津守以下、日本人乗組員のほとんどが、船酔いで作業が出来なくなったこと、万次郎が日本人乗組員と米軍人との調整役として如何に苦労したかなど、毎日の状況が記録されている。万次郎がいなかったら、咸臨丸の太平洋横断は成功おぼつかなかったであろう。

　咸臨丸は万延元年（1860）5月に無事帰国し、万次郎は軍艦操練所教授に復帰した。そして他の乗組員と共に、渡航成功の表彰を幕府から受ける。しかし、同年夏に幕府の許可なくして横浜に来航した米国船を訪ねたという理由で、教授職を罷免された。

　このように、「ジョン・マン」から「中浜万次郎」となった万次郎の活動は、彼の帰国が偶然ペリー来航の2年前だったことから、アメリカが事前に送り込んだスパイではないかという疑いが幕府に残り、大きく制約された。

　武士となった万次郎は、持ち帰った米航海書の翻訳や英語教育、それに米式捕鯨の導入など、多くの功績を残した。また幕末維新で貢献した多くの人材に影響を与えた。だが幕府に残った姑息な万次郎観がなければ、持ち帰ったジョン・マンとしての異文化体験や考えをもっと日本で生かすことができただろう。

「エ・プルリブス・ウヌム」

　これまであまり知られていない、万次郎の大きな歴史貢献として挙げられるのは、アメリカ合衆国の国章の中に記されたラテン語 "E PLURIBUS UNUM"（「エ・プルリブス・ウヌム」多くのものが一つになる）という言葉を日本に紹介したことだ。

　これは土佐の絵師で学者の河田小龍が、嘉永5年（1852）に万次郎ら漂流

者たちの体験を記録した『漂巽紀畧』の中にあり、捕鯨船の船尾の絵の中に記された言葉だ。

　羽を広げた白頭鷲がくわえたリボンの中に書かれているが、小さくてはっきりしないので、小龍は余白にローマ字を縦書きにし、「符詞ノ文字ニテ合衆国ニ用ユルモノノヨシ」と注釈を加えている。「符詞」とはモットーのことで、万次郎によればこれは「アメリカ合衆国のモットー」だというのである。

　小龍はローマ字に「イプラ シエナン」とかなを振っているが、万次郎の発音が小龍にはそう聞こえたのであろう。

　この言葉がアメリカ合衆国の「符詞の文字」として選ばれた時には、植民地だった 13 州が一つになって独立したことを意味した。国章のデザインをよく見ると星の数も紅白の旗の筋も 13 だし、この「符詞の文字」も 13 字である。

　だがこの言葉を選んだ「建国の父」たちは、それ以上の意味をこの 13 字に持たせていた。それは異なった人種や宗教や文化の人間が、共存し共生するという民主主義の理想である。

アメリカ合衆国国章（米国大使館 HP より）

　異なったものが一つになって溶け合う、いわゆるメルティングポットではなく、異なった種類の花がそれぞれの美しさを保ちながら、一緒になって新しい美しさを作る花束のイメージだ。「融合」ではなくて「共生」である。

　この言葉は現在流通しているアメリカの硬貨にも記されているが、民主主義のエッセンスを表すこの「符詞の文字」を、名もない漂流民の万次郎が，鎖国日本に伝えていたのである。

（執筆：北代 淳二）

【引用・参考文献】

メルヴィル著 千石英世訳『白鯨モービィ・ディック』上下巻（講談社文芸文庫、2000 年）

北代淳二「『ジョン・マン』と『中濱万次郎』—グローバル・マインドの形成—」土佐
　　史談（239 号、平成 20 年（2008）12 月 20 日発行）

北代淳二「『漂巽紀畧』で読み解く万次郎のメッセージ」土佐史談（257 号、平成 26 年
　　（2014）12 月 20 日発行）

北代淳二「万次郎と咸臨丸」土佐史談（269 号、平成 30 年（2018）11 月 15 日発行）

河田小龍『漂巽紀畧』全現代語訳（谷村鯛夢訳・北代淳二監修）講談社学術文庫、平成
　　30 年（2018）12 月

中濱東一郎『中濱萬次郎傳』冨山房、昭和 11 年（1936）

中濱博『中濱万次郎 —アメリカを初めて伝えた日本人』冨山房インターナショナル、平
　　成 17 年（2005）

川澄哲夫編著『中浜万次郎集成』増補改訂版、小学館、平成 13 年（2001）

【関係資料館、記念館等】

（公財）ジョン万次郎ホイットフィールド記念　国際草の根交流センター
　　東京都千代田区麹町 2-12-18 グランアクス麹町 602
　　　http://www.manjiro.or.jp/foundation/origin.html

NPO 法人 中浜万次郎国際協会　東京都中野区白鷺三丁目 7 番 6 号
　　　http://jmi.blog.jp/

ジョン万次郎資料館　高知県土佐清水市養老 303
　　　https://www.johnmung.info/

土佐ジョン万会　高知県高知市塚ノ原 37 番地
　　　http://johnmung.org

土佐史談会　高知県高知市追手筋 2 丁目 1-1 オーテピア 4 階郷土史研究室
　　　http://tosashidankai.com/

坂本龍馬
（さかもとりょうま）

（1835-1867）

西洋船による交易や海島開拓を夢見て挑戦を続け
幕末の政局に影響を与えた

坂本龍馬と西洋船

坂本龍馬が歴史に登場した頃は西洋型帆
船や蒸気船が外国から盛んに日本に輸入さ
れ始めた時期に相当する。特に蒸気船は重
要人物や情報を速やかに運搬する上で重要
な意義を持ち、明治維新という我が国未曾
有の政事変革を一挙に高速化した。

土佐を出奔した龍馬は、西洋船を獲得し
て仲間の脱藩浪士たちとともに海に乗り
出そうとした。そうした龍馬の行動の起点
ともいうべき一つの逸話がある。安政元年
（1854）ごろ龍馬は河田小龍を訪ね攘夷
や開港をめぐり議論した。ここで小龍と意
気投合した龍馬の別れ際の言葉として「君
ハ内ニ居テ人ヲ造リ僕ハ外ニ在テ船ヲ得ベ
シトテ相別レヌ」というフレーズが記録さ

坂本龍馬
（高知県立坂本龍馬記念館提供）

れている。この記録は明治26年（1893）頃、小龍が門人の近藤長次郎の略歴
等を記した「藤蔭略話」という文書を抄録して「坂本龍馬関係文書第一」[1]に
収載されたものとされている。「藤蔭略話」は現存せず、抄録された龍馬に関
する記述は作話が疑われるものである。それにもかかわらず、この話が強烈な
印象として現代まで伝わるのは、海に向かった龍馬の原点を感じさせる伝説だ
からであろう。

　龍馬が海に乗り出そうとした直接的な動機は通商にあったり、海軍創設にあったりした。海運や海軍の重要性に気付いた人は他にもいたが、龍馬は後先考えずにそれらを実行に移そうとした[2]。そして、それらのことごとくにおいて成功したことは一度もない。西洋船の運用は日本人にとって初めての経験であり、組織に属さない龍馬のような人間にとって、それは無謀とも思える難事だった。

　一方土佐藩の艦船政策は、人や情報の迅速搬送と貿易その他としての活用が主眼である。財政事情がその背景にあったことは想像できるが、もうひとつ、沿岸諸島の探検も意図されていたらしい。日本近海の島を探検してそれを領土にするという、後藤象二郎と山内容堂の対話記録がある。その起源は後藤の義叔父である吉田東洋が文久元年（1861）9月8日に容堂に提出した上書[3]からきている。後藤象二郎と山内容堂がどの程度本気でこのことを考えていたかは怪しいものだが、2人の談話記録[4]を現代語で要約して引用する。

　　「慶応2年、山内容堂は後藤象二郎に国を治める方策に関する意見を求めた。象二郎は「この時勢となっては、もはや土佐一国を賭して国事につくし、幕府を破るまでは国土を焦土とするもいとわないが、まだその時期ではない」と言上し、今は船舶を買い入れ諸島を占領して領地を増やすべきだと述べる。これに対して容堂は「汝の決断宜シ」と賛成し「同列の老輩と謀り、金を奪い得る丈のものを持って長崎に出て船舶を購うべし」と命ずる。そこで象二郎は、金銭はそれほど必要ではない、何か方法を見つけて船を買い「海島」を探索する一方、有事のときは軍用に備えたいと答え、3千両（現在の貨幣価値で約1億2千万円）を持って長崎に旅立った。このようにして蒸気船5艘と帆船3艘を買ったが、その代価は80万両（約320億円）余りに上った。」

　後藤象二郎らしい後日談だが、後藤の長崎での所行は主として丸山での遊蕩（良く言えば外交）であり、やりくりのほとんどは岩崎弥太郎により行われた。

黒龍丸・ユニオン号・ワイルウエイフ号・大極丸 5)

　記録に残る坂本龍馬の最初のチャレンジは黒龍丸による蝦夷地開拓計画である。文久3年（1863）5月、北添佶磨は同志の能勢達太郎、小松小太郎（箱館で病死）、安岡斧太郎とともに蝦夷地に渡り、箱館奉行に会って攘夷海防を論じた 6)。ロシアに対する脅威が、この当時多くの志士たちの意識にあったのである。同時期、京都では尊王攘夷論がかつてなかった高まりを見せ、過激な浪士たちが密集して不穏な状況にあった。龍馬は北添佶磨らから蝦夷地の話を聞き、これらの過激浪士たちを運んで建設的な生き場所を与えようとした。まことに龍馬らしい飛躍した思いつきで、その後の行動力を彷彿とさせるのだが、まだその機は熟していなかった。ただし龍馬は本気で準備したようで、勝海舟の日記 7)（元治元年（1864）6月17日）に次のようにある。（読み下しと読点筆者）

> 「乗替船として翔鶴丸、長崎丸引船として黒龍丸入津、坂本龍馬下東、右船にて来る、聞く、京摂の過激輩数十人（「弐百人程」と傍注）皆蝦夷地開発通商、国家の為憤発す、此輩悉く黒龍船にて神戸より乗廻すべく、此義御所并に水泉公も御承知なり、且入費三・四千両同志の者所々より取り集めたり、速ニこの策施すべしと云、志気甚だ盛なり」

　龍馬が運用しようとした黒龍丸は、勝海舟が福井藩から買い上げて神戸の海軍操練所に付属させようとしていた船だった。したがって幕府の船ということになる。龍馬は江戸から黒龍丸とともに勝海舟が待つ下田にやって来たのである。むろん勝海舟の支援や助言なしにこの企てが整うことはないのだが、龍馬は3〜4千両（約1億2千万円〜1億6千万円）の資金を集め、朝廷や水泉公（老中・水野和泉守忠精）のお墨付きまで得ているのだから本格的である。

　この日記を書いたとき、海舟も龍馬も6月5日に起こった池田屋事件のことを知らないのである。さらに7月19日の禁門の変が遠因となり海舟は江戸に召還され軍艦奉行を罷免されてしまう。池田屋事件で前述の北添佶磨が死に、禁門の変では能勢達太郎が戦死した。むろん黒龍丸の件は頓挫である。龍馬、

最初の挫折だった。

　次に龍馬が運用しようとした船はユニオン号である。ユニオン号は亀山社中の近藤長次郎と長州の井上聞多（馨）の画策により長崎のグラバーから購入された蒸気船だった。その購入には近藤の働きが大きく、近藤は長州藩主父子に拝謁して感謝の言葉を下された。船価は長州から支出され、船の所属は薩摩藩として船号は「桜島丸」と改められた。こうして購入されたユニオン号は亀山社中のメンバーが乗り込み、平時には通商を行い、非常時には武装して薩長のために戦うという「桜島丸条約」と呼ばれる秘密協約が近藤長次郎と井上聞多の間で結ばれた。こうした複雑さのため、後に長州海軍局と亀山社中の間で紛争となるが、結局龍馬の尽力により、実質長州海軍局の規則で運用されることになる。後の第二次長州戦争の際に、この船は下関海峡戦に登場して長州軍の士気を鼓舞するといった活躍をみせることとなるが、龍馬の夢を実現するために運用されることはなかった。

　このような状況の中で薩摩藩はユニオン号の代わりとしてワイルウエイフ号（Wild Wave）を亀山社中に貸与しようとしていた。この船はプロシアで建造された二本マストのスクーナー型帆船だったとされるが、記録が少ない。龍馬らの主な目的は通商と海島開拓にあったので、操船が難しく船足の遅い帆前船でも、技術さえあれば燃費のいらない分、十分な価値があった。そこには“技倆さえあれば”という前提条件があり、西洋型帆船を運用するには蒸気船の場合とは少し趣を異にした高度な技術を必要としたのである。

　龍馬の仲介により長州から薩摩へ供与される兵糧米を積んで長崎に寄港していたユニオン号とともに、ワイルウエイフ号は慶応2年（1866）4月28日に長崎を出港する。ところが出航2日後、暴風雨に遭遇するという不運に見舞われるのである。ワイルウエイフ号には船将・黒木小太郎、士官・池内蔵太ほか、10数人が乗り組んでいたが、いずれもこの船の操縦には不慣れであった。――“不慣れ”というのは極く好意的な見方であり、困難な状況に対応するだけの技術を欠いていた可能性は否定できない。ワイルウエイフ号は漂流を続け、5月2日未明、五島列島・潮合崎沖合の暗礁に座礁し沈没する。積荷とともに池内蔵太など多くの人命が失われるという悲運に見舞われたのである。ワイル

ウエイフ号は、その運用を始める以前にこの世から姿を消し、龍馬は大極丸を
めぐる新たな苦難に立ち向かうこととなる。

　大極丸は龍馬が慶応 2 年（1866）5 月に、沈没したワイルウエイフの代船と
して蝦夷地開拓計画の実現にあてるために薩摩藩を介して入手した、とされて
いる。薩摩藩は勤王諸藩に顔の利く龍馬の力を重視し、同志たちの操船技術と
ともに龍馬を薩摩につなぎ止めようとしていた。しかし薩摩藩は、沈没したワ
イルウエイフ号に引き続き大極丸まで龍馬らに与えたわけではない。この船は
薩摩藩籍であり、龍馬がその運用に関与したというのが実情である。1 年ほど
の間、龍馬らは薩摩藩籍のこの船を薩摩の船員とともに操船・運用していたと
考えられており、船はその後土佐藩に買い取られることになるが、この期間
「いろは丸沈没」という大事件があり、大極丸の所有権が薩摩藩から土佐藩へ
移った前後には「イカルス号水兵殺害事件」が起こり、龍馬はいろは丸の補償
を巡って翻弄されることになる。

いろは丸沈没事件 [8]

　慶応 3 年（1867）4 月 23 日の夜、土佐藩が大洲藩から借りたいろは丸が備
中六島沖において紀伊藩の明光丸と衝突沈没して事件は始まる。この船には龍
馬が結成されたばかりの海援隊を率いて乗り込んでいた。このとき、衝突した
両船はどのような目的で航海していたのだろうか。

　明光丸のことは「南紀徳川史」の第四冊 [9] と第十二冊 [10] にいろは丸沈没事
件と関連した記録が残っている。紀伊藩が明光丸を長崎に派遣した目的は、蒸
気船の購入と兵制改革のための洋銃・雑品の購入という、藩にとって重大な問
題の処理にあったが、特に後者については薩長を圧倒する新式銃の買い付けと
いう業務であり、徳川幕府の命運がこの航海にかかっていた。そのため、明光
丸には茂田一次郎という紀伊藩勘定奉行が座乗していたのである。このとき長
崎で発注された銃は「ニードルガン（撃針銃）」と呼ばれる、現代銃につなが
る最新式銃だったが、戊辰戦争には基本的に間に合わず、維新後和歌山藩に装
備された。

いろは丸図（公財鍋島報效会所蔵/佐賀県立図書館寄託）

　一方、いろは丸は大洲藩が薩摩の五代才助（友厚）の仲介で買い入れた船だが、大洲藩には蒸気船を運用する人材が育っていなかった。そこで前述のように西洋船の運用に次々と失敗して行き場を失っていた龍馬とその仲間たちにその運用が依頼される。このことが、龍馬らといろは丸が関わったきっかけであった。

　いろは丸に関する記録は「坂本龍馬関係文書 第二」[11]および前述の「南紀徳川史」[9] [10]のほかに、いろは丸の船員だった豊川渉という人物が記録したものがある。この記録「思出之記」が平成 27 年（2015）に公表され、これまで不明だった事件当日のいろは丸の航路などが明らかとなった[8]。

　事件後の土佐・紀伊両藩の交渉は難航を極めたが、この時代すでに海難事故に関する国際法が施行されていた。文久 3 年（1863）に英国で制定された「海上衝突予防規則」（現・海上衝突予防法）が日本で翻訳されて紹介されたのは慶応 3 年（1867）10 月から慶応 4 年（1868）3 月にかけて「万国新聞紙」に連載されたのが最初と思われる[12]。むろん、いろは丸沈没の後であり、現実に起こったいろは丸沈没事件を意識した出版であることに間違いはない。ともあれ事件当時は土佐、紀州双方とも規則の詳細に関する知識はなかったと思われるが、規則の最も主要な点、すなわち海上右側通行の原則と、左右両舷灯の意

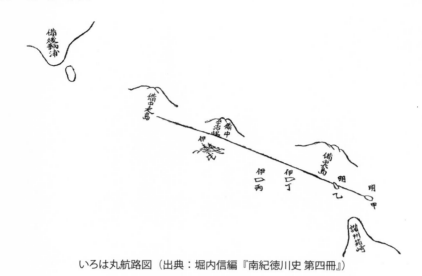

いろは丸航路図（出典：堀内信編『南紀徳川史 第四冊』）

味を双方とも知っており、互いの紅灯（左舷）と緑灯（右舷）のどちらが見えたかを激しく主張し合っている。紀州側は上に示す航路図[9]を提出し、いろは丸が南西方面（左下方向）から北東方向に直進していたと主張した。この航路図が正しければ、いろは丸からは明光丸の紅灯が見えたはずなので、規則ではいろは丸が右回頭して相手を避ける義務がある。ところが事故直前にいろは丸は左回頭し、右に回頭した明光丸と衝突した。一方の土佐側は因島海峡から実線にそって南東に進んでいたので明光丸の緑灯が見えたと主張し、議論は水掛け論となる。この点については、最近前述の「思出之記」が公表されたことにより、いろは丸が来島海峡（図では左下方向）を通過して事故現場に向かったことが判明し、事件後150年を経た現代に至って紀州側の主張の信憑性が一挙に高まった[8]。

　明光丸艦長・高柳楠之助は英国水師提督に意見を求め海上衝突予防規則の詳細といろは丸の非を知るが、紀州勘定奉行・茂田一次郎の突然の撤退により千載一遇の機を逸した。撤退の理由は、茂田が土佐側の威圧的な情宣工作に恐怖を覚えたためとされているが、前述の重要な任務を優先するために事件のことは金で解決するという状況判断があったかもしれない。

来島海峡（筆者撮影）

　事件はこうして土佐側の完全勝利となり、賠償交渉が慶応 3 年（1867）6 月 1 日から 6 月 8 日までの短期間に土佐藩主導で行われる。曲折を経て 7 万両（28 億円程度）の大金が紀伊藩から土佐藩といろは丸の売り主であるボードインに支払われた [8]。

　最終的に土佐側の陣頭に立って交渉を行ったのは土佐藩参政として長崎土佐商会を指導していた後藤象二郎である。後藤はこの年の正月中旬、坂本龍馬と和解し、来たるべき上京に備えていた。京都の四侯会議で苦慮する山内容堂の命により後藤は土佐藩船・夕顔で上洛することになるのだが、いろは丸沈没事件によりその時期が遅れ、長崎港出港が 6 月 9 日までずれ込んだ。

　龍馬が夕顔に乗り後藤と共に上京したのは、いろは丸が沈没して本来の計画が挫折したからである。もしも歴史に"たら・れば"があるなら。これはおそろしく劇的な"たら・れば"である。いろは丸が沈没しなかったら、龍馬が幕末の京都に登場し、大政奉還に関わることはなく、若くして暗殺されることもなかったであろう。

龍馬の夢

　冒頭に書いた後藤象二郎の後日談にある「海島の探索」はいろは丸の沈没に
もかかわらず長崎において実際に行われた。土佐商会で働いていた池道之助に
よって書かれた慶応3年（1867）4月30日の日記 13) に「松井周助・岩崎彌太・
山崎直之進、橋本喜之助、梅太郎、彌左衛門の六人、開島渡海之為ヲランタ国
ヲールトノ舟便ヲ以今晩八字ニ出帆いたす」とある。「ヲランタ国」とあるの
は英国の誤記である。この池道之助日記は後藤象二郎の命により岩崎弥太郎ら
土佐商会の面々が竹島の探検に出発した記録であり「海島」とあるのは竹島の
ことである。竹島は現在韓国領の鬱陵島（ウルルンド）のことであり、韓国
との領土問題になっている竹島とは異なる。この島は元禄年間（1688–1704）
に朝鮮との間で領土問題となった後、幕府により渡航が禁止されていたが、幕
末期には朝鮮との密貿易や軍事上の観点から、対朝鮮政策のうえで幕府や諸藩
から注目されていた。14) 15)

　ところで、この時期から2ヶ月足らず前の3月6日、坂本龍馬は長府藩士・
印藤 肇 （聿）宛に竹島開拓の夢などを綴った長い手紙 16) を書いている。主
要部分を抜き書きすると次のようである。（読み下しと読点筆者）

　　「彼 竹島行の事ハ兼而御聞ニ入れ置き候（略）小弟ハエゾに渡らんとせ
　　し頃より、新国を開き候ハ積年の思ひ一世の思ひ出ニ候間、何卒一人で
　　なりともやり付け申すべくと存じ居り申し候（略）先頃長崎ニて大洲蒸
　　気船ハ3月15日より4月朔迄の間ニ借り入れの定約ハ相定め置きた
　　り（略）良林及び海中の品類よきものを得バ、人をうつし万物の時を得
　　るをよろこび、諸国浪生らを命じて是が地を開かすべしと、その余思い
　　千万なり」

　安政2〜6年（1855–59）頃幕府御雇として蝦夷地を探索した松浦武四郎が
竹島に関しても興味を持ち、「竹嶋之図」17) 18) を残しているので、龍馬は勝海
舟を介してその情報を得ていたものと想像される。龍馬はいろは丸をこの竹島
開拓に運用する計画を練り、蝦夷地開拓のことなどにも思いをはせながら、眠

れぬ夜を過ごしていたのである。そして、岩崎弥太郎らの出港から 10 日余り前にあたる 4 月 19 日、いろは丸は龍馬らを乗せて長崎を出港し、運命の海に向かっていた。岩崎弥太郎らによる竹島探索が、いろは丸のチャーター期間中に行われたことは単なる偶然とは考えにくい。

　いろは丸が上方に向けて航海した目的は何だったのか？　いろは丸は龍馬が主張したような鉄砲や金塊を積んでいなかったことが現代の潜水調査で証明された。いろは丸が積んでいたのは、事件当日船長の小谷耕蔵が証言したように「米と砂糖少々」だったことはほぼ確実である。—だとしたら、航海の目的が軍事や殖産興業であったとは考えにくい。敢えて推測するなら、いろは丸のリース料（500 両〜約 2 千万円）を稼ぐ程度の目的で、訓練も兼ねて大坂に向かい、その足で岩崎弥太郎らと合流するため竹島（鬱陵島）に向かおうとしていたのではあるまいか。そうであるなら、前述の岩崎らの竹島行きは龍馬の誘いに後藤象二郎が乗ったことを意味するが、もとより真偽を確かめる術はない。それはそれとして、冒頭に述べたように龍馬の蝦夷地や海島開拓の夢は河田小龍との出会いからはじまり、横井小楠や勝海舟の壮大なアジア論に接して次第に確かなものに育っていったのかもしれない。大艦を保有して通商貿易や未開地開拓に乗り出し、ゆくゆくは海外に飛躍するという計画は、龍馬が生涯持ち続けた夢だったであろう。

　龍馬は黒龍丸、ワイルウエイフ、大極丸、いろは丸などの船によって夢の実現を図ったが、海難事故その他の事情によって、計画はことごとく水泡に帰した。これらの連続した計画の挫折は、単に不運だけを理由とするのは、はなはだ困難である。現代人の我々は、龍馬がもう少し緻密な計画をしていたら……、もう少し時機を読んでいたら……、といった思いは千万なのだが、龍馬をそれほどまで駆り立てたものは何だったのか、という思いもまた千万である。前述の印藤肇に宛てた龍馬の書状 16) にある「人をうつし万物の時を得るをよろこび」という言葉が、その疑問に対する一つの解答であるかもしれない。蝦夷地や竹島の開拓には殖産興業のほか、ロシアに対する脅威や朝鮮対策といった、多分に政策的な動機があったことは想像できる。しかしなによりも龍馬の中で重い位置を占めていたものは、前途ある若者たちが志半ばで野良犬の

ように殺されることに対する鎮魂とヒューマニズムだったのではなかろうか。

（執筆：渋谷 雅之）

【引用・参考文献】

1）岩崎英重編『坂本龍馬關係文書 第一』日本史籍協會、大正 15 年（1926）

2）磯田道史『龍馬史』文藝春秋、平成 22 年（2010）

3）福島成行『吉田東洋』大正 15 年（1926）

4）平尾道雄「後藤象二郎の長崎上海出張と其使命」『土佐史談』52 号、昭和 10 年（1935）

5）渋谷雅之『近世土佐の群像（3）空蝉のことなど』私家版、平成 21 年（2009）

6）山内豊秋「山内容堂と北海道（安政四年）」『土佐史談』191 号、平成 5 年（1993）

7）東京都江戸東京博物館都市歴史研究室編『勝海舟関係資料　海舟日記（一）』東京都、
　　平成 14 年（2002）

8）渋谷雅之『近世土佐の群像　別巻（1）いろは丸始末』私家版、平成 28 年（2016）

9）堀内信編『南紀徳川史 第四冊』南紀徳川史刊行會、昭和 6 年（1931）

10）堀内信編『南紀徳川史 第十二冊』南紀徳川史刊行會、昭和 7 年（1932）

11）岩崎英重編『坂本龍馬關係文書 第二』日本史籍協會、大正 15 年（1926）

12）鈴木邦裕『いろは丸事件と龍馬』海文堂出版、平成 22 年（2010）

13）渋谷雅之『近世土佐の群像（5）思い出ぐさ』私家版、平成 23 年（2011）

14）内藤正中『竹島（鬱陵島）をめぐる日朝関係史』多賀出版、平成 12 年（2000）

15）小美濃清明『坂本龍馬と竹島開拓』新人物往来社、平成 21 年（2009）

16）宮地佐一郎『龍馬の手紙』第四刷　講談社、平成 17 年（2005）

17）杉原隆「竹島問題に関する調査研究最終報告書　八右衛門、金森建策、松浦武四郎
　　の「竹嶋之図」について」島根県竹島問題研究会、平成 19 年（2007）

18）吉田武三編　他計甚麼雜誌「松浦武四郎紀行集・中」冨山房、昭和 50 年（1975）

【関係資料館、記念館等】

高知県立坂本龍馬記念館　高知県高知市浦戸城山 830 番地
　　　https://www.ryoma-kinenkan.jp/visit/

高知市立龍馬の生まれたまち記念館　高知県高知市上町 2 丁目 6 番 33 号
　　　https://ryoma-hometown.com/

北海道坂本龍馬記念館　北海道函館市末広町 8 番 6 号　http://www.ryoma1115.com/

鍋島報效会（徴古館）佐賀県佐賀市松原 2-5-22　http://www.nabeshima.or.jp/main/3.html

漂流譚のなかのレジェンドたち
―海外の偉人と接した漂流者の話―

　江戸時代、大方の漂流者は、「板子一枚下は地獄」の恐怖のなか、神仏にすがりながら海の藻屑と消えた。しかし、奇跡的に生き延びた例もないではない。

　生き延びたなかには、本書で取り上げられている大黒屋光太夫や中浜万次郎（ジョン万次郎）のようにわが国の歴史に何がしかの足跡を残した者もいれば、異国の地で懸命に生きぬいた者もいた。本稿では、そうした漂流者、わが国発展の礎となった漂流者たちに「海外の偉人と接した」をキーワードに光を当ててみたい。いずれの漂流者も、その教養の水準と胆力には驚かされる。日本人の誇りと言ってよく、彼らはまさしく「海のレジェンド」である。

伝兵衛、宗蔵・権蔵 ―ロシアの皇帝に謁見した船乗りたち

　大坂（いまの大阪）の質屋の息子伝兵衛は、元禄10年（1697）にカムチャツカ半島に漂着し、元禄15年（1702）、当時のロシア帝都・モスクワにてピョートル大帝（1672–1725）に謁見した。大帝は、ロシアの東方進出のため日本に注目していた。大帝は伝兵衛に、日本に帰すことを約束する一方で日本語通訳の養成を依頼した。

　享保13年（1728）、薩摩から大坂に向かう若潮丸が途中で遭難し、半年にも及ぶ漂流ののちカムチャツカ半島に漂着した。一行の大半は武装農民（コサック）に殺され、宗蔵（ソウザ、当時36歳）と権蔵（ゴンザ、同12歳）だけが生き延びた。権蔵が少年であり、また、宗蔵が中国人で意思疎通ができたからともされているが、よくはわからない。ふたりはピョートル大帝の遺命によってサンクトペテルブルグに送られ、女帝アンナ・イヴァノヴナ（1693–1740）に謁見し、日本事情について説明した。宗蔵は間もなく亡くなったが、権蔵は長いこと日本語学校で日本語を教え、神に召される前年の元文4年（1738）、世界初となる露日辞典『新露日辞典』を完成させた。「疲れる」が「だる」、「怒る」が「腹かく」、「びっくりする」が「魂（たま）がる」、「青年」が「にせ」、

「羅針盤」が「からふぁい（唐針）」などと訳されたようだが、薩摩の船乗りらしさが垣間見えじつにおもしろい。

平原善松 ―カメハメハ 1 世（大王）に謁見した船乗りたち

　平原善松は、ハワイの地を踏んだ最初の日本人とされている。善松の前に同地に漂着した人がいた可能性は否定できないが、少なくとも記録の上では善松が最初である。天保 10 年（1839）、昆布を積み薩摩に向かう途中で遭難し、幸いにも全員が米国捕鯨船に助けられハワイに連れていかれた。天保 12 年（1841）、同じく米国の捕鯨船に救助されたジョン万次郎らがホノルルの地を踏み、帰国に必要な資金を得たのちの嘉永 3 年（1850）、ハワイを船尾に眺めた。たしかに、彼らは早々にハワイの土を踏んでいる。しかし、ハワイに足を踏み入れたのは善松の方が先なのである。ちなみに、享和 4 年（1804）、津太夫ら若宮丸の北方漂流者が船上からハワイを遠望し（『環海異聞』）、天保 6 年（1835）には、後で触れる音吉らが立ち寄るも上陸は許されなかった。

　善松のことを、わたしは「安芸津町町勢要覧 1998（資料編）」（企画・編集・発行安芸津町）ではじめて知った。

　文化 2 年（1806）11 月 18 日、いまの広島県東広島市安芸津町木谷の 6 人、岩国の 2 人、計 8 人の船乗り（沖船頭吟蔵）が操る稲若丸が遠州灘で破船し、東方へと流された。運よく中国から米国に帰る途中の米国商船 ―オランダ商船とも― に救助され、オアフ島へと移送された。文化 3 年（1806）3 月 10 日、ホノルル着。8 人は歓待され、かのカメハメハ 1 世（1758 ?–1819）に謁見した。

　現地で楽しく過ごし、そののち、米国商船でマカオに移った。ところが、帰国する段になって広州での乗船を拒絶され、やむなくバタヴィア（いまのジャカルタ）に送られることに。翌年、8 人は不安のなかバタヴィアに着いた。バタヴィアにて、マラリアで 2 人が絶命。5 月 17 日、生きおおせた 6 人が、バタヴィアからオランダ船で長崎に向かった。この航海で、さらに 3 人が落命。結局、生きて長崎の地を踏んだのは 3 人、うち 1 人は着いてすぐに亡くなった。

　　生きて帰国した2人、善松と松次郎。ふたりは奉行所で御改めを受け、揚屋（牢房）に収容された。房中で松次郎が精神を病み、首を吊って自死。生きて木谷に帰ったのは、善松ただひとりだった。

　　安芸津町木谷にある重松神社の大成景俊宮司によれば、木谷に「善松漂流記」と題した物語を影絵で上演するグループがあるらしい。しかし、いまや稲若丸のことを知る人は地元でもそう多くはなく、そのことを大成宮司に問うと、氏曰く、「善松が書き残した物とか遺品があれば、もっと多くの人の関心を呼んだのかもしれません」。数年前、ある紙誌に「善松が帰国した際に外国の硬貨を重松神社に奉納した」と紹介された。氏が蔵のなかを探し、神社の記録を読み直したが、そうした事実は確認できなかったとのこと。

　　ジェームズ・クック（1728–79）によってハワイは西洋社会の知るところとなり、1795年、ヨーロッパ人が持ち込んだ武器の力でカメハメハ1世がハワイ王国を建国した。咸臨丸がホノルルに寄港した1860年、労働力不足に頭を悩ませていたカメハメハ4世が、木村摂津守に日本人の移住を懇請した。このときの通訳はジョン万次郎。慶応4年（1868）4月、イギリス船サイオト号で横浜を出航した150人ほどの日本人がハワイの地を踏んだ。彼ら（「元年者」）は政府非公認の、いわば密航者だった。彼らの多くは扶持を失った武士や職人で、難儀な農作業になじめず、40人近くが故国に逃げ帰った。

音吉 —パークス、ペリー、サトウらと関係した船乗り

　　尾州廻船の水夫音吉の漂流譚をご存知だろうか。

　　天保3年（1832）、尾張藩の年貢米などを積んだ宝順丸（1,500石積み）が鳥羽から江戸に向かう途中で遭難し、北米太平洋岸のフラッタリー岬に漂着した。この当時、「大船建造禁止令」のために大船の建造が許されず、外洋航行に不慣れだったこともあり、多くの和船（弁才船）が漂流した。宝順丸の漂流は14ヶ月に及んだ。積み荷である程度は食いつなげるが、燃やす板木がないため海水から真水をつくるランビキ（蘭引）が使えず、飲み水が極度に不足した。14人いた仲間も、現地民（マカ族）に救助された時には岩吉（楫取）、久

吉、音吉（ともに 炊^{かしき}）の３人になっていた。３人は奴隷にされたと言われているが、マカ族にすれば貴重な労働力に過ぎなかった。

　そののち、音吉らはイギリスの特許会社（ハドソン湾会社）に助け出された。同社支店長の指示によってイギリス本国に移送され、彼らは図らずもイギリス本土の土を踏んだ最初の日本人となった。しかし、当時のイギリス政府は清国との間のアヘン問題に腐心していた。音吉らを利用し日本と通商を開始するというハドソン湾会社の思惑ははずれ、一行はマカオへと移送されることになった。

　マカオでは旧約聖書の和訳 —彼らは聖書を和訳した最初の日本人である— などを手伝いながら、日本行きの機会を待った。しかし、その日はなかなか巡ってこない。しばしあって 漸^{ようや}く、マカオにやってきた九州出身の４人の漂流者共々日本に送還されることになった。

　天保８年（1837）６月２日、米国商船モリソン号で那覇にわたり、そののち日本本土をめざした。ところが、同月28日、三浦半島に近づくや、いきなり砲撃を受ける。世に言う「モリソン号事件」である。異国船の日本近海接近を阻止するため、幕府は文政８年（1825）に「異国船打 払 令^{うちはらいれい}（無二念打払令^{むにねん}）」を出し、沿海諸藩に海岸防禦処置^{ぼうぎょ}をとらせていた。最後の 縁^{よすが} の薩摩への上陸も叶

音吉とモリソン号（愛知県美浜町・音吉顕彰会『音吉の足跡を追って—草の根活動の15年』より）

わなかった。音吉らは日本への寄港を断念し、失意のなかマカオに戻った。

　音吉は、上海を生活拠点とした。天保14年（1843）に開港した上海は、海上交通の主力が帆船から蒸気船へと移るなか、貿易港として発展し続けていた。弘化３年（1846）、上海にわたってきたハリー・パークス（のちの駐日大使、1828–85）に、音吉は日本語を教えた。嘉永２年（1849）４月には英国軍艦マリナー号で浦賀にわたり、下田に入港し通訳を務めた。このとき、役人に

詮議されることをおそれた音吉は中国人を騙(かた)り、「林阿多(りんあとう)」と名乗っている。

　嘉永 3 年（1850）4 月、香港との間に外輪蒸気船定期航路が開かれると、上海の発展はさらに加速した。ジャーディン・マセソン商会、デント商会、リンゼイ商会といったイギリス系商社のほか、ラッセル商会、オリファント商会などのアメリカ系商社が軒を並べた。音吉は、デント商会の支配人としてその才能をいかんなく発揮する。

　日本人漂流者を解放させたことで、彼らを日本との交渉の人質にと考えていたマシュー・C・ペリー（1794–1858）を激怒させた。嘉永 7 年（1854）7 月にはイギリス極東艦隊とともに長崎入りし、ふたたび通訳の任に就いた。一介の水夫が砲艦外交でならしたイギリス艦隊の通訳を務めたのであり、その能力と信用は相当なものである。

　万延 2 年（1861）に上海にやってきたアーネスト・サトウ（1843–1929）に日本語を教えた、ともされている。イギリス公使館の通訳として日英両国の架け橋となった人物であり、音吉もまた日英両国の交流に（間接的ながらも）貢献したと言えなくもない。

　晩年、音吉は発展しつつあったシンガポールに移り、同地を経由した竹内遣欧使節（1862–63、「文久遣欧使節」とも）の面々とも面会した。竹内保徳を正使とする使節の目的は、新潟・兵庫（神戸）の開港、江戸・大坂の開市の延期について交渉することだった。音吉は福沢諭吉（1835–1901）と面談し、文明開化の必要性を諭した。

　日本人として初めてイギリスに帰化し、名をジョン・マシュー・オトソンと改めた。クリスチャンとなり、再婚したマレー人女性との間に男 1 人、

シンガポール日本人墓地にある音吉の墓（筆者撮影）

女2人の子をもうけ、慶応3年（1867）、シンガポールの地で昇天した。享年49。死出の枕元で長男のジョンに「日本人として生きろ！」と遺^{のこ}し、彼は「山本音吉」として横浜で生きた。

音吉は終生ジャーディン・マセソン商会の影におびえた、わたしはそう考えている。アヘン商売に手を染める同社に対し、デント商会はそうしなかった。そこには、故国がアヘンに侵されることを案じる音吉の思いが

音吉が眠る良参寺（愛知県知多郡美浜町、筆者撮影）

反映されていたのではないか。それが故に、音吉はジャーディン・マセソン商会に命を狙われたのではないか。そこに、長崎で同社代理店「グラバー商会」を設立したトーマス・グラバー（1838–1911）が絡んでいたのではないか、と考えるのである。

いまは分骨され、愛知県知多半島にある良参寺に「滿海寂圓信士」の墓碑銘、シンガポールの日本人墓地に「音吉ここに眠る」と書かれた墓がある。

ジョセフ・ヒコ ―3人のアメリカ大統領に面会した船乗り

ジョセフ・ヒコ（浜田彦蔵、アメリカ彦蔵（アメ彦）とも）の名を知る人は多いであろう。

天保8年（1837）、播州（いまの兵庫県）播磨に生まれ、幼名を彦太郎といった。

嘉永3年（1850）、ジョセフ・ヒコ（当時、彦太郎）らが乗る1,500石積みの新造船栄力丸が紀州沖で遭難し、太平洋を漂流した。漂流から53日目にアメリカ船に助けられ、一行17人はサンフランシスコに連れて行かれた。その当時、アメリカは日本との通商を強く望んでいた。ときのフィルモア大統領は東

インド戦隊——この当時、「艦隊」ではなかった——司令長官にジョン・オーリックを指名し日本に向かわせるのだが、そんな折、彦太郎らは日本との交渉の道具にもってこいであった。

軍艦セント・メリー号で香港に移送されることになった。途中寄港したハワイで、船長だった万蔵が病死。16人となった一行は、マカオで軍艦サスケハナ号に移乗した。その間、オーリックが司令長官としての監督能力を問われて解任され、ペリー提督がその後任についた。しかし、ペリーの到着は大幅に遅れ、1852年の秋、上海に着いたとき、彦太郎を含む3人はすでにアメリカに帰っていた。

なぜ、彦太郎らはアメリカに向かったのか。そこには、先出の音吉が関係している。関係すると言っても、音吉本人ではない。音吉とともに帰国しようとして果たせなかった7人の漂流者のひとり、力松からアメリカ行きをすすめられたのである。鎖国の世にあって帰国は難しいと悟り、また、自分たちが日本開国の交渉材料にされることに嫌気し、彦太郎は亀蔵・次作と米国に戻ることにした。

先に音吉が上海で日本人漂流者を解放させたと書いたが、それがこの栄力丸である。嘉永6年（1853）4月、音吉はサスケハナ号で上海にやってきた栄力丸一行と面会し、同号艦長と交渉のうえ12人の解放に成功するのである。12人？？？…13人では？　彦太郎らがアメリカへと去ったため、たしかに残るは13人のはずだ。じつはこのとき、仙太郎なる人物がひとり船に残ったのである。帰国したのちの厳しい取調べをおそれ、そのままサスケハナ号の水夫となる道を選んだのだ。仙太郎はペリーはじめ船員仲間にかわいがられ、「サム・パッチ」と愛称で呼ばれるようになった。ペリー艦隊が浦賀沖に姿を現したとき、仙太郎は同艦隊に乗船する唯一の日本人だった。

さて、肝心の彦太郎だが、ボルチモアで教育を受けたのち、亀蔵・次作と別れ——ふたりは船員として働き、日本に帰国——、ニューヨークに向かった。嘉永7年（1854）に洗礼を受け、名をジョセフ・ヒコ（Joseph Hico、のちに Joseph Heco）と改めた。日本人として初めてアメリカ大統領（第14代大統領フランクリン・ピアース）に謁し、安政5年（1858）には第15代大統領ジェームズ・

ブキャナンとも面会した。日本への望郷の念が募るもキリシタンとなっていた
ため帰国を思いとどまり、同年6月、日本人として初めてアメリカに帰化し
た。先出の「元年者」を主導したユージン・ヴァン・リード（1835–73）に日
本語を教えたのも、この時期であろう。

　駐日公使タウンゼント・ハリス（1804–78）に神奈川領事館通訳として採用
され、翌年（安政6年（1859））、9年ぶりの帰国を果たした。

　同年に来日したヘボン博士（1815–1911）
夫妻のための住居（神奈川宿の成仏寺）を
用意したのもジョセフ・ヒコだった。ヘボ
ン博士は米国長老派の宣教師・医師で、最
初の和英・英和辞典（『和英語林集成』）を
完成させた人物である。ヘボン式ローマ字
を創始し、明治学院を創立したことでも知
られ、日本名を「平文」とした。本来の名
はヘプバーン（Hepburn）だが、日本人の
耳には「へぼん」、「へぶん」と聞こえたの
であろう。

　住居を紹介してくれたことに感謝し、ヘ
ボン博士夫妻がジョセフ・ヒコを食事に招
いた。そのとき、ジョセフ・ヒコは、「カト
リック信者になったわたしが日本人のまま

ジョセフ・ヒコ（横浜開港資料館『横
浜ものはじめ考（第3版)』より）

帰国していたら即処刑されていた」と話したという。事実、開国されたものの
キリスト教は禁じられ、信者を匿った場合、名主と五人組の家族全員が処刑
された。

　万延2年（1861）、尊王攘夷運動をおそれたジョセフ・ヒコは領事館の職を辞
してアメリカに戻り、翌年、第16代大統領アブラハム・リンカーン（1809–65）
と会見し、民主主義の理念を教えられた。アメリカに帰化していることを考え
ると微妙ではあるが、ジョセフ・ヒコはリンカーンと握手した唯一の日本人と
言っていい。

ジョゼフ・ヒコは、ふたたび、アメリカ領事館通訳として日本に帰ってきた。しかし、来日早々にその職を辞し、横浜居留地に商館を開いた。慶応元年（1865）、日本初となる日本語の新聞「海外新聞」—「新聞誌」を改名— を創刊した。ジョゼフ・ヒコは「日本の新聞の父」と呼ばれているが、記事は取り寄せた外国の新聞の記事や論評を翻訳したものに過ぎず、赤字経営を余儀なくされ、26 号を以って休刊となった。このとき、相談相手になったのが岸田吟香（1833–1905）—大正期の洋画家・岸田劉生の父— である。ヘボン館に住んでいた岸田は、ジョゼフ・ヒコの拙い日本語の表現を正し、そののち、休刊中の「海外

ジョセフ・ヒコ（浄世夫彦）の墓
（東京都青山霊園、筆者撮影）

新聞」を復活させた。しかし、残念ながら、そう長続きはしなかった。

　大阪造幣局の創設に尽力し、国立銀行条例の編纂に関わり、神戸で製茶貿易や精米所の経営などにも携わった。晩年は東京に移り、明治 30 年（1897）、波瀾に富んだ 60 年の生涯を終えた。いまは青山霊園に、「浄世夫彦」なる名で眠っている。

（執筆：木原 知己）

【参考文献】
木原知己『波濤列伝 —幕末・明治期の夢への航跡』海文堂出版・2013 年
木原知己『号丸譚 —心震わす船のものがたり』海文堂出版・2018 年
春名徹『にっぽん音吉漂流記』中央公論社・1988 年
岩尾龍太郎『江戸時代のロビンソン —七つの漂流譚』新潮社・2009 年
川合彦充「モリソン号の来航と一生を異国で送った漂流者たち」北上次郎選・日本ペンクラブ編『海を渡った日本人』福武書店・1993 年
http://www.town.aichi-mihama.lg.jp/docs/2013100806067/（最終アクセス 2021 年 1 月

　　29 日）
熊田忠雄『そこに日本人がいた！ —海を渡ったご先祖様たち』新潮社・2007 年
熊田忠雄『すごいぞ日本人！ —続・海を渡ったご先祖様たち』新潮社・2009 年
宮澤眞一『「幕末」に殺された男』新潮社・1997 年
松沢成文『横浜を拓いた男たち —破天荒力』有隣堂・2019 年
https://www.town.harima.lg.jp/kyodoshiryokan/kanko/rekishi/shinbunnochichi/index.html
　　（最終アクセス 2021 年 1 月 29 日）
吉村昭『漂流記の魅力』新潮社・2003 年
吉村昭『アメリカ彦蔵』新潮社・2001 年
安芸津町町勢要覧 1998（企画・編集・発行安芸津町）「資料編」
高山純『江戸時代ハワイ漂流記』三一書房・1997 年
原口泉著『かごしま歴史散歩』日本放送出版協会・1996 年

【関係資料館、記念館等】
音吉　音吉顕彰会　愛知県知多郡美浜町
ジョセフ・ヒコ　播磨町郷土資料館　兵庫県加古郡播磨町大中 1 丁目 1 番 2 号
　　https://www.town.harima.lg.jp/kyodoshiryokan/kanko/kyodoshiryokan/
　　riyoannai.html

第三部

ステップ

～海事産業の近代化を担ったレジェンドたち～

　第3部に登場いただくレジェンドたちは、わが国海事産業の近代化を演出した錚々
たる偉人たちです。

　岩崎弥太郎、荘田平五郎、浅野総一郎、郡寛四郎、松方幸次郎…彼らは、まさしく明
治期の海事産業の勃興に貢献した立志伝中の人たちです。日本郵船の創設に携わった
岩崎弥太郎は言わずと知れた三菱財閥の創始者であり、荘田平五郎は三菱財閥の大番頭
として三菱造船所などに関わったほか日本郵船の役員なども務め、浅野総一郎は東洋汽
船を創業した浅野財閥の創始者であり、松方幸次郎は川崎造船所や川崎汽船を創業した
実業家であり「松方コレクション」でも知られる人物です。レジェンドとするに相応し
い船長として郡寛四郎が後出の森勝衛とともに登場していますが、船長ひいては船員た
ちもまた、海事産業を支えてきているレジェンドであることは疑いようもありません。

　明治新政府の「殖産興業」のスローガンのもと、海運業は製鉄業などの基幹産業の振
興に不可欠な産業として位置付けられました。明治7年（1874）に勃発した台湾出兵
で勢いを得た岩崎弥太郎は、翌年、日本国郵便蒸気船会社を吸収し、さらには政府の斡
旋のもと、明治18年（1885）、渋沢栄一らによって3年前に設立された共同運輸会社
と合併し、日本郵船を誕生させました。同じころ（明治17年（1884））、関西の船主が
住友を中心に大合同し、大阪商船会社（いまの商船三井）が誕生します。両社は「社
船」（common carriers）と呼ばれるようになり、政府の厚い庇護のもとで成長していき
ました。

岩崎弥太郎
（いわ さき や た ろう）

（1835–1885）

近代的海運業を創始し
三菱の基礎を築いた男

はじめに

　岩崎弥太郎は天保 5 年（1835）[1]、土
佐藩の地下浪人（じげろうにん）と呼ばれる下級藩士で
あった岩崎弥次郎の長男に生まれた。
青年時代、土佐藩の重鎮であった吉田
東洋が主宰する少林塾に入門し、その
推薦で安政 6 年（1859）、26 歳で藩職
につき、土佐藩が開設した長崎の商会
の活動に加わった。幕末の志士として
は、弥太郎のスタートは遅かった。

　慶応 3 年（1867）、34 歳で土佐藩開
成館長崎出張所の主任に抜擢された弥
太郎は、長崎出張所が明治元年（1868）

岩崎弥太郎（三菱史料館蔵）

に閉鎖されたため、大坂の開成館出張所に移った。開成館の仕事は、土佐藩の
ための特産物貿易や兵器輸入、外商からの資金調達であり、弥太郎は、藩の財
政を支えるためにこの業務を任され、急速に頭角をあらわした。

　明治 2 年（1869）、大坂の出張所を九十九商会と改称した弥太郎は、藩命によ
り藩所有船による海運業も始めた。その後、廃藩置県で藩官僚の地位を失った
弥太郎は、九十九商会の事業を継承して独立し、明治 5 年（1872）1 月に三川（みつかわ）
商会をつくった。三菱の創業はこの「三川商会」だとするのが定説である。し
かし、この時期に弥太郎は東京で新政府に参画していた後藤象二郎に宛てた手
紙で、「何とか東京に出たい」と繰り返し懇願し、新政府に官職を得る道を探っ

ており、自らの進路に迷っていた。

三菱商会の設立

　明治6年（1873）に三川商会を三菱商会に改称し、翌年、東京に拠点を移すころには、弥太郎は腹を据えて実業に邁進することになった。

　ちなみに、明治3年（1870）末に、日本における西洋式蒸気船は総数25隻、1万5,498トン、西洋式帆船は総数11隻、2,554トンにすぎず、極めて貧弱な状態であった[2]。このなかで、三菱商会の所有船舶は3隻、合計2,181トンは、国内では二番手であった。この頃、日本近海ではサンフランシスコ・上海間航路を開いたアメリカのパシフィック・メイル汽船会社（PM社）が、アメリカ政府の助成金を得て極東航路を開設していた。さらに、同社は、日本沿岸の海運を日本政府から受託したいと願い出ていた。明治政府は、PM社に日本沿岸の海運を委ねるか、自前の海運隊をつくるべきかの決断に迫られていた。

　明治政府は、三井組などの出資で設立され、40隻の船舶を保有していた日本国郵便蒸気船会社に総額25万円の船舶を下付し、貢米輸送の独占を認めるなどの保護策を講じた。三菱は、海運育成策の対象外であり、自力でゆっくりと事業を伸ばそうとしていた。表のように明治4～6年（1871–73）に三菱は、比較的小規模な船舶を追加的に取得しただけで、それほど大規模な商船隊はつくっていなかった。

　劣勢と見られる中で、弥太郎は明治6年（1873）頃には日本国郵便蒸気船会社との競争に挑んだ。この年4月にアメリカ留学中の弟弥之助に送った手紙で弥太郎は、「只今大蔵省之ヒイ

三菱所有船舶数（明治3～18年）

年次（明治）	汽船	帆船	倉庫船	小蒸気船	計
3年	3				3
5年	5				5
6年	8	1		1	10
8年	31	5	6	6	48
10年	40	5	8	6	59
15年	37	5	9	10	61
18年	28	5	6	13	52

注1　艀船・ボートなどの小船を除く。
注2　小蒸気船には曳船・脚船などを含む。
注3　18年は9月末の数字。
出典）旗手勲『日本の財閥と三菱』より作成。

キノ日本郵便会社ト我三ツ川商会ト双方必至之角力ナリ」と書いている。さらに、社中に向けて飛ばした檄文では、「今後の方針」として「第一に彼（日本国郵便蒸気船会社）を征服し、第二に米国太平洋汽船会社（PM社）を日本領海より駆逐する」と書いていた。要するに、眼前にいる日本国内のライバルをまず蹴落とし、その後、直ちに近海海運の7割のシェアを占めているPM社に戦いを挑む、との方針を明言したのである。

台湾出兵による飛躍

　日本国郵便蒸気船との勝敗を分けたのは、輸送サービスの改善によって荷主の支持を得たことに加えて、台湾出兵の輸送業務を引受けたことであった。明治7年（1874）夏の出兵に際して、当初、新政府は外国船の傭船を予定していた。しかし、アメリカやイギリスは、清国との外交関係が悪化するのを嫌って、局外中立を宣言し、自国船の利用を拒んだ。そのため、新政府は急遽外国船を購入し、その運航を日本国郵便蒸気船に要請した。ところが同社は、この要請を受けると「その留守に三菱に沿岸航路を荒らされてしまう」と考え、協力を断った。そのため新政府はやむを得ず三菱商会に期待することになった。三菱商会の所有船舶は弱小で不十分であったが、ほかに運航能力を評価できる有力な業者はなく、輸送能力の不足は政府の船舶購入によって解決されることになった。

　三菱は、都合13隻の船舶を受託運航して台湾出兵に伴う兵員・物資の輸送を行った。貸し渡された13隻、1万6,021トンには、東京丸など3隻は2,000トンを超える大型船が含まれ、次の飛躍のステップとなる西南戦争のときに三菱が政府資金を借りて買入れた船舶10隻・合計1万1,439トンを上まわった。これらの船舶は、政府との契約で平時に戻れば貸与船舶の三菱による運航が予定されていたから、三菱は、政府の要請により台湾出兵の輸送業務を請け負い、一挙に国内随一の海運会社となった。

維新政府の海運助成策

　しかし、台湾出兵後の政府による保護政策は、貸与船舶の運航について三菱へ継続することを前提としたものではなかった。大隈重信はいわゆる「国有民営」方式を考えていたが、それでは船舶の購入が政府の負担となるために難しかった。そうした中で、明治8年（1875）5月に内務卿大久保利通が民営育成を推進し、独立して海運業を営んでいた弥太郎を評価して、三菱を対象に保護策を実行することを決定した。ただし、大久保は、三菱が個人事業であることを問題にし、政府が助成する受け皿にふさわしい「公業」としての性格を明確にすること、そのために会社の組織や規則を改めることを弥太郎に求めた。そして新旧の区別を付ける意味で、社名も郵便汽船三菱会社に改めることを提案した。

　この方針に沿って、保護の具体策が明治8年（1875）9月に第一命令書として交付され、①郵便物及び官物を托送、②政府の命令による航路開設、③商船学校の開設、④新会社の兼業禁止などの条件が提示された。こうして弥太郎は政府の保護を受ける海運業者となった。

立社体裁の制定

　岩崎弥太郎が獲得した政府の保護助成措置は、船舶の無償譲渡と上海航路や海員養成施設を設置するための補助金であったが、その補助金の大半は20万円に及ぶ上海航路助成金であった。

　第一命令書に対応して弥太郎は三菱会社の諸規則を整備し、組織を改革し、経営体制の近代化を図った。慶應義塾から招かれた荘田平五郎などが会計規則の作成などを進めたが、そのなかで、特に重要なのが「立社体裁」であった。この規則によって弥太郎は、三菱の事業は、「全ク一家之事業ニシテ他ノ資金ヲ募集シ結社スル者ト大ニ異ナリ」（すべて岩崎家の事業であり、他から資金を募集して組織された会社とは異なる）[3]と、社長独裁を宣言した。

　しかし、この宣言は大久保の方針とは微妙な齟齬があった。大久保が「公業」として組織を整えることを求めたのに対して、弥太郎は、郵便汽船三菱会社と

いう「会社」の名前を冠した事業組織
とは別に、鉱山経営などを個人名義で
継続し、それらのすべてを岩崎家の個
人事業と宣言したからであった。

　このころ、三菱の店の様子をこっそ
り見に行った福沢諭吉は、「岩崎という
男は噂に聞いたのとは全く大違いで、
山師ではない。現在の様子では成功間
違いない」[4]と太鼓判を押している。

外国汽船会社に挑む

　次の目標は、PM 社を代表格とする
外国汽船を打ち破ることであった。こ
のころ、弥太郎は、「我国の貿易を発達
させるためには、外国汽船を沿岸航路

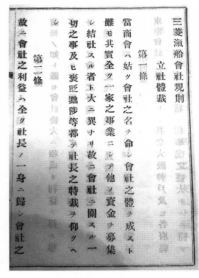

三菱汽船会社規則「立社体裁」
（三菱史料館蔵）

より駆逐するのみでは為し得ない。進んで上海より香港に航路を拡張し、さら
に太平洋を横断してサンフランシスコに進出し、ついには『地球を横絶して』
世界の全港湾に我が国の汽船を通じなければ、その目的を達しえない」[5]と書
いている。そこには、世界中の航路に三菱の旗を立てる夢が込められていた。

　しかし、その実現はそれほど簡単ではなかった。この競争過程で弥太郎は船
舶輸送のあり方の変革も推進した。それまでの日本の海運事業は、船主の商人
が港で積み荷を買い取って他地に運び、そこで売却するという方式（自己運
送）が主流であった。弥太郎は、この伝統的な事業方式を革新しようとしてい
た。しかし、それには荷主の抵抗が強く、「二百有余年の慣習を改めて、商業
界の悪弊を一掃するのは実に至難である」[6]と嘆いていた。

　そういうなかで、アメリカ海運業界の代表的な存在であった PM 社との競争
に勝利すると、同社所有の船舶や支店の建物・倉庫を買収した三菱は、沿岸航
路だけではなく、上海航路も確保し、日本沿海の海運市場での独占的な地位を

固めた。

　しかし、その直後の明治9年（1876）2月に日本・上海間航路にイギリスのP&O汽船会社が参入したことから、三菱は再び重大な脅威に直面した。弥太郎は、非常事態を宣言して、社長は5割、管事以下の主要役員は3

弥太郎が三菱商会店頭に掲げた「おかめの面」
（三菱UFJ銀行蔵）

分の1の給料を減額など経費節減等で対応しようとした。ところが、そんなことではとても無理だというのが、社内も含めた日本側のおおかたの人の見方であった。

　このP&O社との競争に対する起死回生の手として弥太郎が打ったのが、荷為替金融（荷為替手形を振り出し、その手形を譲渡して銀行から融資を受ける方式）であった。この金融業務にたいして政府は裏付けの資金を低利で融資するなどの保護政策を与えた。その効果もあって、明治9年（1876）9月に、進出7ヵ月でP&O社は日本沿岸から撤退し、三菱の航海権が確保された。

　翌明治10年（1877）7月に、三菱は、政府から無償で下付を受けていた汽船30隻を120万円・50ヵ年年賦で買い取ることを申し出て認められた。同年の西南戦争による軍事輸送で巨額の利益を手にした三菱は、買い取るだけの力を備えるようになっていた。西南戦争の軍事輸送は、三菱に巨額の運航収入、利益をもたらしただけでなく、政府の融資で新たに船舶を購入し、保有船舶量も増加させるものであった。明治13年（1880）現在で三菱が運航する航路は、日本の沿海と上海・香港・釜山・ウラジオストックなどの近海の外国航路を含むものとなった。これに対応して、明治14年（1881）に三菱は日本国内の船舶のうち、大型の船舶はほとんどすべてを所有し、年間70万円前後の巨額の利益を上げる大企業に成長した。このころ全国の銀行の平均払込資本金が国立銀行で30万円弱、私立銀行では10万円強の時代であった。この好成績は、蒸

気船による海運業の利点が大きく貢献していた。その優位性は、天候に左右されず、横浜・兵庫間を 36 時間というスピードにあった。

三菱批判の展開

　三菱の覇権が確立するにつれて、運賃が高すぎるなどの批判が強まった。その批判の中には誤解に基づいたり、作為的で悪意のある新聞報道によるものもあった。しかも、三菱にとって不幸だったのは、事業経営のあり方に対する批判が、政治抗争と結びついたことであった。そのため、岩崎は政権争いの片棒を担いでいるというイメージが広がり、政府や自由党による悪意の宣伝とともに、三菱攻撃が政争の道具となった。

　その政治抗争とは、北海道開拓使官有物払い下げに関わる疑惑を発端とする明治十四年政変であった。この政変で大隈重信を罷免に追い込んだ薩長勢力は、大隈が三菱への保護を推進してきたことから、大隈と三菱を一蓮托生とばかりに、民権派の自由党とともに反大隈・反三菱キャンペーンを展開した。これに対して弥太郎は、「世間の風潮に渡り合うことなく、商売に専念するよう」に指示し、「三菱の従業員は一切政治に関与せざるよう要望」した[7]。

　政治的な対立がなくとも三菱に対する保護政策への批判の声に応える必要はあった。田口卯吉が『東京経済雑誌』で指摘していたように、兼業による利益を上げていること、船質改善が滞っていたことは事実であり、独占による弊害が生じていた。そこで、新政府は三菱に対して新たな命令書を交付し、兼業禁止を前面に押し出し、船舶検査の励行や大修繕の準備金の預け入れを義務づけた。ただし、これらの内容は、これまでの政府の方針を確認・強化したにすぎず、助成金などを廃止するような政策転換ではなかった。

　明治 15 年（1882）10 月の共同運輸設立は、新政府の政策が反三菱にさらに踏み込んだと受け止められた。同社設立に中心的な役割を果たしたのは、三菱攻撃の急先鋒であった品川弥二郎であった。東京風帆船などを合併し、政府からの出資 130 万円を受けて資本金 300 万円で設立された共同運輸は、政府直属の海軍の補助船団という位置づけであった。

　共同運輸は、三菱に不満を持っていた荷主の期待に応え、三菱と激しい競争を展開したといわれている。確かに明治15年（1882）にはじまるデフレ政策の影響で減少しはじめていた三菱の運賃収入は、明治16年（1883）には前年の4分の3近くに急減して赤字経営に転落し、経費の節減などの自助努力では対処できないほどであった。しかし、最近の研究によると、共同運輸が本格的に参入して競争が始まるのは明治17年（1884）夏以降のことであり、経営悪化の主因は景気後退による荷動きの減少であった。したがって、両社の競争を過剰に強調することは歴史の実像とは異なる。減収は、共同運輸との競合路線ではない上海航路などの減収や香港航路の廃止によるものであった。

　弥太郎は、売られたけんかから逃げる気はなかったが、かといって進んで攻勢を仕掛けるつもりはなく、海運部門の会計を分離してその損益を明瞭にしながら、多額の資金・資産を岩崎家の家計の側に蓄えていた。

　もちろん、短期間だが激しい競争が明治18年（1885）に入って展開したことは事実であり、そのために両社とも疲弊し共倒れが心配されるほどになった。そのために政府が調停に乗り出し、両社は合同して日本郵船が設立されることになり、明治18年（1885）10月に営業を開始した。この合併交渉には弥太郎の弟弥之助があたった。両社の妥協の道が模索されていた明治18年（1885）2月に弥太郎は数え年52歳で死去していた。歴史家の田中惣五郎が「伝説の白

故郷に立つ弥太郎像（安芸市観光協会提供）

熱的競争は弥太郎死後の弔ひ合戦の間に展開された」[8]と評価しているのは、そのためである。

　近代的企業経営のパイオニアとしてみたとき、岩崎弥太郎は、40代になって本格的に実業に携わり、10年余りの海運経営で巨額の財を成した。その成功には「政商」というイメージがつきまとうが、それは正確ではない。弥太郎は「政に選ばれて」海運保護政策の受け皿になったからである。もちろん、こうして実現された弥太郎の巨大な事業は、事業機会の平等をもとめる時代の新しい流れによって、その特権性が批判されるものとなった。晩年の弥太郎が直面したのは、そうした時代の速い変化であった。

（執筆：武田 晴人）

【注】
1）天保5年12月11日は、西暦だと1835年1月9日に当たるので、本書では1835年生とした。
2）岩崎彌太郎岩崎彌之助傳記編纂會編『岩崎彌太郎傳』下、39頁。
3）同上、152頁。
4）同上、158頁。
5）武田晴人『岩崎弥太郎』ミネルヴァ書房、2011年、127頁。原資料は、前掲『岩崎彌太郎傳』下、171〜175頁。
6）前掲『岩崎彌太郎傳』下、187頁。
7）武田晴人、前掲『岩崎弥太郎』174頁。
8）田中惣五郎『岩崎彌太郎』千倉書房、1940年、320頁。

【引用・参考文献】
岩崎彌太郎岩崎彌之助傳記編纂會編『岩崎彌太郎傳』上・下、昭和46年（1971）
小風秀雅『帝国主義下の日本海運：国際競争と対外自立』山川出版社、平成7年（1995）
武田晴人『岩崎弥太郎：商会之実ハ一家之事業ナリ』ミネルヴァ書房、平成23年（2011）
田中惣五郎『岩崎彌太郎』千倉書房、1940年
旗手勲『日本の財閥と三菱：財閥企業の日本的風土』楽游書房、昭和53年（1978）

【関係資料館、記念館等】
安芸市立歴史民俗資料館　高知県安芸市土居953番地イ
　　https://www.city.aki.kochi.jp/rekimin/index.html
三菱史料館　東京都文京区湯島4-10-14　http://www.meri.or.jp/shiryo/mer300j.htm
日本郵船歴史博物館　神奈川県横浜市中区海岸通3-9　https://museum.nyk.com/

荘田平五郎
しょう だ へい ご ろう

（1847-1922）

三菱財閥創成期の3代の社長（岩崎弥太郎、弥之助、久弥）を支え
三菱を近代的な巨大企業グループに育て上げ
「三菱の大番頭」と呼ばれた明治期日本を代表する実業家

出生から明治維新まで

　荘田平五郎は弘化4年（1847）、豊後国臼
杵（現在の大分県臼杵市）に生まれた[1]。父
の荘田雅太郎允命は臼杵藩士で儒者、母の節
子は同藩士宮川眉山の長女であった。平五郎
は十代前半で藩校・学古館に入り、かつて中
津（現在の大分県中津市）で少年時代の福
沢諭吉（1835-1901）を教えたこともある儒
学・漢学者の白石照山の下で学んだ。藩校
での成績は群を抜き、秀才として高い評判を
得た。

　ペリー来航（嘉永6年（1853））以来、各
藩では日本の対外関係の激変を受けて、洋学
（西洋の学問）を奨励する動きが生じていた。

荘田平五郎
（慶応義塾福澤研究センター蔵）

臼杵藩でも藩士の優秀な子弟を選抜して藩外の洋学塾へ留学させることになっ
た。荘田平五郎も慶應3年（1867）、19歳の時に藩の留学生として選ばれ、江
戸根岸の青地信敬の塾に入門し、英学を学ぶことになった。青地の下で荘田
の学業は大いに進み、成績も優秀であった。しかし翌年、大政奉還と王政復
古により徳川幕府が終焉すると、藩命でやむなく塾をやめて帰郷することに
なった。荘田は江戸を立つ直前に慶應義塾の福沢諭吉を訪ねて初めて対面して
いる。

　臼杵に帰国した荘田は慶應4年（1868）春、藩命により再び英学修業のため宮川玄水（後の海軍軍医総監河村豊洲、1849–1933）とともに鹿児島に赴き薩摩藩開成所（後に洋学局）に入った。荘田はここでもすぐに頭角を現し、やがて教師の地位に抜擢されたが、東京への留学の思いが再燃し、明治2年（1869）に鹿児島を離れ上京した。

慶應義塾時代

　明治3年（1870）正月、23歳の荘田は当時芝新銭座（現在のJR浜松町駅近く）にあった慶應義塾に入塾した。彼はすでに2年余り英学を学んでいて先輩の塾生たちを上回るほどの実力を有していたため、入学後ごく短期間のうちに次々と進級試験に合格し、まもなく教師待遇になった。また、童子局（後の慶應義塾幼稚舎）の局長にも任ぜられた。

　翌明治4年（1871）春、慶應義塾は芝三田の旧島原藩邸（現在の三田キャンパス）に移転し、近代的学校として組織とカリキュラムを整えていった。荘田の学力と識見は早々に福沢の認めるところとなり、同年には義塾の規則である「慶應義塾社中之約束」の起草を

明治2年22歳
（慶応義塾福澤研究センター蔵）

命じられた [2]。さらに明治5年（1872）ころ、塾長の任を与えられたとされる [3]。ここでいう塾長とは現在の慶應義塾の総長としての役職ではなく、福沢門下生の代表という意味であったと推測されるが、福沢の荘田に対する信任が厚かったことに変りはない。

　明治6年（1873）、慶應義塾は荘田の提案によって大阪に分校を開設することを決定した。彼は福沢の代わりに大阪へ派遣され、その設立のため奔走し、開校後は自ら教壇に立った。さらに京都にも分校設置を試みるようにとの福沢

の指示に従い、翌 7 年（1874）、開設の担当者として京都へ移り、京都中学校の教場の一角を間借りして京都慶應義塾を開校させた。大阪と京都の分校は、期待したほどには生徒が集まらなかったが一定の役割を果たし、荘田は明治 7 年（1874）7 月に東京に戻った [4]。

　関西から帰京した荘田は再び三田で教鞭をとり、経済学の英書講読の授業などを担当した。当時塾生だった成瀬隆蔵（後に大阪商業学校〔現在の大阪市立大学〕校長、三井合名会社理事、1856–1942）の回想によれば、荘田の講義ぶりは黒紋付の羽織に角帯を締め、椅子に座って物静かに語るといった風で、英文テキストでまだ訳語のない字句に出くわすと、適切な訳を案出するために長考するようなこともあったという [5]。

三菱の基礎を築く

　ところが、明治 8 年（1875）2 月、荘田は求められて三菱商会に移籍し、学界・教育界から実業界へ転身することになった。荘田をスカウトしたのは、三菱の創業者岩崎弥太郎（1835–1885）の従弟の豊川良平（1852–1920）で、彼は荘田にとっては慶應義塾の後輩および教え子にあたった。

　当時三菱商会は、明治 7 年（1874）の佐賀の乱と台湾出兵の際に政府軍の兵員・軍需品輸送を一手に引き受けた功績により政府から手厚い保護を受け業績を大きく成長させ、翌年には日本初の外国航路である横浜・上海定期航路を開設するなど、一挙に国内海運業界の一番手企業にのし上がっていた。弥太郎は三菱を新しい時代に相応しい近代的企業へ脱皮させるため、西洋の新知識を身につけた有能な人材を求めていた。そこで白羽の矢を立てられたのが荘田であった。この突然の転身の経緯について荘田自身による説明は残されていないが、彼に経営の才が有ることを認めていた福沢が後押しした可能性も指摘されている [6]。

　28 歳で三菱商会に入社した荘田は、第 5 等下級翻訳係に任ぜられ、東京本店勤務となった。その彼が三菱で最初に取り組んだのは、「社則」の策定であった。三菱商会は明治 8 年（1875）5 月に社名を三菱汽船会社と改め、新たに

「三菱汽船会社規則」を制定した。この起草
にあたったのが、入社直後の荘田であった。
同規則では、「立社体裁」として「当商会 姑
ク会社ノ名ヲ命シ会社ノ体ヲ成スト 雖 モ其
実全ク一家ノ事業ニシテ他ノ資金ヲ募集シ結
社スル者ト 大 ニ異ナリ故ニ会社ニ関スル一
切之事及ヒ 褒貶 黜 陟 等都テ社長之特裁ヲ仰
クベシ」「故ニ会社之利益ハ全ク社長ノ一身
ニ帰シ会社之損失亦社長ノ一人ニ帰スベシ」
と記し [7]、同社が株式会社ではなく、岩崎家
の当主である弥太郎に権限と責任を集中させ
た企業であることを明確にした。同社は同年

三菱時代（三菱史料館蔵）

9 月に郵便汽船三菱会社と改称し、荘田は弥太郎の命を受け 10 年（1877）に
「第一回改正三菱会社社則」を作成（11 年（1878）頒布）した。

　さらに荘田は、明治 10 年（1877）に、経理規則「郵便汽船三菱会社簿記法」
を作成し、同社に西洋式複式簿記を導入した。この「簿記法」は、福沢がアメリ
カの商業学校の簿記教科書を翻訳した『帳合之法』（明治 6–7 年（1873–1874）
刊行）に基づき、固定資産減価償却会計を導入するなど、当時においては非常
に先進的なものであった。荘田はかつて慶應義塾の大阪分校の設立に関わった
とき、その教育課程の中心に「帳合之法」を据えることを提案しており、西洋
式簿記に通暁していた。三菱の「簿記法」は、西洋の学問を経営の現場に応用
した最も早いケースの 1 つであったといえよう。

　これらの業績により、荘田はあらためてその実力を岩崎弥太郎から認められ
た。明治 11 年（1878）3 月に弥太郎の姪（妹の長女）藤岡田鶴を妻に迎え、13
年（1880）12 月には社長・副社長に次ぐ最高位である第 1 等級管事に昇進し、
名実ともに三菱の柱石となった。

　その前後には、荘田は三菱の事業多角化に主導的な役割を担った。明治 12
年（1879）に東京海上保険会社（現在の東京海上日動火災保険）の設立のため
弥太郎に出資を進言し、14 年には慶應義塾出身の阿部泰蔵（1849–1924）、小

幡篤次郎（1842–1905）、肥田昭作（1842–1921）らと日本初の近代的生命保険会社となる明治生命保険会社（現在の明治安田生命保険）を設立した。荘田はそれぞれの会社の重役に就任した。同年、三菱が福沢の斡旋によって後藤象二郎（1838–1897）から高島炭鉱を買収した際にも、荘田は移譲に伴う経理その他の諸問題の解決にあたった。

巨大企業グループへ

　郵便汽船三菱会社とこれに対抗して設立された半官半民の共同運輸会社の間で熾烈な競争が展開されていたさなかの明治18年（1885）2月に三菱の初代社長・岩崎弥太郎が50歳で病死すると、荘田は弥太郎の弟で後任社長の弥之助（1851–1908）を補佐して難局にあたることになった。同年9月、両社の共倒れを恐れた政府の仲介で、三菱の海運部門と共同運輸の合併により新会社・日本郵船が設立された。荘田は弥之助、管事の川田小一郎（1836–1896）とともにこの合併交渉にあたり、三菱を代表して同社の創立委員になり、会社設立後には理事に就任した。

　また、同年5月には、経営危機に陥っていた第百十九国立銀行と第百四十九国立銀行を救済するために、両行を合併させた上で三菱が経営を引き継いだが、前者は旧臼杵藩主と藩士が中心になって設立した銀行であったため、同藩出身の荘田がこの案件処理を主導した。ちなみに、この時同行の頭取に就任したのが、荘田を三菱にスカウトした豊川良平であった。この第百十九国立銀行が、後の三菱合資銀行部、さらに三菱銀行（現在の三菱UFJ銀行）になる。

　明治19年（1886）3月、郵便汽船三菱会社が三菱社となり海運以外の事業で再出発することになると、日本郵船理事であった荘田は三菱に本店支配人として復帰し、社長の岩崎弥之助とともに新事業の展開に取り組んだ。まず20年（1887）に東京倉庫（現在の三菱倉庫）を設立し、発起人および取締役になった（22年（1889）に会長に就任）。21年（1888）には、阿部泰蔵、末延道成（1855–1932）らと相互主義の火災保険会社を創設した（24年に明治火災保険となる、現在の東京海上日動火災の前身の1つ）。

荘田は、管事の川田正一郎が日本銀行総裁に転出するのにともない、明治21年（1888）末に支配人と管事を兼任することになった。さらに26年（1893）、商法の施行に対応して三菱社が三菱合資会社に改組され、岩崎弥太郎の長男・久弥（1865–1955）が社長に就任すると、荘田は支配人（後に管事）として前社長の弥之助とともに久弥社長を支え、この三者によって同社のトップマネジメントを構成した。また、28年（1895）には日本郵船の取締役、29年（1896）には東京海上火災保険の取締役会長に選任されるなど、三菱グループの諸会社の重役を兼任した。

丸の内オフィス街と長崎造船所

事業の多角化のなかでも荘田が特に力をいれたのが丸の内オフィス街の開発と長崎造船所の近代化であった。

丸の内オフィス街は、荘田が残した業績の中でも最もユニークなものの1つである。明治22年（1889）、造船業の視察な

明治42年頃の丸の内オフィス街「一丁倫敦」
（三菱地所（株）蔵）

どのためイギリスに出張していた荘田は、日本政府が丸の内の陸軍練兵場を売りに出したというニュースを日本から届いた新聞の記事で知った。ちょうどこの時、彼はイギリスの立派なオフィス街を見て、日本にも西洋式のオフィス・ストリートを建設することが必要かつ急務であると考えていたという。そこで当地で合流していた末延道成と連名で、日本にいる岩崎弥之助に宛て「買い取らるべし」という電報を打った。その結果、翌年3月に丸の内および神田三崎町の土地10万7千坪余りが三菱に128万円（当時の東京市の年度予算の3倍）で払い下げられることになった[8]。

　イギリスから帰国した荘田は、丸の内の開発のために建築士として海軍省技師であった曽祢達蔵（1853-1937）を雇用した。曽祢を推薦したのは、深川の岩崎邸の建築などで三菱と親交のあった臨時建築局御雇いのイギリス人ジョサイア・コンドル（Josiah Conder、1852-1920）であった。そして、明治27年（1894）に三菱1号館が竣工したのを皮切りに次々とビルディングが建設され、丸の内は三菱系企業の社屋や東京商業会議所などレンガ造りの洋館が立ち並ぶ当時の日本では珍しいモダンなオフィス街に開発され、あたかもこの区域だけロンドンであるかのようだということで通称「一丁倫敦<small>ロンドン</small>」と言われるようになった[9]。

　荘田は、丸の内一帯を単なるビジネス街とするのではなく、ミュージアム（美術館）や劇場、アーケード商店街、住宅アパートメントなども立ち並ぶ経済と文化が共存する街づくりを構想していたとされる[10]。劇場建設計画については、約20年後の明治44年（1911）に日本初の西洋式劇場である帝国劇場が丸の内の皇居濠端に開設されたことによって実現した。荘田は、渋沢栄一、福沢桃介、日比翁助、西野恵之助などとともに同劇場の発起人に名を連ねた。このように、荘田は日本の都市景観の近代化にも大きな功績を遺したのである。

　長崎造船所は、幕末に徳川幕府がオランダ人ヘンドリック・ハルデス（Hendrik Hardes、1815-1871）の指導の下で建設した長崎製鉄所を明治維新後に新政府が引き継ぎ官営造船所として整備し、それを三菱が明治17年（1884）に貸与され、さらに20年（1887）に払い下げを受ける形で手に入れたものだった。

　しかし、明治20年代において、日本の海運会社の外国航路用船舶や海軍の軍艦は、ほぼ全て外

明治35年の長崎造船所第一船渠及び造船工場
（三菱重工業（株）蔵）

国の造船企業により建造されたものであり、本格的な艦船の国産化は当時の日本にとって大きな課題であった。政府は国内海運業・造船業の保護育成策を求める東京商業会議所などからの建議に応えて、明治 29 年（1896）に航海奨励法と造船奨励法を制定した。この東京商業会議所の建議書を起草したのが荘田であったとされる [11]。彼は 26 年（1893）に同所の特別会員に当選していた。

　ちょうどこの頃、日本郵船がヨーロッパ航路を新たに開設することになり、そのための 6,000 総トン級外航船常陸丸（注：常陸丸は日露戦争で日本陸軍に徴用され軍事輸送にあたったが、明治 37 年（1904）6 月、玄界灘でロシア海軍巡洋艦隊の攻撃を受けて沈没した（常陸丸事件））の建造を三菱が上記の造船奨励法を利用して引受けることになった。日本郵船と三菱の両社の重役であった荘田がこの発受注に重要な役割を演じたことは言うまでもない。

　三菱では、この機会に対応するため、長崎造船所の拡充・近代化に踏み出すことを決定した。荘田はその舵取り役を自ら引受け、明治 30 年（1897）、管事兼造船所支配人として家族帯同で長崎に赴任することになった。彼は組織管理に秀でていただけでなく、技術に関しても独自に造船、造機を研究し専門家並みに造詣が深かったのである。

　長崎造船所支配人に着任した荘田は、常陸丸建造のため陣頭指揮をとった。それまで最大 1,500 総トン級の船舶しか建造していなかった同所にとって、6,000 総トン級の大型船の建造は大きな挑戦であった。建造の過程で、ロイド・レジスターから派遣されたイギリス

常陸丸（三菱重工業（株）蔵）

人検査員からリベットの打ち方が不適切であるという指摘を繰り返し受けたのに対して、荘田は三菱の技術陣を信じ、ロイドに検査員の交替を要請するなど

毅然とした対応を貫いた。その結果、三菱側の正当性が証明され、常陸丸は起工から 1 年 9 ヶ月後の明治 31 年（1898）8 月に竣工した [12]。常陸丸の建造は、単に三菱という一私企業の成果というだけでなく、日本の技術進歩の到達度を示すマイルストーンとされている。その後も施設の拡張、新鋭機械の導入を続けた結果、長崎造船所は東洋一の規模を誇る大造船所に発展した。

　荘田は、造船所従業員の福利厚生の改善にも積極的に取り組んだ。支配人に就任した直後の明治 30 年（1897）には、近代的な造船所附属病院を新たに設置し、職員・職工の傷病に万全を期した。また同年に、独創的な「職工救護法」と「傭使人扶助法」を制定した。前者は三菱の直接雇用、後者は造船所限りの雇用の労働者を対象として業務上の負傷や解雇時の諸手当などについて定めたもので、公的な社会保障が未整備だった当時の日本においてはきわめて先進的な規定であった。さらに 32 年（1899）には中核的職工の養成を目的とした三菱工業予備学校を設立・開校した。

士流学者としての荘田平五郎

　荘田は明治 34 年（1901）に長崎から東京本社に戻り、39 年（1906）に造船所長の兼任を解かれた。41 年（1908）に第 2 代社長の岩崎弥之助が死去して三菱の首脳部が世代交代したのち、荘田は 43 年（1910）に 64 歳で依願退職した。その後は、慶應義塾評議員会議長、明治生命保険会長などを務め、大正 11 年（1922）4 月に 74 歳で没した。

　福沢諭吉は『実業論』（明治 26 年（1893））において、金銭のことしか考えない旧来の商人たちを批判して、今後の日本の実業は「士流学者」すなわちサムライの精神（＝公益心）と新しい教育を兼備した知識人に委ねるべきであると主張した [13]。

　荘田は慶應義塾において当時最新の西洋の学問を学びかつ教えた正真正銘の「学者」であった。加えて、三菱における彼の企業家活動は、自身の栄達や三菱という一私企業の利益だけを考えるのではなく、経済・社会の近代化という当時の日本にとって最大の目標の追求（＝公益）を念頭においたものだった。

彼は金銭にきわめて淡泊で、関係会社の重役として受ける報酬もすべて三菱に納め、私することはなかったという[14]。荘田平五郎は、まさに「士流学者」の典型であったといえよう。

（執筆：平野　隆）

【注】
1) 以下、荘田の履歴に関しては、宿利重一『荘田平五郎』對胸舎、1932 年、三田商業研究會編『慶應義塾出身名流列傳』實業之世界社、1909 年、867-888 頁、三菱社誌刊行委員会編『三菱社誌』各巻、1979-82 年による。
2) 宿利、前掲書、294、303 頁。
3) 西川俊作「荘田平五郎 —義塾教員から三菱商会へ—（書簡に見る福澤人物誌　第 5 回）」『三田評論』2004 年 8・9 月号、67 頁。
4) 慶應義塾『慶應義塾百年史』上巻、1958 年、508-536 頁。
5) 宿利、前掲書、339-340 頁。
6) 宿利、前掲書、389 頁、西川、前掲論文、70 頁。
7) 『三菱社誌』第二巻、37-38 頁。
8) 宿利、前掲書、463-468 頁。
9) 宿利、前掲書、468-473 頁。
10) 宿利、前掲書、474-476 頁。
11) 日本経営史研究所編『日本郵船株式会社百年史』1988 年、92 頁。
12) 宿利、前掲書、501-511 頁、三菱造船株式会社編『創業百年の長崎造船所』1957 年、21 頁。
13) 福澤諭吉『民間経済録・実業論』（福澤諭吉著作集　第 6 巻）慶應義塾大学出版会、2003 年、289-364 頁。
14) 宿利、前掲書、557 頁。

【参考文献／ URL：引用文献以外のもの】
岩崎家傳記刊行会編『岩崎彌太郎傳』（下）1967 年。
岩崎家傳記刊行会編『岩崎彌之助傳』（上・下）1971 年。
白井敦子「荘田平五郎（福澤諭吉をめぐる人々　その 24)」『三田評論』2018 年 5 月号、66-69 頁。
成田誠一「荘田平五郎（三菱人物伝）」（三菱グループホームページ：https://www.mitsubishi.com/ja/profile/history/series/people/05/最終アクセス 2020 年 1 月 29 日）
日本経営史研究所編『東京海上火災保険株式会社百年史』（上）1979 年。

日本経営史研究所編『明治生命百年史』1981 年。

三島康雄『三菱財閥史　明治編』教育社、1975 年。

三菱銀行調査部・銀行史編纂室編『三菱銀行史』復刻版、1980 年。

三菱地所株式会社社史編纂室編『丸の内百年のあゆみ：三菱地所社史』1993 年。

宮本又郎『企業家たちの挑戦』（日本の近代　11）中央公論新社、1999 年。

森川英正「岩崎弥之助時代の三菱のトップマネジメント ―経営史研究における一つの
　　新しい試みとして―」（土屋守章・森川英正編『企業者活動の史的研究』日本経済
　　新聞社、1981 年、第 3 章）

【関係資料館、記念館等】

三菱史料館　東京都文京区湯島 4-10-14
　　　http://www.meri.or.jp/shiryo/mer300j.htm

三菱重工　長崎造船所史料館　長崎県長崎市飽の浦町 1-1
　　　https://www.mhi.com/jp/expertise/museum/nagasaki/

浅野総一郎
<ruby>浅<rt>あさ</rt></ruby><ruby>野<rt>の</rt></ruby><ruby>総<rt>そう</rt></ruby><ruby>一<rt>いち</rt></ruby><ruby>郎<rt>ろう</rt></ruby>

（1848－1930）

日本ではじめて大型タンカーでの原油輸入を実行し
横浜～桑港の花形航路に大型豪華客船を走らせた不撓不屈の男

富山での浅野

幕末、越中の海辺の小さな村で誕生した一人の男子。後の大実業家であり、日本の海運界の近代化に大きな貢献をした浅野総一郎の物語である。8代前は富山藩の重職であったが、元禄時代、武士の身分を捨て、富山湾沿いの氷見薮田の光福寺に身を寄せたのがそのルーツ。代々、医者として村人の脈も取れば、田も耕す。石高40石。母は隣村、阿尾の豪農の娘で、気丈な働き者であった。

浅野総一郎
（東洋汽船アルバムより）
（水谷一郎氏提供）

村の前には氷見灘の海が広がり、遠くには北前船が行き交う。

幼少時代は腕白の限りを尽くし、野山を駆け回る。幼名は泰治郎。

泰治郎には年の離れた姉がいた。家督は姉夫婦と甥が継ぐことになり、6歳の時、氷見の町医者に養子に出される。厳しい養父の元、将来、医者になるべく学問を強いられ、儒学者の元に通い始めた。

しかし反発するばかり。実父は間もなく亡くなり、鬱々とした日々を過ごす。その一方で、剣道と相撲は大好き。

「大海原に千石船を走らせる大商人になる」と友と語り、胸を高鳴らせる。憧れは北陸の大商人、銭屋五兵衛であった。

四書五経には身が入らなかったが、養父自ら、医者の必読書「傷寒論」を教えると、3ケ月間で全て暗記。理解力と暗記力は抜群であった。こうして14歳から、医師の代診を務める。

しかし当時流行の「コロリ（コレラの意）」患者の死を目の前にした時、はっきりと悟った。俺は医者にならない、と。当時の医学ではコロリを直す術はなかったのだ。泰治郎は夢中で真っ暗な夜の海辺の道を走って、実家に戻ってしまった。大騒動となったが、村の庄屋の山崎善次郎がとりなし、正式に養家を離れた。こうして15歳から、小起業家としての生活が始まる。最初の事業は縮織という織物の製造で、藍染から販売までを手掛けた。15歳と言えば今の中学生。最初から全てうまくいくはずはない。元治元年（1864）、17歳の時、見聞を広めるため、地元名産の氷見針の行商で旅費を作り、京都の東本願寺の宿房に滞在。奇しくも時を同じくし、渋沢栄一も向かいの御所で徳川慶喜に仕えていた。浅野はさらに因幡まで足を延ばし、当時の最先端農具「稲こき機」を仕入れる。ここで注目すべきは因幡から氷見まで、荷を船一艘分仕入れて海路で帰郷。これはまさに回漕業である。

　故郷でのこれらの仕事は、不作や経験不足で思うような結果は出せなかったが、庄屋の山崎善次郎翁は泰治郎の内に秘めた大きな可能性を見出し、応援し続けた。

　19歳の時、山崎翁の推薦で、別の村の庄屋さんへの婿入りが決まった。ここで惣一郎を襲名（後に総一郎）。庄屋での生活は他では出来ない経験だった。さらに、個人で「産物会社」を創設。先進的な加賀藩に倣ったもので、これは、渋沢栄一がパリ万博の研修の際に学んだ西欧式経済システム、後にいう株式会社と本質的に同じである。

　惣一郎は北陸一帯に取引範囲を広げ、海路を使っての物資の回漕は日常的な業務であった。しかし明治維新の動乱とも重なり、商売は資金不足に陥り、高利の金貸しに手を染めてしまう。追いつめられ、これまでの全てを捨て、新規まき直し。

上京そして海運事業

　明治4年（1871）5月上京。徒手空拳。夏は「水売り」。秋には港町横浜に居を移す。小売りの包装に欠かせないとの閃きで、「竹皮商」となり、驚くほ

ど大量の竹皮を千葉から現在のアクアラインの海路で運んだ。

　この頃、生涯の伴侶、鈴木サクと結婚。その後も、早朝から深夜まで身を粉にして働き、あたかも「わらしべ長者」のように仕事を広げていく。次は薪炭商。燃料商人としてのスタートである。

　資金も相当貯まり、やがて石炭を扱い、消費地東京や横浜から近い「磐城炭」に早くから目をつけた。浅野の次なる成功は、コークスの燃料化を実現したこと。このことで官営深川セメント工場の運営や技術に詳しくなり、さらに明治9年（1876）初夏、渋沢栄一と知己となる。

　浅野はどの仕事にも船を使い、素早く動く。しだいにその才能を認められ、実業家仲間の一員となっていく。ガス製造時の廃棄物であったコークスのみかコールタールでも大きな利益を手にした。

　渋沢栄一や三井の益田孝たちが、三菱の独占に対抗し、共同運輸を立ち上げた時、浅野は宮地助三郎とともに活躍。東京支部長を引き受けた。ここに、三菱の海運と猛烈な競争が始まる。

　官営深川セメント工場の浅野への払下げは幾つものステップがあるが、明治16年（1883）7月8日、深川官営セメントの払下げ完了。

　燃料商として磐城炭には詳しかった浅野だが、明治17年（1884）、磐城炭鉱の25,000坪の採掘権を渋沢栄一と二人で申請。その後、磐城の炭坑開発の近代化に取り組む。

　明治18年（1885）、三菱の岩崎弥太郎が亡くなり、激化した共同運輸との競争に政府からストップがかかった。これを機に、政府主導で、日本を代表すべき船舶会社として資本金1千万円の日本郵船が誕生する。蓋を開けてみれば、大株主はやはり岩崎家であった。

　渋沢栄一は大勢から推薦され、日本郵船の役員ともなる。しかし浅野は同調せず、明治19年（1886）9月、「浅野回漕部」を創設。ドイツの古い蒸気船を買い求め、たちまち4隻に増やし、個人で大三菱に対抗。それに倣い、日本の津々浦々の船主たちも蒸気船を所有するようになる。そこで、明治25年（1892）から、「日本海運業同盟会」が結成され、浅野は委員長となり、やがて三菱に匹敵する勢力となっていく。

　明治26年（1893）、インドの大富豪、Z・N・タタ氏が総一郎を訪ね、日本からボンベイまでの航路開設の企画を持ち掛ける。勿論、浅野は賛同。タタ氏はその足で経済界の重鎮、渋沢に報告。驚いたのは渋沢。「ボンベイ定期航路」は日本郵船にさせる心づもりであり、すぐに浅野の元に「同じ航路を日本人同士が争うのは良くない。諦めるように」と連絡。渋沢の働きもあり、11月、日本郵船により日本とインドとの間に航路が開かれた。

　折から、日清間の利害対立、風雲怪しく、戦いの火ぶたが切られようとした時、海軍から日本海運業同盟会の委員長たる浅野に出頭命令。会の船主たちもこの国家の一大事に協力することになる。

　日本郵船は「社船」と呼ばれ、10万トンの持船であったのに対し、その他の船は「社外船」と呼ばれ、8万トンの総力で、無視できない力となっていた。明治27年（1894）7月25日開戦（7月23日開戦の説もあり）。明治28年（1895）4月17日に終戦。

　徴発されたほとんどの船は大きなダメージはなく返されたものの、その悲劇は語りつくせない。

外国航路

　それまでの日本は、米国に行くには、欧米の船に乗り、外国人に船賃や運賃を支払わねばならなかった。外国航路を開くには、航路権というものがあり、勝手に船を走らせるわけにはいかない。

　日本政府も、このことを払拭しようと、明治29年（1896）3月23日には「航海奨励法」「造船奨励法」を国会に提出。国会で、阪谷芳郎大蔵大臣（渋沢栄一の娘婿）は、居並ぶ海運業者たちを前に、「君たちのなかで誰がこの150万円の補助金を勝ち取る腕があるか」と問いかける。総一郎は、「勿論、俺だ！」と心に誓う。

　それ以降、日本郵船による外国航路開発の動きは加速し、明治29年（1896）にシアトル航路、欧州航路、オーストラリア航路を開設。

　当時の花形航路は、横浜−ハワイ−サンフランシスコ（以後、桑港と記す）航路

であり、日本郵船の役員は何度となく交渉に出掛けていた。しかし、欧米の守りは固く、「アメリカ太平洋郵船会社（**PM : Pacific Mail Steamship Company**）」や「**O&O**（**Occidental and Oriental Steamship**）」が維新以前からの独占体制を崩さない。このような世界情勢であるからこそ、総一郎は燃えた。外国航路会社創設の準備に入る。

　浅野回漕部の船を売却し、実業家仲間の元を回り、「東洋汽船株式会社設立」の説明。総一郎の説得に賛同した安田善次郎や森村市左衛門、福沢桃介など、それにいつもの渋沢と大倉喜八郎の経済人の参加と賛同を得、翌日、渋沢栄一に発起人巻頭の署名を依頼すべく、訪ねると、「私は郵船の役員もしており、その私が他の汽船会社の発起人に名を連ねるのは、いかがなものか…」と躊躇。浅野は、「どちらも、外国の船舶事業に対抗する大切な使命を帯びているのです」と説得。これを知った郵船側は驚き、緊急会議を開いたほどであった。国を代表する船会社としての意識が強い郵船にとって「独占」こそが社是であり、予想外のことであったろう。このことは、30 年後の日本郵船と第二東洋汽船株式会社の合併にまで尾を引くと私は考えている。

東洋汽船

　明治 29 年（1896）7 月 1 日、資本金 750 万円の東洋汽船の創立総会が開かれる。浅野の壮行会には渋沢は祝辞を述べて、送り出した。

　7 月 10 日、浅野は「航路決定」と「船舶建造」の大役を担い、横浜を出港。カナダのバンクーバーに着き、各港を巡り南下。各所で新聞記者などから取材攻撃を受けながら、一路、桑港へ。

　実は、総一郎は人も驚く工夫を隠し持っていた。ロシア原油の黒海東岸バツームからの航路や南米航路など様々な航路開拓の可能性はあったが、総一郎が狙っていたのは、横浜−桑港の北太平洋航路であった。既に 6 隻＋ 2 隻の船が走っている。何度、日本側が交渉しても、維新以前から欧米が独占しているこの航路に日本が入り込む隙はないと誰もが考えていた。しかし、欧米の船舶は既に 30 年を経て、古くなっている。速度も大きさもそこそこである。広大

な太平洋を横断する新鋭の新造船をこちらが提供すれば、PM の既存の 6 隻の他にも定期船を受け入れる可能性はある、と独自のアイデアを練っていた。

　誰も思いつかない企画を胸に、桑港の PM の事務所で早速交渉開始したが、やはり守りは固い。しかし、これで諦める総一郎ではなかった。当時、若手の法律家として研修中の岸清一（後に、国際オリンピック委員会の委員、東京オリンピック開催の道筋をつけたともされる。）にも相談し、ニューヨーク滞在中の PM 社長ハンチントンを訪ねる。大陸横断の道中も様々な商談をクリアーしながら、いよいよ、これまでの人生のあらゆる経験と迫力で、的確な数字と条件を出して交渉に臨み、ハンチントン社長の心を掴んだ。「ミスターアサノは今まで来たどの人物とも違う。俺はアサノのこの熱意に惚れた。契約するから、すぐ船を買いなさい」と、9 月 2 日、総一郎とハンチントン社長は固い握手。さらに、豪華絢爛たる郊外の別荘に招かれ、手厚いもてなしを受けた。このことは後に、日本文化の粋を集めた紫雲閣を東京・三田に建設する動機となる。

日本文化の粋を尽くした紫雲閣
（井上喜久子氏提供）

紫雲閣内部
（小冊子『紫雲閣』より）

　総一郎は、即、英国に渡り、永年の付き合いのサミュエル商会の案内もあり、造船会社を回り、細かな見積もりを何度も取り、当時として世界一の機能、速度、大きさの最新鋭の日本丸、アメリカ丸、香港丸を発注。総一郎が心血を込めた美しい快速船である。

　桑港では荷主たちをパレスホテルに招待。翌年 2 月、ハワイを経由して帰

国。しかし、風評によるも
のか、株価が急下落してい
た。さらに、「6千トンもの
大きな船は必要ない」と言
い出す者もいた。

横浜港に停泊する東洋汽船第一船「日本丸」
（浅野総一郎記念会サイトより）

　それを払拭するには、実
績しかない。明治31年
（1898）10月の日本丸の処
女航海を皮切りに、ハワイ
への移民数百人を毎回運
び、米国西海岸まで日本人も荷も運び、高配当を出し、株主たちも大満足。

　しかし列強諸国の船舶会社にとって、東洋汽船による新造船は、一刻とて放
置できないことであった。いつ植民地となっても不思議ではなかった日本が、
欧米より大きく素晴らしい船を建造したことは許せない。すぐさま、世界は、
「巨船時代」に突入する。次々と1万トンを超え、20ノットの速さの貨客船を
太平洋航路に投入する。

　世界情勢を敏感にキャッチしている浅野は次の巨大優秀船舶3隻の建造計画
に取り掛かる。

　明治39年（1906）頃、浅野は一方で、日本初の石油の原油輸入事業を企画
していた。日本の石油埋蔵量は少ない。大型タンカーを建造し、外国から大量
の原油を輸入し、日本で精油し、安い石油製品を供給しようと大車輪で動いて
おり、日本初の1万トン級の国産タンカーを設計し、長崎三菱造船所に発注。
天洋丸型巨大貨客船舶は石油焚き、タービン仕様。民間船ながら無線も備えた
新機軸の船舶。当時の日本人の常識では考えられない豪華船であり、さらに、
これを国産とすることで、三菱造船などの日本の造船技術やタンカー建造技術
が飛躍的に増したことは確かである。実はあまりの豪華かつ新機軸船であり、
仕様を落とすことを薦められたほどだが、「日本という国家の玄関として恥ず
かしくない船を造らねばならない、これでもまだ小さすぎるのです」と当初の
計画を進めた。

　日露戦争中、日本丸型3隻は軍に徴発され、バルチック艦隊に対する仮装巡洋艦となり、日本海海戦にも参加。明治38年（1905）、国際的難問が起きた。鉄道王ハリマンは日露戦争での日本勝利の気配を掴むなり、満鉄（南満州鉄道）の経営に参与しようとし、同時に、東洋汽船の太平洋航路をも傘下におさめようと交渉してきた。世界一周の野望が実現するからである。東洋汽船では総一郎は、娘婿の白石元治郎（日本鋼管（現・JFEホールディングス）創始者）を交渉に当たらせ、拒絶。また、日本政府として小村寿太郎により満鉄は守られた。

　明治41年（1908）から44年（1911）までに天洋丸、地洋丸、春洋丸が竣工。1万2千トン級の巨船3隻が完成。しかし船舶建造費支払いは巨額であり、東洋汽船の株は無配となる。折

国産初の巨大船「天洋丸」（三菱長崎造船所蔵）

から、経済界は大不況で、渋沢栄一がそれまでの多くの企業の役員を辞任したのも明治42年（1909）。それを機に、社長交代の動議まで出され、浅野は窮地に立つ。

　しかし、浅野あっての東洋汽船。勝負はこれからなのだ。「もし、来期までに黒字に出来なければ、私の全財産を投げ出します」と私財提供演説。そして世界に誇れる最新鋭の巨大豪華貨客船3隻が航海に乗り出す。総一郎は見事に、次期までに黒字に転じさせた。

　天洋丸型3隻に加え、ペルシヤ丸（4,381トン）なども加わり、運用委託された笠戸丸では南米航路を引き受ける。さらに、コレア丸（11,810トン）とサイベリア丸（11,790トン）を買い取り、大正6年（1917）には桑港線の全権を握る。総一郎は船が着けば、船室や機械室にまで入り、船員たちを励ます。また、一等の船客は、日本文化でもてなすために、三田の紫雲閣に招待したりするなど、努力を重ねる。

　この時期、急ピッチで浅野造船所が完成しつつあり、また150万坪の京浜工

業地帯埋立事業計画も始まっていた。浅野造船では白鹿丸（8,150トン）をはじめとし、同型船工法により、次々と新造船を建造した。それに伴い浅野セメントも1,500万円と増資。全てが互いにリンクしながら、浅野財閥と呼ばれる発展となる。

合併そして合併

　桑港航路は時代と共にその重要性は増すばかり。ところで永年の懸案として、日本郵船と東洋汽船の合併問題が表面化する。合併の理由として、「世界情勢変化」「航路の少なさ」「不況」「無配当の時期」などが挙げられるが、私は少し違った見方をしている。単なる不況などは、浅野は何度もその苦難を乗り越えて来たから。

　日本を代表すべき船会社としての意識の強い日本郵船にとっては、花形航路の北太平洋航路は本来ならば自分たちが持つべきという意識が強く、そのためには東洋汽船を合併すべきとの方針が根強くあったのではなかろうか。日本郵船が一番望んだのは、東洋汽船の持つ航路権である。

　8隻の大型旅客船の実力も当時日本一であった。しかし、それで満足するのは時代遅れなのだ。この航路にさらなる日本の優秀船を走らすことがこの時の浅野の計画であった。ところが、この大仕事は日本郵船によってなされるべき、という考え方が優勢となる。渋沢栄一もまた、基本的には日本郵船の役員であり、世話役であった。統合問題はじわじわと浅野を苦しめたが、大正12年（1923）の関東大震災で少々延期となる。しかし、東洋汽船創業以来30年を経て、大正15年（1926）3月11日にはついに両社の合併が決定。浅野は、「わが子を失うように辛い」と密かに涙を流したとのこと。そして、航路権と巨船8隻を第二東洋汽船に移籍し、それを郵船と合併させた。手元には東洋汽船株式会社を残した。

　この会社は、その後も系列の浅野造船で数十隻の船舶を建造し、また原油輸入のパイオニアとして、タンカーを多く持つ貨物船専門の船会社となる。浅野は日本で初めてタンカーを造った男である。

大正 12 年（1923）、浅野造船所は自社製鉄部門の浅野製鉄所を吸収合併のうえ浅野ドック（昭和 11 年（1936）に鶴見製鉄造船に改称）を開設した。そして昭和 15 年（1940）10 月、日本鋼管に吸収合併されて日本鋼管鶴見造船所となった。さらに平成 14 年（2002）10 月 1 日、日本鋼管と日立造船の船舶・海洋部門が経営統合されてユニバーサル造船となり、平成 25 年（2013）1 月 1 日、アイ・エイチ・アイ・マリンユナイテッドに吸収合併されてジャパンマリンユナイテッドとなった。

　一方の東洋汽船もまた、貨物船専用となり存続し続けたものの、昭和 35 年（1960）、日本油槽船（昭和海運を経て現・日本郵船）との合併により、64 年間の歴史に幕を閉じた。

（執筆：新田 純子）

【参考文献／ URL ほか】
◆書籍
野間恒『豪華客船の文化史』NTT 出版、1993 年
同『客船の時代を拓いた男たち』成山堂書店、2015 年
三浦昭男「北太平洋定期客船史」出版共同社、1994 年
城山三郎『勇気堂々』上・下
奥島孝康『校賓名鑑』（早稲田を支えた人々）、2002 年
早稲田大学資料センター『図録大隈重信』
幸田露伴『渋沢栄一』岩波書店、1939 年 6 月〜1986 年 9 月
渋沢秀雄『明治を耕した話』青蛙房、1977〜1978 年
五味洋治『南武線物語』多摩川新聞、1992 年
サトウマコト『鶴見線物語』230 クラブ新聞社、1995 年
若林三郎『人われを事業の鬼と呼ぶ』
斎藤憲『稼ぐに追いつく貧乏無し』
北康利『日本を創った男たち』（渋沢、浅野、松下他）致知出版、2012 年
松永安左エ門『電力の鬼』毎日ワンズ、2011 年
中村天風財団『図説　中村天風』
『鯰大倉喜八郎』
『岩崎弥太郎伝』、『岩崎弥之助伝』
浅野泰治郎・良三『浅野総一郎伝』

浅野泰治郎『父の抱負』、同『ひもかがみ』

北林惣吉『浅野総一郎伝』、同『女の一心』、同『セメント王浅野総一郎』

間島三次『近藤会次郎伝』

大森映「日本の財界と閨閥—"伝統と創造"に生きる企業人の素顔」

西谷睟著『狩野梅春貞信—宇都宮と江戸の狭間を生きた絵師—』

新田純子『その男はかりしれず』サンマーク出版、2000 年

同『九転十起の男』、『総一郎の度胸人生』いずれも毎日ワンズ

藤原良雄『後藤新平と五人の実業家たち』藤原書店、2019 年

出井善治『ゲーリーシステムの研究』2020 年

北岡徹（日本セメント社長）『幕間の独白』日本セメント、1995 年

◆論文

渡辺恵一「戦間期京浜工業地帯における鉄道輸送問題」

東秀紀「浅野総一郎と京浜工業地帯」

小林久平「原油輸入精製事業の沿革及び将来」、「横浜における工場誘致と燃料問題」

◆ウェブサイト

浅野総一郎 記念会—トップページ A to Z　　http://asano.p-kit.com

浅野財閥　ウィキペディア

新田純子講演会

・2016 年 11 月 3 日「九転十起の生涯」　主催：高志の国文学館
　http://www.koshibun.jp/file_upload/100129/_main/100129_02.PDF

・2019 年 8 月 2 日「浅野と渋沢、奇妙な縁　研究者が逸話披露」神奈川新聞掲載記事
　主催：川崎商工会議所
　https://www.kanaloco.jp/news/social/entry-186270.html

・2019 年 10 月 19 日「浅野総一郎と大磯」　主催：明治大学大磯駿河台会
　http://ksatou.com/asanosoitiro-hp/asanosoitiro.html

東亜建設工業（株）ウェブサイト「東亜の歩み」
　https://www.toa-const.co.jp/company/introduction/course/index.html

◆社史等

『東京湾埋立物語（東亜建設工業社史）』、『日本セメント社史』、『日本鋼管 70 年史』、『わが社の生い立ち（浅野造船社史）』、『浅野セメント沿革』、『浅野学園百年史』浅野学園、2020 年、『浅野学園八十年史』浅野学園、『奥多摩工業 50 年史』1987 年、『東京ガス九十年史』、『東京電力 30 年史』、『沖電気社史』、『帝国ホテル百年史』、『萱場工業史』、『日本人造肥料会社社史』、『サッポロビールの戦略と軌跡』、『三共製薬 80 年史』、『安田火災百年史』、『日本石油百年史』、『宝田石油 25 年史』、『日本郵船五十年史』、『磐城百年史』、『磐城炭鉱史』上・下

◆冊子

薮波隆信『薮田村光福寺史』

山崎健『商魂一代逸話集』2011 年

『財界膝栗毛』東洋経済出版部、報知新聞社

門馬延陵（豊次）『北越石油発達史』鉱報社、1909 年

松信貞一『まほろば―横浜近代総合年表』

日本設備工業新聞社刊『月刊コア』所収　新田純子著「憧れのサンフランシスコ航路」2018 年 7〜8 月号、「日本のタンカーの歴史」2018 年 8〜9 月号、「浅野物産　その存在意義」2019 年 4 月号、「大磯と浅野総一郎」2019 年 11 月号、「渋沢栄一と浅野の共通項」2019 年 12 月号より連載中

『三田紫雲閣小冊子』

川合玉堂「ちいさな美術館」青幻舎、2009 年

◆『東洋汽船アルバム』（元東洋汽船船長・水谷一郎氏提供）

◆映画「九転十起の男　浅野総一郎の青春」

　　（原作　新田純子、脚本　伊藤康隆、監督　市川徹）

◆新聞コラム「天声人語」関東大震災時の船舶からの無線

◆朝日、毎日、読売、富山、北日本各紙記事

　　映画『九転十起』の紹介、『故郷の銅像建立記事』、『Y150 年記事』など

◆新田純子講演「浅野の石油事業」準備協力　日本郵船歴史博物館

◆テレビ「波止場から」、「タンコロがつないだ街」他

◆スミソニアン博物館ビデオ（白鹿丸進水式など「Beautiful Japan」）

◆『芝浜中学校保存ビデオ』旧芝浜中学校

◆横浜マリタイムミュージアム展示（現・横浜みなと博物館）

他

【関係資料館、記念館等】

浅野学園 資料室　神奈川県横浜市神奈川区子安台 1-3-1　　http://www.asano.ed.jp/

郡 寛 四 郎
こおり かん し ろう

（1858–1943）

三菱商船学校の1期生となった旧会津藩家老の三男
のちに日本人初の欧州航路船長となり
孫文を船内に 匿 った
そんぶん　　　　　かくま

　日本人初の欧州航路船長となった人物。名は郡寛四郎、会津の出である。山国会津の出身者が船長になったと聞いて、不思議に思われる方も多いであろう。もちろん、海のない土地の者が海に憧れるのはわからないではない。しかし、船長を志望するのはよほどのことであり、海のレジェンドと呼ぶにふさわしいのではなかろうか。

会津藩家老の三男

　郡寛四郎と聞いて、日本人初の欧州航路船長はまだしも、中国革命の父、孫文（1866–1925）の日本亡命を手助けした船長と勘付く方はかなりの歴史好きにちがいない。資料は限られているが、少ないなりに寛四郎の生涯をみていきたい。

　寛四郎は、会津藩家老のひとり（席次4番目）、萱野権兵衛長修（1830–69）
かや の ごんのひょう え ながはる
の三男に生まれた。幼名虎彦。父長修は忠義の人で、会津藩9代藩主松平容保
とらひこ　　　　　　　　　　　　　　　　　　　　　　　　　　　　　　　　　　まつだいらかたもり
父子を守るべく、戊辰戦争（会津戦争）の責めを一身に負い切腹して果てた。長男の長準が家督を継ぐが、萱野家は家名断絶。寛四郎は次男乙彦（のちに長
ながのり　　　　　　　　　　　　　　　　　　　　　　　　　　　　　おとひこ
正と改名）とともに、姓を会津萱野家初代長則の母親の姓である郡に改めた。
　　　　　　　　　　　　　　　　　ながのり

　長修の忠義に心動かされた旧会津藩松平家は敷地の一部を郡家に貸し与え、乙彦を豊前豊津藩（いまの福岡県みやこ町）に留学させた。しかし、長正は、
　　　ぶ ぜんとよつ
故あって15歳にして切腹。寛四郎はと言えば、縁を頼って明治9年（1876）1月、三菱商船学校の第1期入学生となる。

船乗りへの航跡

　山国出身の寛四郎と「海」の接点は何だったのか、にわかには思い当たらなかった。が、ありがたいことに、ある方にいただいた資料[1]でそのあたりの事情を知ることができた。

　そもそも、会津が海とまったく無縁だったかと言えば、そうではない。近世における会津士族の海への関与は、江戸時代末期、幕府の命を受けた浦賀水道の防禦にはじまる。至るところで話される藩士たちの「海」の体験談は、藩校日新館に学ぶ少年たちを大いに刺激したにちがいない。

　朝敵の汚名をきせられた会津士族の運命は、下北半島が新天地とされたときに決せられた。喧々囂々の議論がなされるなか、のちに大参事となる山川浩（1845–98）[2]が意見をまとめ、斗南藩として再出発することになったのである。しかし、斗南の地は荒野で、やせてどうにもなりそうにない。山川ら上層部は、斗南藩を"北の（奥州の）長崎"にしようと考えた。彼らには、会津藩復興のためには海外に出ていかねばならないとの確信があった。開拓に必要な物資や機材を東京で調達し、それらを運ぶための洋式帆船2隻を尾張藩からの借金で以って購入した。しかし、肝心の船を操る人がいない。山川らは、榎本武揚艦隊の生き残りをはじめ、旧幕臣の海運方経験者を指導者として募集し、生え抜きの船乗りを育成しようとした。採用されたのは、かつて航海術の権威として軍艦運用を務めた石渡栄治郎（1830–75）などの面々。彼らは、海に慣れない会津人を一人前の船乗りにしようと奮闘した。

　北の長崎を目指す斗南藩。しかし、その夢は、明治4年（1871）7月の廃藩置県で水泡に帰してしまう。一方、その頃の明治政府は、沿岸輸送がアメリカ太平洋郵船（PM : Pacific Mail Steamship）やイギリスP&O社（Peninsular and Oriental Steam Navigation）に独占されつつあることを憂慮していた。そこで、明治5年（1872）、政府は両社に対抗すべく、三井や鴻池などの豪商を後ろ盾に日本国郵便蒸気船会社を設立し、経営責任者に石渡を据えた。

　同時期、岩崎弥太郎が海運業を発展させる。本書でも紹介されているように、郵便汽船三菱会社は明治10年（1877）の西南戦争での軍事物資輸送で巨利

を手にし、岩崎は海運王の礎を築いた。時をほぼ同じくする明治8年（1875）11月、政府の補助金を得て船舶職員養成のための三菱商船学校を創立し、翌年1月、1期生44人が入校した。このなかに、先の石渡にかわいがられた寛四郎の姿があった。石渡の寛四郎のかわいがりようは、のちに寛四郎が石渡の三女（登美）を妻に迎えていることからも想像がつく。

寛四郎は、三菱商船学校に入学する前から船に乗っていた。石渡の伝手で、幼くして日本国郵便蒸気船会社の船に乗り込んだのである。明治5年（1872）、稽古人（水夫）として乗船し、東京と大阪・神戸の間を航海した。翌年には見習運転司となり、明治7年（1874）には奥州、函館、酒田を航海し、鹿児島や琉球にも渡っている。三菱商船学校に入学する時点で、寛四郎はいっぱしの船乗りだったとみていいだろう。

橋本進「日本商船教育ことはじめ（後編）」によれば、三菱商船学校第1期生には本則と仮則の課程があり、寛四郎が門をくぐったのは運用科（航海科）仮則である。本則は外航、仮則は内航に適する修学を目的としていた。本則が入学年齢14から18歳で座学（理論）2年、実地（実習）3年の計5年、仮則が入学年齢19から25歳で座学1年、実地2年の計3年であった。ただし、実地期間は船種や航路によってまちまちで、生徒個々人の卒業年月も異なった[3]。

寛四郎の三菱商船学校入学は岩崎弥太郎と旧会津藩との出会いであり、そこには石渡栄治郎という人物が大きく関わっていた。さらに言えば、同藩を北の長崎にしようと考えた山川の深慮こそが岩崎と会津人船乗りの接点として注目されるべきかもしれない。それにしても、寛四郎と幕府御船手組に勤めていた石渡の関係はさておき、岩崎は、会津出身の寛四郎にすればいわば憎き薩長“土”肥の出である。朝敵（賊軍）とされた会津人の恨みは、山川の妹捨松が薩摩出身の大山巌と結婚したこと、さらには、容保の孫勢津子（松平恒雄の長女）が秩父宮雍仁親王妃となったことで幾分かは和らいだとされているが、いまだに憎いとする向きもある。かかる空気の中にあって、寛四郎は岩崎と接したのである。彼なりの広い視野（いまで言うグローバリズム）があったればこそであり、海運史上画期を成したとしか言いようがない。

船長への航跡

　明治9年（1876）6月6日布告第82号でわが国初となる試験免状規則（「西洋形商船船長運転手及ヒ機関手試験免状規則」）が公布され、同年6月28日布告第94号の公布で、船長、運転手（一等・二等）、機関手（一等・二等）の名称の別、資格別試験および免状が制定された[4]。船長への道筋が明確になった、と言っていい。そうしたなかの明治11年（1878）6月、寛四郎は三菱商船学校を卒業した。仮則の課程は先述したように本来は3年なのだが、入校前の見習運転手としての実績が評価され、在学期間は2年半であった。

　卒業と同時に寛四郎は、郵便汽船三菱会社に二等士官として入社した。明治11年（1878）の卒業生9名全員が、いかに三菱の商船学校とはいえ同社に入社しているのもおもしろい。翌年の明治12年（1879）、寛四郎は西洋形商船船長運転手免状試験を受け、みごと二等運転手本免状を取得した。

　明治14年（1881）12月の布告第75号で免状規則と試験規程が改正され、海技免状が甲、乙および小型船に分けられ、甲種免状が主として外航航路、乙種免状が主として内航航路の船員に交付されるようになった[4]。寛四郎が、その後、どのような職歴を経て船長になったのか。残念ながら、手元に資料を持ち合わせていない。ちなみに、三菱商船学校は、明治15年（1882）4月、官立の東京高等商船学校となり、平成15年（2003）、後身の東京商船大学と東京水産大学が統合されていまの東京海洋大学になっている。

船内にて孫文を匿う

　1911年の辛亥革命で中国湖北郡督府が成立すると、翌年1月、フランスから帰国した孫文が臨時大統領となり、中華民国が誕生した。その後、袁世凱が大統領となって独裁制を敷こうとするや、孫文が第2革命を起こす。しかし、蜂起は失敗し、孫文は福建省に逃げた。日本領事館付武官から日本統治下の台湾を経由して日本に亡命するようすすめられ、孫文は決行した。

　大正2年（1913）8月9日早朝、寛四郎が船長を務める日本郵船所有の信濃丸[5]が神戸港に入った。袁世凱から孫文の亡命阻止を依頼されていた日本政

府は、4 人の警官を船内に派遣し、事務長に船長公室のなかを案内させた。寛四郎と顔を合わせるや警官は、「内務省警保局から、この船に孫文が乗っているとの連絡があった。隠すとためにならんぞ」とすごい形相で寛四郎をにらんだ。しかし、寛四郎はいささかもひるむことなく、「乗船していれば気付くはずですが、まったく知らない。乗船名簿をお見せしましょうか。船内くまなく捜索されても構いません」と明快に返答した。「よし、わかった。見つかったときはわかっているな」と眉間にしわを寄せ、警官は船内へと消えていった。

　3 時間ほどかけて捜索したが、孫文は見つからなかった。実はこのとき、寛四郎の機転で、孫文は船長公室の奥にある小部屋にかくまわれていたのである。

　警官は落胆の表情を浮かべ、すごすごと下船していった。

　寛四郎は、船舶の最終責任者としての船長に求められるシーマンシップを理解していた。操船者としてはもちろん、管理者としても高度な対応をしたと言っていい。

　かくして、孫文は無事日本に上陸し、2 年後、第 3 革命でもって袁世凱の野望をくじくことができた。孫文は、このときの謝意として、「博愛」と書かれた肉筆の額を寛四郎に贈っている。

寛四郎の人となり

　太平洋戦争中も毎朝 4 時に起床し、雑巾がけのあとパンとコーヒーの朝食をとるのが日課だった。海の生活のリズムが身にしみついていたのかもしれない。

　ハイカラでユーモアがある一方で、昭和 15 年（1940）の「浅間丸事件」[6]で怒りをあらわにするなど、血の気の多い人でもあった。寛四郎が孫文を助けたのは内に秘めた藩閥政治への反骨精神、そして、わが身を犠牲にしてまで中国民衆のために立ち上がろうとする気概に心打たれてのことだったにちがいない。

　寛四郎は妻登美の姉の子、虎彦を養子とした。郡虎彦（1890–1924）は、の

ちに劇作家として名を成す人物である。ちなみに、虎彦の実父は三菱商船学校幹事、教授、校長代理を務めた人物である。また、松平恆雄が諮問委員として関与し初代最高裁判所長官に選任された三淵忠彦は、寛四郎の従兄（長修の甥）にあたる。

　齢85にして永眠。いまは東京・港区白金の興禅寺に、父共々静かに眠る。

（執筆：木原 知己）

【注】
1）平山誠一講演記録「岩崎弥太郎を支えた「朝敵」会津の船乗りたち」『海員（2010 年 9 月）。ちなみに、平山氏は東京商船大学（いまの東京海洋大学）を卒業（1968 年）後、外航機関士として船社に勤務経験あり。母校会津高等学校で会津出身の海運人を紹介し、後輩たちの海運界への雄飛に期待する旨表明した。http://aizu-h-doso.com/aizu-dosokai_admin/wp-content/themes/aizu_dosokai/pdf/kaiho_2015_No45.pdf（最終アクセス 2021 年 1 月 29 日）
2）会津藩家老、山川重固の子。男爵。理学博士の山川健次郎（東京帝国大学・九州帝国大学総長）は実弟、薩摩藩出身の大山巌夫人で明治初期に岩倉具視使節団に従ってアメリカに留学した捨松は実妹である。
3）橋本進「日本商船教育ことはじめ（後編）」『旅客船（No.265）』http://lib.s.kaiyodai.ac.jp/library/digital/nishinkaisen_htmls/pdfs/kotohajime_v265_8-18.pdf（最終アクセス 2021 年 1 月 29 日）11–12 頁参照。
4）橋本前掲 3）11 頁参照。
5）日露戦争でロシアバルチック艦隊を最初に発見し、旗艦三笠に向けて「二〇三地点ニ敵ノ第二艦隊見ユ」と打電したことで知られる。竣工（1900 年）早々に作家永井荷風が乗り、太平洋戦争では老体ながらのちに漫画家になる水木しげる、戦後、引揚船として作家大岡昇平を乗せた。
6）昭和 15 年（1940）1 月、房総半島野島崎の沖合の公海上でイギリス海軍軍艦が日本郵船所有の浅間丸を臨検し、戦時捕虜とされる 20 人強のドイツ人を連行した。そののち、日英の外交交渉によって 9 人が解放された。

【参考文献】
木原知己『波濤列伝 ―幕末・明治期の“夢”への航跡』海文堂出版（2013 年）
『司馬遼太郎全講演 1984–1989 第 2 巻』朝日新聞社（2000 年）
中村彰彦「孫文を助けた男～郡寛四郎の秘密」『週刊ダイヤモンド（1997 年 8 月 2 日号）』
石光真人編『ある明治人の記録～会津人柴五郎の遺書』中央公論社（2010 年）

松方幸次郎

<ruby>松<rt>まつ</rt></ruby> <ruby>方<rt>かた</rt></ruby> <ruby>幸<rt>こう</rt></ruby> <ruby>次<rt>じ</rt></ruby> <ruby>郎<rt>ろう</rt></ruby>

（1866–1950）

大正から昭和初期を駆け抜けた川崎汽船の創立者であり
日本美術界に大きな足跡を残した男

松方幸次郎は川崎造船所生みの親である
川崎正蔵から明治29年（1896）に株式会
社化された川崎造船所の経営を託され初
代社長に就任。その川崎造船所のストック
ボートをもって大正8年（1919）4月に誕
生した川崎汽船の設立に関わり、翌大正9
年（1920）年1月には初代社長であった川
崎芳太郎（正蔵の嗣子）の後任として社長
に就任、昭和2年（1927）に辞任するまで
の間に川崎汽船・Kラインの基礎をつくっ
た人物である。

松方幸次郎

その生い立ち 川崎造船所社長に就くまで

慶応元年12月（新暦1866年1月）、鹿児島に生まれた。父は明治の元勲で
大蔵卿のほか、のちには首相も二度にわたって務めた松方正義。その正義の三
男にうまれた幸次郎は東京・神田淡路町にあった共立学校（現在の開成中学・高
校）を卒業。大学予備門（のちの旧制一高・東京帝国大学）に進むも、一種の学園
紛争（上級生の卒業式の慣行を学校が変えたことによる卒業式ボイコットに端
を発して失火や施設の破壊に及んだ）に加わって退学処分を受けたのは明治17
年（1884）のことだった。そこで幸次郎は、米国東部のラトガーズ大学に留学し
たのちエール大学に編入、そのまま大学院に進み民法の博士号を取得した。

修了後、兄ふたりが留学・研修で滞在していた欧州経由で明治24年（1891）

に帰国したのちは、同年第一次松方内閣成立とともに父正義の首相秘書官として仕える。正義が下野した後は実業界入りし、東京や関西財界でいくつかの会社の役員を務めた。

　そして明治29年（1896）10月、かねてより父正義と同郷で昵懇であった川崎正蔵に請われて、正蔵が株式会社化した川崎造船所の初代社長に就任した。このとき幸次郎31歳。川崎造船所を創業した川崎正蔵には幸次郎と同世代の息子が三人いたが、いずれも若くして夭折してしまい、事業を託すべき息子をすべて失っていたという事情もあった。

　なお幸次郎の米国での学資・生活費は正蔵が出資しており、幸次郎と正蔵も浅からぬ縁があったといえる。幸次郎は川崎造船所はじめ、川崎汽船、神戸新聞など数々の社長も兼務して明治41年（1908）には神戸商工会議所会頭にも就任、明治45年（1912）には衆議院議員にもなっている。

長期にわたる海外出張

　川崎造船所社長となった松方は、明治31年（1898）の結婚と相前後して現在の神戸市中央区山本通4丁目に広大な屋敷を構え、やがて会社への通勤には二頭立ての馬車を用いるようになった。明治35年（1902）に正蔵悲願の乾ドック建設を6年越しの難工事の末に完成させると、船の修繕の発注が殺到し事業は一挙に成長を遂げた。

　また、幸次郎は度々英国を訪れて世界の海運マーケットの読み方を磨く。大正3年（1914）に第一次世界大戦が勃発すると船舶の需要が急増

建造中のストックボート（大正7年撮影）

すると見た松方は、鋼材の大量買付を指令した。それと同時に、船の建造も従来の注文生産的なやりかたではなく、受注を予期して同一仕様で連続建造した船「ストックボート」を販売する策を決断した。そして大正 5 年（1916）には、鋼材輸入の促進とストックボートの販売促進のため渡欧した。松方の海外出張はそれまでも半年近くに及ぶことが普通であったが、この時の渡欧は実に 2 年 8 ヶ月に及んだ。

鈴木商店との深いつながり

　ロンドンでは鈴木商店のロンドン支店の全面的な支援を受けた。鈴木商店は、大正 6 年（1917）には先発の三井を凌いで年商日本一にまでいったほどの商社であり、傘下に製造業も抱えるコンツェルンの中枢でもあった。松方と、鈴木商店の番頭とよばれ実質経営者でもあった金子直吉とはビジネス面での盟友関係にあった。既に欧米に拠点を設けていた鈴木商店のネットワークを頼りに、川崎造船所や傘下の川崎造船所船舶部、川崎汽船、川崎汽船とほぼ同時期に川崎造船所や鈴木商店が主導して設立されていた國際汽船の 4 つの組織の海外営業をすすめてもいた。

川崎汽船設立

　ストックボートの販売は当初は大成功したが、大正 7 年（1918）に大戦が終結したのちの反動で起きた世界不況により、策は一転して裏目となり、苦境に陥る。皮肉にもこれが川崎汽船設立の動機にもなった。売れ行きの落ちたストックボー

設立に関する発起人報告書

トを海外船社に安価で売り抜くくらいであるなら、自ら海運会社を興し日本郵船や大阪商船に伍すことを目指した。

　川崎汽船は大正8年（1919）4月5日、神戸にて設立されたが、創立に関する発起人報告書は以下のように述べている[1]。

　　「世界大戦乱ハ内外海運業ノ著大ナル発達ヲ促シタリ、今ヤ休戦ニ際シ、沈衰ノ状ヲ呈スルト雖_{イエド}モ何レ一時ノ現象ニスギズ、平和克復世界貿易ノ隆盛ニ伴ヒ大船巨船ノ需要ヲ喚起スルハ蓋シ論ヲ俟タズ、株式会社川崎造船所ハ其所有ニ係ル大型船ヲ提供シ、世界的海運業ヲ開始セントス。之レ当会社ノ創立スル所以ナリ。」

このようにして、川崎汽船は川崎造船所保有のストックボート11隻の現物出資により設立され、別に川崎造船所船舶部保有の船腹の運航委託も請け負って営業を開始した。

初代本社社屋

Kライン結成

　大正10年（1921）5月、川崎造船船舶部、川崎汽船、國際汽船の船隊を一体運営する体制を発足させ、その名称を三社のイニシャルがどれもKであることから「Kライン」とした。これがいまも川崎汽船のブランドネームとして世界に広く浸透しているKラインの始まりである。國際汽船は、当時中小の船主や造船所を集めて規模拡大を目指す機運の中で誕生したもので、ここでも川崎造船所が主導的な役割を果たしており、三社の社長はいずれも松方幸次郎が務めていた。

松方はこの頃しばしばロンドンにいて、このKラインの結成宣言もロンドンでおこなっている。そのとき松方は「現在欧州・大西洋方面に就航している船は許される限りそのままに就航を続けて行きたい。」とも語っている。

Kライン結成当時の記念写真（ロンドンにて）

当時松方がどう宣言したか結成挨拶文の記録が残っているので以下に引用する [2]。

「ご承知のように、自分は現在川崎造船所の社長のほかに、川崎汽船と國際汽船の社長も務め、その揮下の総フリートは 100 隻 80 万重量トンにも及んでいる。これは実際一大フリートで、大勢力であるとともに、その運航の成否は、3 社のためだけでなく、国家的にも大事なことで、自分はその責任の非常の重、かつ大なるを深く感じている。

現在、このフリートの大部分は未だ鈴木商店をはじめ、日本の有力船社のチャーターに入って動いているが、これらは遠からず 3 社に返船されることになるはずだ。

ところで、ロンドンを中心に見て、大西洋一円から南北のアメリカ、アフリカ、あるいは地中海・ボルチックに就航している船は現在 40～50 隻に達している。これらはなお大戦後の欧州復興の物資輸送に忙しく従事しているが、もしこれを返船次第ただちに日本に還したら、おそらく近海はもちろんのこと、太平洋・東洋一般のマーケットは忽ちにして崩れてしまうだろう。

そこで自分としては、日本周辺のマーケットを脅かすことなく、かつ引き続いてわが船隊を広く世界に就航させたいので、この際この 3 社の

フリートを一団として、一つの旗印のもとに最も効果的に運航すれば、世界の海運の裡にあって、万人の認める一大勢力となって、大量荷物の有利な引き受けや、有益な定期航路の開拓もできてきて、国家的にも長くためになる運営ができることになると思う。

　それでかねて考えていたとおりに、この機会に3社の船隊を一団として共同運営をする態勢を整えるが、現在欧州・大西洋方面に就航している船は、許される限りそのまま就航を続けて行きたい。自分の構想としては、3社は船舶の世界的運航には設立後日なお浅く未熟であり、かつ機構も整っておらぬので、これまで通りに海外における総代理店は引き続いて鈴木商店に委嘱することとして、その総合運航の結果を内地に置ける本部に報告することにする。

　したがって、これまでのように指図を受けるのにも、内地の3社から別々にしていたのは今後その必要なく、一本の筋にまとめることにする。すでに鈴木商店を通じて世界各地に有力な代理店が整備せられ、過去2年半の広範な就航で立派な実績もできておること故、今後は以上の趣旨を体して、この上とも研究努力を重ねて、ゆくゆくは彼の強力なブリューファンネルラインにも匹敵する、世界的に有力な日の丸のシッピングを育て上げることにご協力願いたい。なおこのラインはあくまでも英国式に、われわれ独自の努力のみをもって運営していきたい決心であるから、その点もよく含んで置いてもらいたい。」

　日本のマーケットはまだ小さく、そこには日本郵船や大阪商船といった既発の船社がその多くを抑えていた。松方は日本発着のマーケットで過当競争を挑むよりも、欧米間のトレードへの参入を目指すほうが有利と見た。当時三社合わせての運航隻数は約100隻で、当時のロイド船級の調べでは世界で上位15に入る規模であった。

　上述のKライン結成挨拶で、松方が定期航路開拓ということに触れているのも注目に値する。それまでの事業は専ら船一隻をチャーターしてくれる顧客を対象にしたものであったが、この時点でゆくゆくは特定の路線に船を就航

させ、そこへ自力で不特定多数の荷主から貨物を集荷して輸送することを目指すとしている。それが世界の先行船社のビジネスモデルであり、彼らに伍す船社になろうとする松方の意志がわかる。

　Ｋラインの大西洋を中心とする配船は、極東/英欧、豪州/英欧、北米西岸/英欧の穀物などを積み取って大西洋に進出ののち、北米東岸、西インド諸島、南米などから英欧向けの大量貨物輸送に主として従事した。市況が低下するに従い、極力西航貨物の積み取りに努力し、定期航路を開設して不定期輸送と組み合わせて採算向上を図った。さいわい運航船腹の大部分が同型船であったことを活用して、随時不定期就航船の中から好ポジションのものを選んで所要の定期航路に投入する機動的な運営方針をとることができた。したがってニューヨーク/ハンブルク航路のような往復航路においても、同一船を張り付けるのではなく、往復就航船は異なるのを常とした。

松方辞任

　しかしながら松方といえども世界的な不景気の波には抗えなかった。海上運賃の水準は、Ｋライン結成前年である大正9年（1920）を100とした場合、同10年（1921）37.6、11年（1922）29.7、12年（1923）28.4、13年（1924）29.6、14年（1925）25.3、15年（1926）28.0という凋落ぶりであった。大正10年（1921）春に勃発した英国の炭鉱ストライキに端を発した世界的な係船現象は年を経ても解消せず、常時500万トンを下らない慢性的現象となった。これに伴い多くの日本船社は大西洋から撤収し、Ｋラインひとりが孤塁を死守する観を呈し、定期航路進出による経営合理化も大勢を挽回するまでにはいたらず、大正11年（1922）より強力な経費削減対策を実施している。

　このような第一次世界大戦後の不況は長期化し、昭和2年（1927）に起きた金融恐慌で、銀行支援を絶たれた鈴木商店が破綻、ついで川崎造船所も重大な経営危機に瀕した。Ｋラインの一翼を担った國際汽船も川崎造船所との貸借関係の整理を銀行団から求められた結果、所有は銀行管理の下に移った。松方は翌昭和3年（1928）、川崎造船所の再建計画に債権者の同意をとりつけたとこ

ろで辞任、同時に兼務していた川崎汽船の社長職をはじめすべての会社の経営から退いた。

その後川崎汽船は再建、太平洋戦争による幾多の船舶と乗組員の戦没、戦後の難局を乗り超えて平成 31 年（2019）に創立 100 周年を迎えることが出来たが、社内に浸透する「進取の気性」「自由闊達」「自主独立」からなる「K ラインスピリット」は松方幸次郎の思想が脈々と繋がれ体現したものといえよう。

その後の松方

破綻の責任をとりすべての社長を辞した時、松方は自分のことを「財界のルンペン」と称していたが、その士気はなお衰えることがなかった。昭和 5 年（1930）には単身東京に移り住み、ソ連からの石油輸入を目論んだ。松方が着目したのはガソリンであった。当時の日本は欧米の外国資本 2 社と日本の大手石油会社 4 社の計 6 社による寡占状態にあり、ガソリンの需要者であったタクシー業界は一方的な値上げを繰り返す石油会社に対して抗議するガソリン争議をおこなう状況であった。

在日ソ連通商代表部との下交渉を経て昭和 7 年（1932）9 月モスクワ入りした松方は、僅か 15 日間で電撃的に日ソ石油協定を結んだ。しかしこれは 6 社寡占体制を崩されようとする国内石油会社はもとよりソ連という新たな供給元の参入を許しかねない欧米の石油メジャーの猛反発を招いた。

その後、激しいダンピング合戦や政官界を巻き込んだ包囲網が敷かれた。折から時代は非常時の統制経済色が強まり、輸入業の許可制、輸入石油の貯蔵義務、販売量の割当制などが盛り込まれた石油業法が昭和 9 年（1934）に成立、もともと資本力に劣る松方の事業は行き詰まりを見せ、昭和 10 年（1935）、松方はソ連との商権と施設の一切を国内石油各社に売り渡すに至った。

その後は一転政界に進み昭和 11 年（1936）から松方家の故郷鹿児島選出で衆議院議員を連続三期務めたが、大政翼賛会の推薦議員であったため戦後は公職追放され、追放が解除されぬまま昭和 25 年（1950）に鎌倉で 84 年 7 ヶ月の生涯を終えた。

松方コレクションのこと

　川崎造船所社長であった松方幸次郎が第一次世界大戦中の大正 5 年（1916）
ごろから昭和 2 年（1927）までの約 10 年の間、商用で渡欧する傍ら現地で収
集した美術品はのちに「松方コレクション」と称せられて今なおその名をとど
めている。松方が蒐集した美術品は西洋の絵画・彫刻など約 2,000 点のほか日
本から流出していた浮世絵などを含めるとその総数はおよそ 1 万点といわれて
いる。

　その過程ではフランスの画家として著名なクロード・モネとの交友も深め、
モネの自宅アトリエを訪れモネが手許に置いて愛蔵していた「睡蓮」の一作を
モネ自身から買い受けたといったエピソードも残っている。一方英国の画家フ
ランク・ブラングィンとの交流を深めるなか、松方はこれらの美術品を日本人
に見せるための美術館を建設する計画も温めていた。日本初の本格的な西洋美
術館になったであろうその美術館は、父松方正義が東京・麻布竹谷町仙台坂に
所有する土地に建てる計画で、その名は共楽美術館とすることまで固めてい
た。そしてその美術館の設計図はブラングィンが描いた。しかしながらこの共
楽美術館の開設は実現しなかった。蒐集した美術品の一部は無事日本に運び込
まれたものの、その後国際収支が苦境に陥った日本政府が大正 13 年（1924）
に輸入抑制のため関税を極端に上げたことで頓挫、大半は英国とフランスに残
された。

　昭和 2 年（1927）、金融恐慌により川崎造船所は経営危機に陥り、松方は債
務返済のため私財も注ぎ込むことになった。コレクションのうち日本に運んで
いた 1,300 点ともいわれる美術品は銀行の担保となり、その後売りたてられて
散逸してしまった。一方欧州に残しておいた美術品のうちロンドンに保管して
いたものは昭和 14 年（1939）、倉庫の不慮の火災により消失、フランスにあっ
たものは敵国財産としてフランス政府に押収されるという事態に見舞われた。
フランス政府との間では昭和 26 年（1951）のサンフランシスコ平和条約締結
を受けて、多くは日本に寄贈するというかたちで返還されることになった。そ
のときフランス政府が示した条件に「返還した美術品を展示する特別の美術館

をつくること」とあり、これが東京・上野の国立西洋美術館設立に結びついた。

　国立西洋美術館の庭園にあるロダン作の「地獄の門」も松方が私費を投じて二体鋳造したもののひとつ。もうひとつはフランスのロダン美術館に寄贈された。松方が構想した共楽美術館は時代の荒波にもまれ実現しなかったものの、日本人に優れた西洋美術作品に触れさせたいという彼の意志は遂にここに結実した。

（執筆：河村 直樹）

【注】
1）川崎汽船 50 年史 p34
2）川崎汽船 50 年史 p46〜47

【引用・参考文献】
川崎汽船株式会社編『川崎汽船 50 年史』（1969 年）
川崎汽船株式会社 IR・広報グループ社史編集室編『川崎汽船 100 年史』（2019 年）
神戸新聞社編『火輪の海』（2007 年）
神戸市立博物館編『松方コレクション展 —松方幸次郎　夢の軌跡』（2016 年）

写真はいずれも川崎汽船提供。

ジャンプ

～海事産業の発展に寄与したレジェンドたち～

　第四部に登場いただくレジェンドたちは、わが国海事産業を発展させた偉人たちです。

　山下亀三郎、各務鎌吉、勝田銀次郎、村田省蔵、内田信也…彼らは、まさしくわが国海事産業の中興の祖であり、近代化のなかで一獲千金を夢見ることもありました。山下亀三郎は山下汽船を創業した実業家で「三大船成金」の代表格とされ、各務鎌吉は日本郵船社長などを歴任した実業家であるとともに政界にも進出し、勝田銀次郎は勝田商会を創業した実業家で「三大船成金」のひとりとされ、村田省蔵は大阪商船（いまの商船三井）の社長を務めたのち逓信大臣（いまの総務大臣）時代に「海の記念日」（のちの「海の日」）を制定し、内田信也は内田汽船（いまの明治海運）を創業した実業家で「三大船成金」のひとりとされました。「三大船成金」とされる山下亀三郎・勝田銀次郎・内田信也は海運産業を近代的な"ビジネス"にした人物であり、その活躍ぶりはギリシアの海運王アリストテレス・S・オナシスにも比肩するほどです。

　日清戦争（1894–95）、日露戦争（1904–05）、第一次世界大戦（1914–18）といった戦禍に一喜一憂し、紆余曲折を経てわが国海運は成長を遂げます。日本郵船、大阪商船が「社船」として成長していく一方で山下汽船など「社外船」と呼ばれる不定期船主が誕生し、三井物産船舶部、鈴木商店といった商社系ほか多くの海上運航業者が誕生しました。

山下亀三郎
やま　した　かめ　さぶ　ろう

（1867−1944）

裸一貫から身を興し海運、石炭で日本の近代産業の発展に貢献した
郷里の公共事業に多大な私財を投じ、不撓不屈の精神を貫いた
ふ とう ふ くつ

生い立ち

山下亀三郎（桐朋学園蔵）

　山下亀三郎は、慶応 3 年（1867）4 月 9 日、
伊予吉田藩河内村（現・宇和島市吉田町河内）
150 戸の庄屋に、7 人兄姉の末子で誕生した。

　亀三郎が生れた村（後の喜佐方村）は、伊
予吉田藩 3 万石陣屋（藩庁）の後背地にあ
り、8 代藩主伊達宗孝（宇和島藩 8 代藩主伊
むねみち
達宗城の実弟）は狩猟で度々山下家に立寄っ
むねなり
た。殿様は亀三郎の母ケイが造った味噌漬や
千枚漬のお茶漬けが、お気に入りだった。

　ケイは 21 歳で近隣の三瓶村（現・西予市）
から、15 歳の父・源次郎に嫁いだ。父が 9 つ
の時祖父が他界、いわば山下家を守る覚悟で嫁入りした。

　しっかり者のケイは、大変なこらえ性で、イボ痔に味噌灸がいいという話を
聞いて「痛いということは、こらえたら何でもない」と女中に灸をさせ、とう
とう焼切って痔を治した女傑だった。

　亀三郎は、南予中学（現・宇和島東高）で学んだが、中々本科に進めず中途
退学した。明治 15 年（1882）12 月、16 歳で「俺は太政大臣三 条 実美のよう
さんじょうさねとみ
になるんだ！」と大言して家を飛び出した。

　ケイは、宇和島の船宿にいる亀三郎に「男がいったん村を出たからには、偉
くなって村の道を大手で歩けるまでは帰ってくれるな！」と、捜索の者に厳し
い伝言を託した。

出郷した亀三郎は、京都で小学校の代用教員を 1 年余り務めたが、青雲の夢やまず東京へ上った。やがて宇和島出身の穂積陳重[1]の勧めで明治法律学校（現・明治大学）に入学したが、フランス語による法律の授業は難しく、またもや中退となった。

その頃、吉原遊びを覚え、田舎に仕送りを催促した。ケイは、金を送れという手紙、電報の着く度に、鋸で首をひかれる心地だった。

氏神様に毎朝参拝して、当時、東京でコレラが流行しており、（どうか亀三郎はコレラで死ぬように……）と祈ったそうである。

上京した頃（18 歳）（吉田町山下家 12 代当主・山下重蔵氏蔵）

流浪

亀三郎は、郷里の先輩村井保固[2]から、2、3 奉公先を紹介されたがいずれも定着せず、各地を転々とし多種多様な職に就いた。

明治 24 年（1891）長い放浪の末、横浜に戻った亀三郎はマンガン鉱の貿易会社に就職した。横浜育ちの朝倉カメと結婚したが、取引先が振り出した手形が不渡りとなり、会社が連鎖倒産した。やむなく自力で洋紙問屋「山下商店」を開業するが世間は甘くない。またたく間に借金 300 円（現在の貨幣価値で約 200 万円）を抱え、妻カメと夜逃げ同然で引っ越した。

その頃、殖産興業で製鉄、石炭等の近代産業が活況を呈していた。暗雲低迷する亀三郎に、一筋の光明をもたらしたものは石炭だった。

明治 29 年（1896）亀三郎は、番頭として雇われていた「竹内兄弟商会」から、石炭部を譲受け「横浜石炭商会」を立ち上げた。

亀三郎は、郷土の偉人児島　惟謙[3]から石炭商の今西林三郎[4]を紹介され、神戸で「福松商会」が創業するという情報を得た。後年、電力界の重鎮となる福澤桃介[5]と松永安左衛門[6]が始める石炭ビジネスに、首尾よく割り込

んだ。

　ベンチャー精神旺盛な亀三郎は、海運にも興味を示した。

　石炭を始めた頃、門司積み筑豊産石炭 600 トンを買付けた。横浜に石炭船が着くと回漕店が「運賃 720 円（現在の貨幣価値で約 500 万円）を払ってくれ、荷物はその後で引き渡す」という。亀三郎は、石炭を売ってから運賃を払えばいいと考えていた。回漕店は「何を馬鹿なことをいうか、運賃を払わん内に荷物が渡せるか」といって引下がらない。

　亀三郎は「荷物を渡す前に、運賃を先取りするなんて、こんな小気味の良いことはない、これは石炭などをやるより是非船をやりたい、船持ちになりたいという熱が燃えてきた」と吐露している。

海運

　明治 29 年（1896）、日本郵船は欧州航路を開設し、第 1 船土佐丸が就航した。横浜港を出航する姿を見て「自分も他日、男になったら船を持って自分の船でロンドンと横浜を繋いでみたい」と大望を抱いた。

　明治 36 年（1903）、亀三郎は乾坤一擲、石炭で稼いだ 1 万円を手付に 3 千トンの中古船を買った。人間の一念は凄いもので、残金 11 万円を血の出る思いで工面、念願の船を喜佐方丸と命名した。『世界海運史』[7]によると、明治の海運事情について、

> 「新政府は海運奨励で日本郵船、大阪商船に関与助成した。この 2 社を社船と呼び他を社外船といった。明治 25 年（1892）頃の社外船は不定期船主約 50 社があり、三井物産は明治 36 年（1903）、船舶部を設置した。明治 37 年（1904）、日露戦争が起こり、膨大な軍用船舶を要した。政府命令航路船・社外船の大部分は挙げて軍用に供された」

と記されている。

　喜佐方丸に海軍徴用の電報が入ったのは、船が長崎から上海に向けて出航する直前だった。九州にいた亀三郎は、船長に横浜への航路変更を命じた。すぐ

に大阪へ行き荷主三井物産の了解を取り、横浜で石炭を揚げ、横須賀の海軍に引き渡した。亀三郎は3、4日無我夢中で、どこをどう歩いたか更に分からなかったと回想している。

海軍将校の秋山真之 [8] と刎頸の交わりを始めたのもこの頃で、日露の戦雲急を知り、亀三郎は石炭を大量に買い集め、2船目の第2喜佐方丸も御用船に投入した。石炭特需の勢いもあり、横浜石炭商会の純利益は150万円（現在の貨幣価値で約100億円）の巨額に膨れ上がった。

明治39年（1906）亀三郎は、妻と喜佐方丸で故郷に錦を飾った。デッキ上は黒山の人だかりとなり、亀三郎は得意がって大演説をぶった。

やがて船室に入ったケイは、数時間たっても動こうとしない。

「亀三郎や、今晩この船に泊めてくれることはできないか」

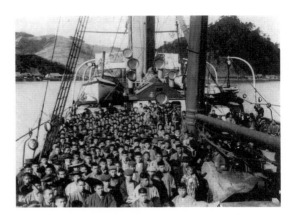

喜佐方丸に押し寄せた人々（明治39年）
（山下重蔵氏蔵）

という母の言葉に、亀三郎は思わず落涙した。

その頃、実業家渋澤栄一 [9] から小樽の山林開発話があり、大口の出資をした。更に韓国倉庫会社を創設、石炭をはじめ、海運、木材、倉庫まで次々と手を広げた。この投資が当り一時期は、数百万円（現在の貨幣価値で数百億円）の利益をあげ、飛ぶ鳥を落とす勢いだった。

不況

だが、拡げた屏風は倒れやすい。明治40年（1907）になると戦後不況で、株式市場は大暴落、小樽木材株は紙くず同然となり、41年（1908）暮れに倒

産、亀三郎は多額の借金に自殺寸前まで追い込まれた。

　更に逆風は続き、明治42年（1909）11月29日、第2喜佐方丸が関門の六連島付近で沈没、船長ら全員が死亡した。亀三郎は船長の遺児を預かり立派に育てた。後日、下関市に遭難者の碑を建てた。

　ある日、借金に苦しむ亀三郎は、財閥大倉喜八郎[10]の大邸宅を訪ねた。「大倉さん、私は、一生涯に一日でも、この境遇になりたいものでございます」というと、大倉翁は、軽くこれに応えて「山下君、そういうお好みなれば、今夜、この僕の境遇を直ちにあげるよ。その代りに僕の歳を、君の歳と代えてくれたまえ」と返した。この言葉は、42歳働き盛りの亀三郎の胸に突き刺さった。

　後年、亀三郎は当時を振り返り、戒めの句を詠んだ。

〈おごるなよ月のまるきもただ一夜〉

　明治43年（1910）頃から海運市況が好転し、亀三郎は大阪商船の彰化丸など数隻を購入、経営のウエイトを石炭から海運へ移した。発展著しい港町神戸に支店を設け、英国ロンドンに駐在員を置いた。

　明治44年（1911）6月「山下汽船合名会社」として、新たなスタートを切った。人材を大学卒から高商・中学卒の詰襟、高等小学卒の丁稚まで幅広く採用し、船腹も社船7隻、用船5隻と増強された。

　年号が大正と変わり、亀三郎は人生最大の好機を迎えた。

　大正3年（1914）7月、第一次世界大戦が勃発、遠い日本は特需に沸いた。戦争拡大で世界の船腹需給は、完全に均衡を失った。運賃、用船料は5倍10倍と高騰、造船も注文が殺到し船価が暴騰した。

　亀三郎は、所有船を欧州船主に貸船、戦争の長期化をみて新造船を9隻発注した。そのうちの1隻、吉田丸は竣工後、イタリア政府に売却された。

　大正6年（1917）、アメリカが参戦し、海運市況は7年にかけて狂乱状態となり、亀三郎の大戦中に揚げた利益は、年間2,900万円（現在の貨幣価値で約970億円、ちなみに当時の総理大臣の年俸は1万2千円）に上った。この海運業の持つとてつもない投機性向は、100年後の今日でも変わらず同じである。

　三大船成金のひとりといわれた亀三郎は、母のために「鯨御殿」という別荘

を故郷の近くの筋浦に建てた。鯨の潮吹きを見せるためである。ケイは大正5年（1916）12月3日、この別荘で89歳の天寿を全うした。

鯨御殿・大正4年（山下重蔵氏蔵）

また、郷里吉田町には病院、運河、トンネル等の建設に莫大な寄付をした。「人間をつくるには先ず母をつくれ」という建学の精神で、大正6年（1917）、山下実科高等女学校（現・吉田高校）、3年後、母の故郷三瓶町に第二山下実科高等女学校（現・宇和高校三瓶分校）を創立した。

渋澤栄一は女学校のモットー「優美貞淑」の書を亀三郎に贈った。現在、愛媛県立吉田高等学校に石碑として刻まれている。

亀三郎は大戦中、社船を世界各地に就航させ、知識と経験を得て海外配船の自信を深めた。シンガポールに支店を置き、タイ米輸送や欧州向けの食糧輸送を始めた。大戦で得た莫大な利益で以て、扶桑海上保険（現・三井住友海上火災）、浦賀船渠（現・住友重機械工業）、阪神築港（現・東洋建設）等の関連事業に投資し、代々木大山園等の土地開発や水力発電等の多角経営を発展させ、山下財閥の礎を築いた。

亀三郎は自伝『沈みつ浮きつ』[11] 地編（人を語る）で、政財界、軍人らとの交友について書いている。その中の一人福澤桃介が著した『財界人物我観』ダイヤモンド社（1930年）に亀三郎の逸話がある。

　　「山下は、辰馬ほどの大金持ちにはならなかったが、その代わり世界1、
　　2を争う船舶王になった。欧州戦争という千載一遇の景物も原因だが、
　　あれは人を上手に使いこなす山下独特の天才も原因の一端をなしてい
　　る。けれども一口にいえば、要するに彼がマメでよく動くからだ。昨

晩、東京で会ったかと思うと、今朝は神戸に飛んでいる。午前、永田町で伊東巳代治 [12]（いとうみよじ）とベラベラやり、その足で午後には伊香保に各務鎌吉 [13]（かがみけんきち）を訪問する等、席の暖まる暇もなく、商売と社交を問わず、ハツカネズミのように常に活動している。私の知っている範囲で、恐らく山下ほど、貴賎貧富の別なく、上下を通じて交際の広い者はまずいない」（ルビは筆者記入）

　昭和 4 年（1929）10 月、ニューヨーク・ウォール街の株価大暴落を発端に昭和恐慌が始まり、輸出量激減等の影響で会社の倒産が相次いだ。海運各社も運賃下落で破綻寸前の状況に追い込まれた。

　そのような中、山下汽船の重鎮だった田中正之輔 [14] が、昭和 5 年（1930）8 月、東京高輪の山下亀三郎本邸で辞表を提出した。神戸支店遠洋課の辻 鉐 吉 [15]（つじしょうきち）も辞表を出したと聞くや、亀三郎は「田中、崎山には未練はないが、辻まで彼らと一緒に脱退するとは何事だ！」と口惜しがったという。

　亀三郎は営業部門主力 23 名の大量退社によって創業以来の危機に直面した。営業活動の主力を不定期船（トランパー）に集中、自社船を整理、新造を中止し用船に切り替え、船腹増加をはかった。

　危機存亡の折、社員・船員は減給に耐え、各船主は用船料減額に協力した。メインバンクの第一銀行は借入金の返済猶予を確約し、元役員が古巣に戻り、会社一丸となって緊急事態を乗り切った。

　昭和 6 年（1931）満州事変が勃発し、山下汽船の軍需品輸送は年ごとに増加、収益はうなぎ上りとなる。昭和 9 年（1934）以降は本格的な景気回復で業績は向上した。この機に定期航路を開設、昭和 10 年（1935）には社船用船合わせ約 90 万載貨重量トンの運航船腹を擁した。その後、昭和 16 年にかけて史上最高の利益を揚げ、山下汽船の黄金時代を現出した。

　昭和 10 年、亀三郎は『海運私見』を刊行した。「トランパーの重要性」と題し

　　「わが国は産業立国の国是に拘らず、国内の原料品の産出に乏しく、勢いこれを国外に仰ぎ更にこれを加工して、輸出しつつある現状にて出来

る限りこの諸原料を安価に購入する必要がある。而してトランパーは常に低率運賃を持って輸送しており貿易上に一大貢献をしている。彼の定期船と異なり常に世界各地に配船せられ、未開の土地、港湾に行くことも少なからず、かくてこれら未開の土地にわが国威を発揚し得るのみならず、常に貿易開発の先駆者たる使命を遂行しつつある」

と説いている。

　昭和 15 年（1940）、亀三郎は軍人軍属の子息らの教育を目的に、1,000 万円（現在の貨幣価値で約 300 億円）を陸海軍に寄付した。軍部は「山水育英会」を設立、中学校や女子校を創設した。これらの学校は、戦後、名指揮者小澤征爾 16) を輩出した「桐朋学園」に引き継がれている。

第二次世界大戦

　昭和 14 年（1939）9 月、ドイツ軍のポーランド侵攻で第二次世界大戦が勃発した。日本は、昭和 16 年（1941）12 月 8 日、真珠湾奇襲攻撃で太平洋戦争に突入、山下汽船の特設給油船日本丸は、連合艦船への洋上給油を行った。戦局の進展で、海運の戦時体制が敷かれ、昭和 17 年（1942）4 月、「船舶運営会」17) が設立された。

　昭和 18 年（1943）、亀三郎は、速記の達人近衛泰子 18) に一言一句を直さないという注文で、口述本『沈みつ浮きつ』を出版した。

　徳富蘇峰 19) は序文に「君は明治・大正・昭和を通し海運界の名物男にして一の大なる存在である」と達筆で 認 めた。

　住田正一 20) は、『海と人』平凡社（1944 年）で、亀三郎が語った有りのままが、直接人の心に触れると賞賛している。

　　「『耳からの学問』の頁には、亀三郎は若い時から伊藤博文公、山縣有朋公など偉い方に直接会って話を聞いたという。相手の口から聞いた話には何となく力のあることが、耳学問の特徴で教えられるものがある。今まで（眼からの学問）に重きをおいてきた吾々は、耳学問についてもっ

と学ばなければなるまい」

と述べている。

　昭和 18 年（1943）3
月、亀三郎は東條英機首
相 21) から内閣顧問就任
の要請があった。石炭増
産に伴い海上輸送の増強
につき、国内外の石炭産
地、港湾等の行政査察を
行った。

　同年 9 月 3 日午前 10
時、亀三郎は皇居に参内
し、海運界を代表して天
皇陛下に御進講 22) 申し上げた。

東條英機内閣顧問・昭和 18 年（前列左から 3 人目）
（山下重蔵氏蔵）

　これより前、部下の木村一郎 23) が、山中湖畔双雲荘に御進講の経験者徳富
蘇峰を訪ねた。徳富は「原稿など持たずに赤裸々に赤心を吐露されるがよろし
く、尊厳礼を失ってはならぬ事はもちろんなるも固くなる事も無用平素の山下
式を十分に発揮されるがよい」と激励した。当日、木村は「11 時半前やっと
姿が見えた。その様子で直ちに首尾上々と感じたが、車へ向う途中小声で『帰
りがけに内府の所へお邪魔して来た。ピカ一の出来だったといわれたよ』と、
ニッと目で微笑みかけられた」と著書『足跡』で語っている。

　その後、戦局は悪化の一途をたどり、昭和 18 年（1943）2 月、ガダルカナ
ル島撤退、5 月 29 日、アッツ島が玉砕。昭和 19 年（1944）に入り、亀三郎が
心血を注いで建造した第一吉田丸は、4 月 26 日フィリピンのルソン島で撃沈
され、高津丸は 11 月 10 日レイテ島にて沈没した。24 日には、米軍 B29 によ
る本格的な本土空襲が始まった。

　亀三郎は、激務の行政査察を終えて帰京したとき、疲労困ぱいで気管支カ
タルを発症していた。11 月に入ると左肺に肺炎を併発した。つぎつぎ訪れる

見舞客に亀三郎は会いたがったが、医師は面談を許さなかった。昭和 19 年（1944）12 月 13 日、巨星墜ちる、78 年の波乱万丈の生涯が閉じられた。戒名 大用院殿義海超僊大居士

翌 14 日、葬儀は池田成彬葬儀委員長 24) のもと小磯國昭首相 25) 以下全閣僚、各界の名士が参列して厳かにおこなわれた。

亀三郎は勲一等瑞宝章を受章、従四位を授かった。

故郷に錦

昭和 35 年（1960）11 月 3 日、郷里吉田町で山下亀三郎翁銅像除幕式があった。息子の山下太郎 26)、山下三郎 27) ら遺族が出席、地元の名士が参集した。銅像には吉田茂元首相 28) の揮毫と木戸幸一元内相 29) の撰文が刻まれている。

撰文は、亀三郎の海国日本に仕えた生涯を讃え、最後に「汝を以て翁を知る東西の人士相寄り翁の風貌を鋳しその郷土たる此地に建立して永久に頌徳の意を致すと共に日夕仰望（いつも仰ぎ望むこと）の間に後進感奮の資たらしめんとするは意義極めて大なるものがある」と書かれている。

戦後、山下太郎は公職追放で社長職を辞した。太郎の長男眞一郎は、山下汽船に入り専らトランパーを担当、3 度の合併で商船三井 30) の副社長になった。その他、親族で海運界に奉職している人は多い。亀三郎の DNA は、山下家 4 代、5 代にわたって脈々と受け継がれている。

山下亀三郎は、近代の草創期に生まれ、裸一貫から山下汽船を興し、大手船会社をしのぐ「トランパーの雄」という金字塔を打ち立てた。当時のトランパーは、より良い貨物を求め、世界の海を転々と彷徨う不定期船で、正に亀三郎の来し方に通ずるものがある。

明治の元勲から歴代総理、政財界人に至る人脈づくりは、人徳のなせる業だった。亀三郎が手塩にかけた山下学校 31) の優等生は、各業界をけん引する大物となった。

社会に莫大な私財を還元し、晩年は内閣顧問として老骨にムチ打った。その生きざまは滅私奉公の精神に満ちていた。

　亀三郎は、近代というキャンバスに、思いのままの絵を描き終え、満足げにこの世を去った。

　亀三郎のモットー「人間は算盤を以って始まり人格で終わる」

（執筆：宮本 しげる）

【注】
1）穂積陳重（1855-1926）元宇和島藩士、法学博士「日本法学の父」。
2）村井保固（1854-1936）太平洋を 90 回横断、紐育の三元老と言われた。
3）児島惟謙（1837-1908）元宇和島藩士、大津事件に関与「護法の神様」。
4）今西林三郎（1852-1924）宇和島出身、大阪商船、阪神電鉄に係わる。
5）福澤桃介（1868-1938）福澤諭吉の婿養子「電力王」と呼ばれた傑物。
6）松永安左衞門（1875-1971）東邦電力設立「電力の鬼」と呼ばれた。
7）『世界海運史』ジャパンライン黒田英雄著作。海運実務要論を共著。
8）秋山真之（1868-1918）日露戦争・連合艦隊参謀、亀三郎別荘で没す。
9）渋澤榮一（1840-1931）第一国立銀行等設立「日本資本主義の父」。
10）大倉喜八郎（1837-1928）大倉財閥設立者、帝国ホテル等設立。
11）『沈みつ浮きつ』亀三郎口述 天・自らを語る、地・人を語る、の 2 編。
12）伊東巳代治（1857-1934）長崎出身、伊藤博文の側近、農商務大臣。
13）各務鎌吉（1869-1939）三菱財閥の要職、東京海上火災保険等社長。
14）田中正之輔、明治 22 年生、京都大学院卒、山下汽船離脱大同海運設立。
15）辻釟吉、一橋大卒、大同海運から逓信省、数社を経て山下汽船社長。
16）小澤征爾、昭和 10 年生、桐朋学園で指揮を学ぶ、世界的名指揮者。
17）船舶運営会、大本営の下で全船舶を管理、船社の運航実務者で組織。
18）近衛泰子、近衛秀麿子爵の妻、速記大家の毛利高範子爵の娘。
19）徳富蘇峰（1863-1957）同志社出身、国民之友、国民新聞を発刊。
20）住田正一（1893-1968）愛媛県出身、東京帝国大卒、海事研究家。
21）東條英機（1884-1948）東京都出身、陸軍大将、総理大臣、A 級戦犯。
22）御進講、亀三郎は石炭・海運の現状と増強策を天皇陛下に言上した。
23）木村一郎、京大卒昭和 3 年入社、亀三郎側近、中央公論『足跡』発行。
24）池田成彬（1867-1950）日本銀行総裁、大蔵大臣、三井財閥総帥。
25）小磯國昭（1880-1950）栃木県出身、陸軍大将、東條内閣後の首相。
26）山下太郎（1896-1970）亀三郎の長男、山下汽船社長、戦後公職追放。
27）山下三郎（1908-1999）亀三郎の次男、山下汽船社長、船主協会会長。
28）吉田茂（1878-1967）サンフランシスコ平和条約に調印、総理大臣。

29）木戸幸一（1889–1977）昭和天皇側近、文部、厚生、内務、内大臣。

30）商船三井、1999 年、大阪商船三井船舶とナビックスラインが合併。

31）山下汽船から多くの逸材が世に輩出され、世間は山下学校と呼んだ。

【引用・参考文献】

福澤桃介『財界人物我観』ダイヤモンド社　　1930 年

山下亀三郎『海運私見』私本　　1935 年

山下亀三郎『沈みつ浮きつ』四季社　　1951 年

黒田英雄『世界海運史』成山堂書店　　1967 年

鎌倉啓三『「沈みつ浮きつ」の生涯』近代文藝社　　1996 年

木村一郎『足跡』中央公論事業出版　　1998 年

青山淳平『海運王・山下亀三郎』光人社　　2011 年

宮本しげる『トランパー』愛媛新聞サービスセンター　　2016 年

【関係資料館、記念館等】

愛媛県立吉田高等学校　吉田三傑資料室　愛媛県宇和島市吉田町北小路甲 10 番地

　　https://ehm-yoshida-h.esnet.ed.jp/

愛媛県立宇和高等学校三瓶分校　山下亀三郎記念室

　　愛媛県西予市三瓶町津布理 3463 番地

　　https://mikame-h.esnet.ed.jp/

各務鎌吉
かが み けん きち

（1868-1939）

戦前、東京海上を世界一の保険会社に導いたアンダーライター [1]
初めて国際的にその実力が認知された日本の経済人

心の師

　山縣記念財団の創設者山縣勝見は、戦前、
東京海上火災保険（株）の第 3 位の株主であっ
た清酒白鹿の醸造元辰馬本家酒造 [2] の出身
で、傘下会社辰馬海上保険（株） [3] とその後身
興亜火災海上保険（株） [4] の社長を務めた。山
縣は昭和 37 年（1962）60 歳の時記した随筆
「炉辺夜話」 [5] の中で、昭和 5 年（1930）辰馬
海上保険が会社解散の危機に遭遇した際、東
京海上会長の各務鎌吉が再建に協力してくれ
当時 28 歳の山縣を引き立て啓蒙しその後の
途を開いてくれたことを述懐し、各務を「心
の師」と紹介している。

各務鎌吉
（東京海上日動火災保険蔵）

各務鎌吉の経歴

　各務鎌吉は、明治元年（1868）岐阜県に生まれ、明治 21 年（1888）東京高
等商業学校（現・一橋大学）を卒業、京都で教鞭をとり大阪で商品陳列所書記
を務めたあと、明治 24 年（1891）、従業員 8 人の創立 12 年目資本金 60 万円
の東京海上保険株式会社に簿記方として入社した。

　各務は入社 3 年目に 5 年間英国に滞在、明治 32 年（1899）に帰国してから
は実質責任者として会社経営にあたり、半世紀を掛け東京海上火災保険株式会
社を世界一の保険会社に発展させた underwriter で、国内外から高い評価を得

た稀有な日本の実業家であった。昭和 14 年（1939）各務が会長を務める東京海上、明治火災及び三菱海上 3 社の総資産合計額は 3 億 4,804 万円、責任準備金合計額は 1 億 2,050 万円に上った。同年の国の一般会計歳出金額が 45 億円 6) の時代である。

　各務は、生涯、会社と損害保険業界の発展に尽くした。資本参加、人材派遣を通じて後援した会社は数多く、結果傘下会社が増え業界での地位を不動のものとした。一方、大正 12 年（1923）の関東大震災の時は、業界をまとめ政府と協力して罹災者に火災保険契約金額の一割を見舞金として支払うことを決め実行した。各務は、これを契機として以後政界および内外の財界から頼りにされる存在になっていく。

保険関係では大正 6 年（1917）大日本連合火災保険協会会長、昭和 2 年（1927）には船舶保険協同会会長を務めた。実業界では、昭和 2 年（1927）三菱信託初代会長、昭和 4 年（1929）日本郵船社長、同年日本船主協会会長、昭和 7 年（1932）日本電力連盟顧問に就任し

郵商協定調印式（前列中央が各務、同右端は村田省蔵）
（日本郵船歴史博物館蔵）

た。特に岩崎小彌太の要請を受けて取り組んだ日本郵船の立直し 7) は、6 年をかけて復配を遂げ実現した。この間、日本郵船と大阪商船の運航提携協定、所謂「郵商協定」8) を一気呵成に成し遂げ、日本の海運と貿易の進展に寄与した。

　昭和 8 年（1933）東京海上は、三菱合資会社の資本を受け入れ三菱系列の会社になる。昭和 12 年（1937）三菱合資が株式公開を以て株式会社三菱社を創設した際、各務は岩崎小彌太に請われ 6 人の取締役 9) の一人となり、三菱財閥の重鎮としての影響力を持つ。

　各務は毎朝内外の新聞と専門誌に目を通してから出社、海上ビル内の食堂中

央亭で実業界・学界の仲間 10) との昼食後、夜半まで会社で執務に当たった。中央亭に集まった人は、工業倶楽部や経済連盟 11) に集う三井三菱の大番頭格のような実業界の巨頭とは一線を画していた人が多く、方針や分度を定めるため各務の海外にわたる広い視野、読書瞑想によって到達した時勢の見通しについてよく聴いていたとある 12)。

　各務は、社会全体への貢献にも関心が深く、会社業績を正しく評価する会計士監査を創始するために 東 奭五郎会計人事務所に長年資金支援を提供 13)、都市の街路に火災報知器を設置する東京報知機会社 14) の設立後援、海難救助業を育成するため日本サルベージ会社 15) の実現に協力、わが国の損害保険事業を世界一流に引き上げられるよう人材育成のための損害保険事業研究所 16) の創立、東京商科大学内に東亜経済研究所 17) を設立するなど日本の実業界全体の発展のために幅広い活動を行った。

創立期の東京海上と各務の入社

　明治新政府は貿易を振興するには海運、為替銀行、海上保険商社が不可欠であると考え、その体制を創るために前島密に海上保険の研究を命じていた 18)。東京海上は、各務が入社する 12 年前の明治 12 年（1879）、政府の意向を受けた渋沢栄一が音頭を取り、明治維新で公債を得た大名華族、それに三菱汽船の主宰岩崎弥太郎、各地の船問屋、荷主、三井物産など 211 人が出資をして、資本金 60 万円の本邦初の海上保険会社として設立された。当初国内海上輸送を中心に営業を開始したが、明治 23 年（1890）英国に代理店を置いて始めた海上保険営業が翌年から赤字を出すようになり、また国内でも明治 26 年（1893）に同業者の市場参入が始まり会社の業績は急速に悪化した。

　会社は、明治 27 年（1894）各務を英国に派遣し英国営業の調査と立て直しを図った。各務はその社命に存分に応え、英国における海上保険経営の真髄を習得し自ら実践するまでになった。その後の会社の歴史は、各務の活躍と表裏一体と見ることができる。

　各務は、最初に過去 10 年間に引き受けた保険の契約内容とその損害を船ご

と積荷ごとに分析してまとめた。この分析は当時の英国でも類を見ない精緻なもので、英国の保険市場で一目を置かれる。

　各務は、英国保険市場で失敗しないためには、次の3つの要素が重要であることを学び、それぞれに対応策を考えた。

① 英国市場で認められる資力と信用を持つ会社
② 良い契約を保持している縁故ある顧客および後援者の存在
③ 保険業に豊かな経験を持つ underwriter を抱え、十分な資産を有し広くリスクを取扱い多数の手数料収入があり、会社の契約を当てにしなくても経営ができる代理店の確保

会社営業の改革に関する意見書

　各務はまず、英国の代理店で雇用していた現地の underwriter を解雇し、自ら underwriter として分析結果をもとに保険の引受けられる店の形を整え、英国営業の整理を行った。同時に三井物産はじめ現地日本企業から保険契約を付保するとの協力支持を固めた。会社の会計制度を、未経過保険

ロンドン支店の各務（前列中央）
（東京海上日動火災保険蔵）

料を負債勘定に計上する決算方式に変更し、会社の財務諸表が内外の会社から信頼を得られる形に改めた。これらの対応策を進めつつ、前述の条件を満たす当時英国一の Willis Faber 社に代理店を委託することに成功した。

　各務は Willis Faber 社と相談を重ね、当面英国の現地営業は日系の顧客の保険に限定する一方、日本での営業に備え大きな金額の契約引受を可能にする再

保険特約（London Cargo Cover）を発案し英国保険市場と契約を結んだ。

　この内容を骨子とする「会社営業の改革に関する意見書」をまとめ、明治32年（1899）渋沢栄一、荘田平五郎、末延道成、中上川彦次郎がいる経営陣に提出し承認を得ると、帰国し本店営業部長として以後昭和14年（1939）に亡くなるまで会社の舵をとる。

　各務は、損害保険で引き受けるリスクは、顧客の事業のリスクと表裏一体であり、underwriter としての研鑽は、保険は言うまでもなく、事業内容、国内外の経済、政治、海運、金融などあらゆる情報を知ることが自分にも客先にも重要と認識していた。

Willis Faber 社 Edward J. Spencer 会長との交誼

　1828 年創立の Willis Faber 社は、現在世界第 3 位の英国の保険 broker である。1879 年当時は保険会社の代理として保険を引き受ける underwriter の業務も受託していた。実際、同社は Sea Co. をはじめ欧州の有力保険会社 7 社の代理店となって保険を引き受け、会長の Spencer はその underwriter として評判を得ていた。ヴィクトリア女王治世下の英国商船隊は世界の船腹量の 64 ％ [19]

を占め、その保険を引き受ける英国保険市場は保険会社 20 社、国外保険会社や代理店190 社、Lloyd's 会員 530 名からなり盛況を博していた。同社は当時英国最大の海上保険ブローカーとして活躍をしていた。

　Spencer が東京海上の各務と手を組んだ理由は、各務が underwriter としての器量を持ち信頼に足る人物と判断できたこと、三井物産、横浜正金銀行、欧米定期航路を開設した日本郵船など日清戦争後の好景気に沸く日本企業の保険需要への期待とも考えられる。日本に出向き客先を一つ一つ訪問する保険の

Edward J. Spencer
（東京海上日動火災保険蔵）

broker 活動をするより東京海上の再保険一つで日本全体のリスクを取り扱う仕事のやり方は、合理的で効率が良いと考えたのかもしれない。各務としては、現地の日系物件と併せ日本国内の海上保険の再保険を信頼のおける Willis Faber 社に代理店を委託できるのであれば、国内営業に専念できると考えた。

　Spencer は各務に保険関連分野でも会社の市場での地位を高めるため協力を惜しまなかった。極東で発生する複雑な海難事故処理について各務にその解決を依頼し数々の成功をおさめ市場の評価を重ねた。また、資産運用についても相談に与り、投資会社の設立にも一役買う等協力している。Spencer は自叙伝 [20] で「今 Willis Faber 社の最も大きな商売のひとつは、東京海上との船舶貨物保険の再保険契約となっている」と述べている。

　両社は以来 win-win の関係を維持しながら協力関係を続け今日に至っている。

資産運用

　会社にとって国際市場の信用を確保することは必須の課題であった。各務は、明治 36 年（1903）以降、会社の資産運用に責任者として関与することになった。ようやくまとまった資金ができると、英国公債を 2 万ポンド購入した。英国公債を持つ会社であることで会社の信用向上を狙ったと説明している。

　会社の安定と信用を増す観点から、資産を日米欧に分散することを目指した。投資する際は、通常は流動性の高い資産で保持し、機会が来ればすぐ大きく投資できるよう用意をしていた。1900 年代は国有化前の鉄道株、1920 年代になると電力株、社債に投資をし、大正 9 年（1920）以降は損害保険会社の株式購入が増える。一方為替が円安に振れることを予想し海外事業の収益は本店送金をせず現地で外貨資産を蓄えた。

　昭和 6 年（1931）には、Spencer と相談して、海外資産の運用を自社で進めようと投資会社 Eastern Trustees 社を英国に設立、会社のみならず明治火災、三菱海上、日本郵船、三菱信託の資金の運用も併せて行った [21]。

不動産投資に関しては、大正7年（1918）に海上ビルディング本館、昭和5年（1930）には新館を建設し貸ビル業にも進出した。丸の内の鉄骨鉄筋のオフィスビル投資は各務が最初である[22]。

東京海上ビル旧館（東京海上日動火災保険蔵）

ポートフォリオの分散経営

　会社の財務基盤が整うにつれ、各務は、会社を世界最大の保険会社の一つとして確固たるものにするべくポートフォリオの分散を視野に入れて経営を進めた。すなわち保険種目の多様化と資産の世界的分散運用、同時に為替リスクのヘッジも考えていろいろな手を打っている。

　大正3年（1914）には海上保険とは異なるリスクの火災保険の事業免許を取得、三菱系の明治火災の株式を取得し子会社とし、火災保険事業の足場を一気に固めた。一方、成長の著しい北米市場への進出を図り、明治44年（1911）米国海上支店、大正7年（1918）米国火災支店を順次開設、更にモータリゼーションが始まった米国の自動車保険を視野に大正11年（1922）米国法人 Standard Insurance Co. of New York を設立し米国市場への展開を積極的に進めた。

　昭和8年（1933）の東京海上、明治火災、三菱海上3社の正味保険料合計は2,591万円に対し、米国現地法人2社の正味保険料も1,316万円となっていた[23]。

三菱財閥との関係強化

　三菱、岩崎家は会社設立当時から筆頭株主であったが、最初会社の営業は三井物産の協力に大きく助けられた関係があった。しかし、日露戦争、第一次

世界大戦を経て日本経済が拡大するにつれて、各財閥は保険子会社設立に向かった。この動きに応えて、会社は、三井物産の大正海上[24]、住友財閥の扶桑海上[25]の設立に人的援助を通して協力する一方、三菱財閥の保険会社としての旗幟を鮮明にしていった。そのため会社は増資をして三菱合資に割り当て、その資金を以て三菱海上を買収し子会社とした。会社は三菱財閥の関係会社[26]となるものの、三菱合資は各務の性格と力量を無視できなかった。各務は生涯東京海上、明治火災、三菱海上三社の会長を務め、損害保険の発展に邁進する。

　その後、岩崎小彌太は三菱信託銀行を設立する際の会長就任、日本郵船再建のための社長就任を各務に依頼する。昭和12年（1937）には三菱社の取締役に就任し三菱財閥の財務資金運用に関与するようになる。

電力外債問題と金解禁

　日本の電化は第一次世界大戦ごろから急速に進み、5大電力会社[27]を中心に各地に水力・火力発電所を建設、配電線の整備に多額の投資が行われた。大正9年（1920）以降になると米英の証券市場からの外貨建資金調達が増大し、5大電力会社の昭和6年（1931）末外債未償還高は約1億5,000万円に上っていた[28]。ところが、金融恐慌により円為替が急落し始めると、電力各社は外資の償還問題に直面した。東邦電力の松永安左ェ門は各務の見通しに従い早めの外債返済を手掛けたため軽微な損失でことを収められたが、東京電燈は約定返済が難しくなり、昭和3年（1928）米国の債権者 Guarantee Trust 社の副社長 Burnett Walker が東電の郷誠之助との交渉に来日、要請を受けた各務は、起債を仲介した三井銀行の池田成彬と一緒に調停を行った[29]。Walker は、東京海上の北米財産の信託を受けていた。

　この時期、通貨問題、金解禁について論争が続いていた。各務は第一次世界大戦以降10年余問題を先送りしてきた政府の通貨政策を批判しつつ、最早国民経済が苦境に陥ることを覚悟して金解禁に踏み切らざるを得ないという趣旨の論文、「金解禁の辯」[30]を作成して中央亭に集まる財界人に説明をしてい

た。その中の一人が経済雑誌「ダイヤモンド」にその内容を掲載 31) し反響を
呼んだ。

「一人一業」主義

　昭和 48 年（1973）社長に就任した渡辺文夫が昭和 14 年（1939）東京海上に
入社するときの各務の言葉を述懐している。「海上保険は学問と密着した興味
深い仕事だ。世界経済、貿易、商品、外国為替、そして内外の法律など、幅広
い知識が必要とされる」云々 32)。各務は常人に希な明晰な頭脳に恵まれ、人
並以上の勉強努力をなし、優れた判断力と先見の明を持つことができた。その
上に絶大な勇気および忍耐の持ち主でもあった。事業を興しそれを繁栄させる
には、宣伝、社交ではなく堅実に事を一歩一歩進めて行く外ないとの信念を堅
持した。このためには一生涯一人一事業でなければと考え、やむを得ざる事情
のほかは損害保険事業の埒外（らちがい）に出ることなくこの矜持（きょうじ）を生涯貫いた。
　若い時の英国駐在時代に会得した卓越した英語力と英国流 underwriting を
もって英国保険者から厚い信頼を得たこと、その後の Willis Faber 社と協力し
て戦前の日本経済発展に貢献しその果実を分け合い続けられたことは、各務の

活躍の背景となった。「商売は win-win で
なければ長続きせず、信頼できる友人もで
きない」と後進に話をしている。
　各務は、日本の経済人の中で、国際的にそ
の実力を認知された最初の人間であったと
も評されている。米国の週刊誌「TIME」33)
の表紙を飾り、亡くなったとき「LONDON
TIMES」34) や「Lloyd's List」35) に長文の
追悼記事が報ぜられたことは、この証左に
他ならない。
　各務は努力に対する正当な報酬を要求す
ることに躊躇はしなかったが、会社の費用

「TIME」誌 1931 年 5 月 18 日号の表
紙を飾る（東京海上日動火災保険蔵）

を以て私生活を利することは無く、彼の遺産は役員報酬の蓄積に過ぎないという潔癖さであった。会社の事業目的に外れる寄付行為などはせず世間から冷血漢とも評された。

保険事業は将来の危険を測定して、関係事項を様々な視点から研究判断する underwriting の事業である。この点で卓越した予見力を養ったことが、保険事業外の問題の処理にあたっても、各務の意見が財界指導者たちに高く評価された理由となった。

日本では平成 8 年（1996）まで欧米にある保険 broker の営業は認められていなかった。これは、各務が大きな契約については、保険会社が予めロンドンの保険 broker を通じて再保険手配を済ませ単独で引き受けられる体制を創り上げたことにあると言える。保険 broker が無くても、顧客に同様のサービスが自動的に提供できる、保険会社にとっても都合の良い市場に導いたともいえる [36]。

彼の活躍した時代は、資本主義自由主義経済の華やかなりし時代であった。満州事変以降自由貿易に暗雲が近寄ってくる世相を察し、各務はよく「目の覚めし時は谷のどん底に落ち込み居るぞよ」と家族に話していたと、夫人繁尾が戦後述懐している [37]。

「一つの仕事に臨んで、よく内地のみならず外国の情勢を調べ、慎思熟考、そして一旦これを実行に移されると、後は他からの力に容易に動かされなかった点を各務さんの性格の持つ最も著しい美点として尊敬していた」とは、時代を共にした三井の池田成彬の各務の評である [38]。

（執筆：宮崎 悟司）

【注】
1) 保険引受の対象となる人・もの・責任の危険を判断して引受条件と保険料率を提示し保険契約を締結する人、保険引受人。契約の証として保険証券の末尾に署名をする（underwrite という）ことから underwriter と呼ばれる。
2) 大正期社外船主の筆頭、1925 年から戦後の財閥解体までの間東京海上の三番目の株主。
3)『東京海上 100 年史 上』p.404、1979

4）現在、損害保険ジャパン株式会社

5）山縣勝見「心の師」『海事交通研究』第 55 集　山縣記念財団 2006

6）財務省 HP（https://www.mof.go.jp/budget/reference/statistics/data.htm#skipmain）

7）『日本郵船 70 年史』p.168、1956

8）『各務鎌吉君を偲ぶ』p.49　村田省蔵 1949
　　『日本郵船 70 年史』p.171、1956

9）1937 年三菱社の役員は、社長岩崎小彌太、副社長岩崎彦彌太、専務三好重道（三菱
　　石油会長）、永原伸雄（三菱合資常務理事）、平取締役串田万蔵（三菱合資総理事）、
　　同各務鎌吉（東京海上会長）、監査役瀬下清（三菱銀行常務）、同加藤武男（三菱銀
　　行常務）、同山室宗文（三菱信託会長）

10）東京海上ビル内中央亭に集まっていた主な人々、福沢桃介、松永安左ェ門、増田次
　　郎、今岡純一郎、長崎英造、青木徹二、日向利兵衛、奥田正吉、島田俊雄、山下亀
　　三郎、岩田宙造、沢田牛麿、小林一三、井坂孝など
　　福沢桃介『財界人物我観』p.114　図書出版社 1990

11）1922 年に結成された日本経済連盟会の略称。日本経済団体連合会の前身。

12）松永安左ェ門『淡々録』p.35　経済往来社 1971 改訂版

13）新井益太郎『私の知る会計学者群像』p.63　中央経済社 2005

14）現在のホーチキ株式会社、1920 年創業

15）『東京海上 100 年史 上』p.513、1979

16）『東京海上 100 年史 上』p.491、1979

17）現在の一橋大学経済研究所の前身。各務の奨学寄付金を原資に 1940 年東京商科大
　　学附属図書館に設置された。2 年後国初の経済研究所に発展する。
　　http://www.ier.hit-u.ac.jp/Japanese/introduction/tables1.html

18）前島密『鴻爪痕』三逸事録附遺稿 p.72

19）Ronald Hope『A new History of British Shipping』1991 解題
　　http://koekisi.web.fc2.com/index.html

20）E. J. Spencer『Recollections of My Business Life』p.44 Waterloo（London）Ltd. 1925

21）『東京海上 100 年史 上』p.526、1979

22）『東京海上 100 年史 上』p.458、1979

23）『東京海上 125 年史』p.20、2005

24）現在、三井住友海上保険株式会社。大正 7 年（1918）三井物産の子会社として創
　　立、東京海上の平生釟三郎が役員として参画。

25）現在、三井住友海上保険株式会社。大正 6 年（1917）山下汽船の山下亀三郎が中心
　　となり東京海上と日本郵船の援助の下設立される。昭和 15 年（1940）住友財閥の
　　傘下に入り住友海上火災保険株式会社に商号変更。

26) 戦前、三菱合資は本社傘下事業を、歴史的に三菱財閥の柱をなしてきた企業を分系
　　会社（11 社）、その子会社を傍系会社（48 社）、縁故会社（7 社）、資本のつながり
　　の深い企業を関係会社（16 社）に分けていた。
　　山田清『三菱の人と経営』p.214
27) 東邦電力、東京電燈、宇治川電気、大同電力、日本電気の 5 社
28) US $65,900,000（1 $ ＝ 2.28 円で換算）
　　橘川武郎『松永安左ェ門』p.75　　ミネルヴァ書房 2008
29) 『各務鎌吉君を偲ぶ』p.7　　池田成彬 1949
　　橘川武郎『松永安左ェ門』p.98　　ミネルヴァ書房 2008
30) 金解禁の辯（全文）『各務鎌吉君を偲ぶ』p.212、1949
31) 『ダイヤモンド』第 17 巻 5–6 号 1929 年 2 月 11 日、21 日発行
32) 渡辺文夫『私の履歴書』日本経済新聞社 1999
33) 1931 年 5 月ワシントンで開催された国際商工会議所第 6 回総会に日本の実業界代
　　表として出席した各務の記事が掲載された。
　　The Weekly Magazine「TIME」Volume XVII Number20、1931 年 5 月 18 日号
34) 1939 年 6 月 2 日、『各務鎌吉君を偲ぶ』p.5–6、136　　水澤謙三 1949
35) 1939 年 6 月 3 日、『各務鎌吉君を偲ぶ』p.136　　水澤謙三 1949
　　『東京海上 100 年史 上』p.486、1979
36) 谷井一作『損害保険私論』p.53　　私家本 1963
37) 『各務鎌吉君を偲ぶ』p.144　　各務繁尾
38) 『各務鎌吉君を偲ぶ』p.7　　池田成彬

【参考文献】
『東京海上火災保険株式会社六十年史』1940
『東京海上八十年史』東京海上火災保険、1964
『東京海上火災保険株式会社百年史（上）』東京海上火災保険、1979
『東京海上百二十五年史』東京海上日動火災保険、2005
稲垣末三郎編『「各務氏の手記」と「滞英中の報告及び意見書」』東京海上火災保険、1951
鈴木祥枝編『各務鎌吉君を偲ぶ』各務記念財団、1949
宇野木忠『各務鎌吉』昭和書房、1940
谷井一作『損害保険私論』私家本、1963
岩井良太郎『各務鎌吉傳・加藤武男傳』日本財界人物伝集第 9 巻、東洋書館、1955
『明治火災保険株式会社五十年史』明治火災海上保険、1942
『三菱信託銀行三十年史小史』三菱信託銀行、1957
河野光雄『三菱信託銀行：未来に燃える若き集団』金融財政事情研究会、1973
『日本郵船七十年史』日本郵船、1956

『日本郵船株式会社百年史』日本郵船、1998

【関係資料館、記念館等】
東京海上日動火災保険株式会社　業務企画部　図書史料室
　　　東京都千代田区丸の内 1-2-1　　https://www.tokiomarine-nichido.co.jp/
（公財）損害保険事業総合研究所付属図書館
　　　東京都千代田区神田淡路町 2-9　　損保会館 2 階　　https://www.sonposoken.or.jp/library

勝田銀次郎
かつ　た　ぎん　じ　ろう

（1873-1952）

愛媛県松山市出身の実業家・政治家
ロシアの子どもたちや戦争捕虜の送還に協力したほか
第 8 代神戸市長として都市の近代化に尽力

松山の商家に生まれる

　大正時代、山下亀三郎、内田信也ととも
に「三大船成金」とされた勝田銀次郎は、
明治 6 年（1873）10 月 1 日に松山城下の
唐人町（現・松山市大街道 1 丁目 3 番地 3）
で米穀商を営む林次郎の長男として生まれ
た [1]。松山城の南に位置する大街道は市内
でもっとも繁華な一帯である。

　16 歳の時に父が亡くなったため、すでに
松山中学校に入学していた勝田は、家業を
助けながら中学に通い、明治 24 年（1891）
に同校を卒業した。ちなみに、夏目漱石が
英語教師として同校に赴任したのは、明治
28 年（1895）のことだ。

勝田銀次郎
（出典：『評伝　勝田銀次郎』）

　さて、中学を終えた勝田は家督を相続す
るが、若者のあいだでは北海道の新天地開拓に憧れる風潮が高まっており、勝
田も例外ではなかった。こうして卒業と同時に一路、北海道の地を目指した勝
田は、その後の人生を大きく変えることになる人物と列車で出会う。

東京英和学校に入学

　車内で同席した人物は、東京英和学校（現・青山学院）2 代院長の本多庸一
だった。青年らしい希望を語る勝田に対し、本多は何事にも学問の基礎が必要
で、ことに将来世界に雄飛するには外国語の素養が大事であると語り、学ぶ気
があればいつでも来なさいとでも告げたのだろう。この出会いにより、勝田は
新天地開拓の志を 翻 して東京英和学校予備学部に入学する。

　この時の経緯について、昭和 27 年
（1952）発行の雑誌『三豫人』に次のような
記述がある。勝田は、樺太の開拓に身を投
じようと勇んで北海道を目指したのだが、
途中の青森でスリの被害にあい、途方に暮
れて引き返す途中で本多に会ったという。
この記事は、同誌巻末の「消息告知板」に
あったもので 2)、同誌発行直前に亡くなっ
た勝田を偲んで編集子が綴ったものだ。恐
らく勝田本人から聞いた逸話だろう。

　さて、勝田が入学した東京英和学校は、
米国から日本に派遣された宣教師により創
設された女子小学校（明治 7 年・1874）、
耕 教 学舎（同 11 年・1878）、美會神学校

青山学院 2 代院長・本多庸一
（青山学院資料センター蔵）

（同 12 年・1879）を源流とする。明治 14 年（1881）に耕教学舎は東京英学校
となり、翌年に美會神学校を統合。明治 16 年（1883）、青山への移転とともに
東京英和学校となり、同 27 年（1894）に青山学院と改称する。同校の初代院
長・マクレイの後を継いだのが本多である。

　本多は、江戸末期の嘉永元年（1848）、現在の青森県弘前市にて津軽藩の武
家に生まれ、明治 3 年（1870）に藩命で内地留学した横浜でキリスト教と出
合った。信仰者となった本多は横浜バンドの一員として伝道に励むとともに、
弘前教会創立、藩校の後身である東奥義 塾 の塾長として郷土の教育と伝道に

努めたほか自由民権運動にも関わり、30代で青森県議会議員、ついで県議会議長として活躍する。

だが、伝道への情熱はやみがたく、仙台教会の牧師となり、明治20年（1887）には東京英和学校校主兼教授に招かれる。包容力のある円満な人格と優れた実行力をもって、青山学院（東京英和学校）2代院長を同23年（1890）から40年（1907）まで務めた。

関西で実業の世界へ

勝田の入学当時、広い構内には校舎2棟と新築の寄宿舎があるだけだった。この青山の土地は江戸時代には伊予西条藩の上屋敷があったところで、廃藩後に政府の土地となり、その後、民間に払い下げられていた。約3万坪の土地を同校が購入して明治16年（1883）に移転したのだが、伊予ゆかりの土地に勝田が入学することになったのも、何かの縁だろう。

明治27年（1894）、日清戦争勃発。この年、同校は「青山学院」と改称するが、勝田は2年級で中途退学する。毎日報道される戦果に刺激され、従軍記者を目指したようだが、詳細は分かっていない。

明治29年（1896）には、貿易や海運で活況を呈していた大阪で吉田貿易店に入社し、実業社会への第一歩を踏み出したが、店はほどなく解散。同業の足立輸出入株式会社のほか、神戸税関にも一時籍を置いたといわれる。

明治33年（1900）に勝田商会を創立するまでの下積み時代に培った海運貨物取扱などの経験が、のちに海運業に乗り出す際の重要な土台となった。

第一次世界大戦で躍進

明治33年（1900）、27歳の年に神戸市内に勝田商会を創立し、ウラジオストクや天津から雑貨や豆粕の輸入を開始した。同年に本籍地を松山から神戸へ移したのも、腰を据えて海運貿易業に取り組むという決意からだろう。

海運仲介業を主に展開していた勝田商会が一躍業界の雄に躍り出たのは、大正3年（1914）の第一次世界大戦勃発がきっかけだ。

　新聞の号外で開戦を知るやいなや、新船の建造、古船の買収やチャーターなど、あらゆる手を打った。連合国側で参戦した日本では、船舶の需要はまたたく間に増大した。

　勝田商会は大正 5 年（1916）に、勝田汽船株式会社に改組する。同社の急速な発展は、当初 50 万円だった資本金が翌年 1,000 万円、翌々年には 2,000 万円と増資されたことにもうかがえる。辰馬汽船から海運丸（4,700 重量トン）、白鹿丸（6,600 重量トン）を購入したのを手始めに、日本最大（当時）

大正 7 年建設の勝田汽船（株）本社
（出典：『評伝　勝田銀次郎』）

の貨物船・海久丸（13,066 重量トン）の建造なども行い、最盛期には 20 隻、計 15 万トンの商船隊を所有した。

　内田汽船の内田信也、伊予出身の山下亀三郎とともに「三大船成金」と称された勝田は、太洋海運株式会社・神戸商船株式会社取締役社長のほか、日本船主同盟会理事、神戸海運業組合長、神戸船主会会長など、海運業界の諸団体で重責を担った。

母校への多大な貢献

　第一次世界大戦時の日本経済の上げ潮に乗って巨富を積んだ勝田だったが、いわゆる成金主義には陥らず、公共施設や教育事業にも多額の寄付をしており、とりわけ母校である青山学院には多大な貢献をした。青山学院では、大正時代を迎えて高等学部に新たな科を新設するとともに中学部拡張など教育内容の拡充を図ることになった。募金運動に応じた勝田は、高等学部校舎および院長館の建築費として、26 万円あまり[3]（現在価値で 7〜9 億円）を寄付している。

総建坪 600 坪の「勝田館」。関東大震災で中央の塔が崩壊
（出典：『評伝　勝田銀次郎』）

　勝田の意向で、設計は辰野金吾が担い、着工から 2 年近い歳月をかけて、荘重端麗な校舎が誕生した。大正 7 年（1918）11 月には大隈重信ら来賓 600 人、生徒 900 人あまりが参加し、「勝田館」と名づけられた新校舎の落成を祝った。

　レンガづくりの欧風建築物は東京市の名物にもなったが、大正 12 年（1923）9 月 1 日、関東地方一帯を襲った大地震で中央の塔が崩れ落ち、壁にひびが入った。半壊した勝田館は取り壊されることになり、完成からわずか 5 年で寿命を終えることになった [4]。

大戦終結後の不況

　大正 7 年（1918）11 月、第一次世界大戦が終結した。日本の将来には優れた船が 1 隻でも多く必要だと考えていた勝田は、大戦は 7 年以上続くという見通しのもと、積極的に持ち船を増やし、大戦末期にも貨物船 10 隻の建造を発注していた。大戦終結により船価と傭船料は値下がりし、多くの船主は船の売り逃げを始めたが、勝田は平然としている。見かねた周囲が造船会社にかけあって値引きの話をまとめたが、「男がいったん約束したことを変えられるか、俺が丸裸になっても、船が残れば本望だ」[5] と、値引きの必要はないと言い張ったという。

　だが、この時に受けた損失は長く尾を引き、大戦後の不況なども重なって、経営に翳りが見え始める。

人道の船「陽明丸」

　勝田がなしえた功績は数々挙げられるが、人道主義的な使命感で行われた尊い事績として人々に深い印象を与えているのは、貨物船を客船に改造して、革命後のロシアにおいて難民となった800人あまりの子どもたちを、ウラジオストクから太平洋、大西洋を経てフィンランドへ送り届けたことだろう。

　この事績については、昭和55年（1980）刊の『評伝　勝田銀次郎』にも記されているが、勝田の船に助けられた子どもを祖父母に持つロシア人女性からの調査依頼に応えた北室南苑氏の著作『陽明丸と800人の子供たち ―日露米をつなぐ奇跡の救出作戦』に詳しい。書・篆刻・著述家の北室氏は数年かけて綿密な調査を行い、陽明丸の船長とその手記など、数々の新資料を見つけ出し、3カ月に及んだ航海の詳細を明らかにした。

　同書によれば、ロシア革命後の混乱でペトログラード（現・サンクトペテルブルク）からウラルに集団疎開した800人あまりの子どもたちは、内戦の拡大で家に戻ることができなくなり難民化する。米国赤十字シベリア救護団に保護された一行はウラジオストクに移され、米国経由でペトログラードに戻るための船を探すのだが、いずれの船会社も、リスクの高さから配船に応じない。頼みのアメリカ政府も、赤十字の緊急要請に応じなかった。

　そこに救いの手を差し伸べたのが勝田だった。

ロシアの子どもたちを移送した「陽明丸」
（出典：『陽明丸と800人の子供たち』）

前年（大正 8 年（1919））竣工したばかりの貨物船「陽明丸」（10,679（載貨）重量トン）を客船に改造するため、1 カ月の突貫工事で船室やシャワー室、簡単な手術ができる医務室まで設けた。この改造にあたり、勝田は、現在価値で数千万円分の資材を寄贈している。

陽明丸は「煙突に赤十字旗、船側にはアメリカン・レッドクロスと大書し、メインマストに米国国旗と赤十字旗を連掲し、船尾には大日章旗を翻し」[6]、大正 9 年（1920）7 月 9 日にウラジオストクに到着、13 日に同港を出港した。

米国赤十字の記録によれば、同船には 780 人のペトログラードの子どもたちのほか、ドイツ、オーストリアなど各国の帰還兵 78 人、子どもたちの教師として雇われたロシア人など、合わせて 960 人あまりが乗船、日本人乗組員は 60 余人と、1,000 人を超える規模となった。

最初の寄港地・室蘭で市民の歓迎をうけたのち、太平洋を一路アメリカに向かった船はサンフランシスコからパナマ運河を通過し、ニューヨークから大西洋に出てフィンランドを目指した。

最大の難所は第一次世界大戦中に連合国とドイツの海軍が激しい戦闘を

最初の寄港地・室蘭で盛大な歓迎を受ける
（出典：『陽明丸と 800 人の子供たち』）

繰り広げたバルト海からフィンランド湾に至る海域で、戦後 2 年が経過しても多くの機雷が残されていた。

出航から 3 カ月を経た 10 月 10 日、陽明丸は無事にフィンランドの港に錨を降ろし、子どもたちはペトログラードの家族の元に戻っていった。助けられた子どもたちの中には、のちにソ連の代表的なバレエ振付師となったレオニード・ヤコブソンなど、各界で優れた功績を残した者も多い。

大仕事を成し遂げた陽明丸だったが、昭和 4 年（1929）7 月に岩手県大船渡

市の沖合で座礁、沈没する。

事業の破綻

　勝田は政治の世界にも乗り出した。株式会社発足の大正5年（1916）、43歳で神戸市の市会議員に当選。以後、5期17年間の在任中、市会議長を2期経験している。また、大正7年には勅選貴族院議員に選出され、7年間その任に就いた。

　大正10年（1921）には摩耶山麓の青谷に邸宅を新築。外国からの使節を招くことができる邸宅をと、およそ2万坪の敷地に完成した畳数600枚の大邸宅は「摩耶御殿」と呼ばれた。

　大正12年（1923）の関東大震災では、市議会議長の勝田が中心となって、日用品など救援物資を船で輸送している。

　そうした活躍の一方、大戦後の海運不況で業績はふるわず、大正15年（1926）には青谷の豪邸を売却せざるを得なくなり、邸前の住宅に移り住んだ。さらに、昭和2年（1927）の金融大恐慌で業績の回復は見込めなくなり、勝田汽船（株）は同4年（1929）に整理に入った。

　この間、神戸の代表的な企業である川崎造船所も破産寸前に追い込まれた。勝田が市会議員の立場で奔走して議会の意見をまとめた結果、市は昭和3年（1928）に救済資金として300万円（現在価値で約50億円）の特別融資を実施、川崎造船所の危機を救った。

神戸市長として手腕を発揮

　昭和5年（1930）、衆議院議員に当選した勝田は、同8年（1933）には8代神戸市長に就任。

　「清く明るく強く」を市政のモットーにした勝田は、利権に対しても潔癖で、自宅では一切陳情に応じなかった。たとえ市会議員でも無断で市長室に入ろうとすると、「入ってはいかん」と青筋を立てて怒鳴りつけたといい、短気な性格もあって「青筋市長」の異名をとった。勝田には他にも「大物市長」「鉄腕市

長」「港湾市長」「道路市長」の異名があったという。そうした呼び名は、壮大な構想のもと、人並外れた実行力でぐいぐい市政をひっぱっていった証左に他ならない。

神戸港の整備拡充では、灘浜埠頭、兵庫突堤、そして現在ポートタワーが立つ中突堤などを構築するなど、東洋一を誇る港に躍進する基礎づくりを行った。また、小学校の校舎をコンクリートにし、幹線道路の拡張事業、阪神上水道の敷設など、近代的施策にも取り組んだ。

市長として常に市民の利益を優先した勝田は、反対派議員の提案であっても良かれと思えば賛同し、たとえ与党側の意見でも、市民の利益にならないと判断すれば、断固として譲らぬ姿勢をみせた。勝田の下で働いた元職員は、「だれをも恐れず、だれにも屈しない頑固さと勇気を持っていた」[7]と評している。勝田の靴音が響くと庁内の空気がピリッと引き締まったというほど厳しい人だったが、公明正大な姿勢は市民から歓迎された。

勝田市政時代の最大の苦難は、昭和 13 年（1938）7 月 3 日から 5 日にかけて発生した阪神大水害だった。記録的大水害により、山々は崩壊、河川はいたるところで氾濫して家屋の浸水や倒壊を引き起こし、大量の土砂で神戸市内は泥の海となった。兵庫区 雪 御所公園にある慰霊塔の解説板には、『神戸水害誌』から、死者 616 人、負傷者 1,011 人、家屋流出 1,410 戸、埋没 854 戸、全半壊 8,653 戸、浸水家屋 79,652 戸という数字が記され、被害の大きさを今に伝えている。

この時、勝田は市長室にベッドを持ち込んで、十数日間不眠不休で陣頭指揮をとった。また、復興と将来の災害防止のための予算を政府に要求し、1 億 3,500 万円という巨額の予算を計上させている。この金額は現在では約 2,000 億円に相当する。

「名市長」勝田の 3 選を望む声は多かったが、太平洋戦争が勃発した昭和 16 年（1941）、2 期 8 年務めた市長を 68 歳で辞任した。

公職追放から市最高顧問に

　昭和 20 年（1945）8 月敗戦。自宅を戦災で失った勝田を待っていたのは、公職追放だった。70 歳を超えて健康の衰えも顕著になり、昭和 24 年（1949）には脳溢血で倒れた。幸いにも回復したが、翌年、永年連れ添った妻が亡くなり、寂寥の思いは老いをさらに進ませた。

　昭和 26 年（1951）6 月に公職追放が解除され、8 月には神戸市最高顧問に委嘱された。この時、勝田はすでに病床にあり、委嘱の辞令を持って病床を訪れた当時の原口忠次郎市長が「今一度神戸市のために尽力をお願いします」と声をかけると、瞑目した勝田の目からはらはらと涙がこぼれ落ちたという。

　「金も随分儲けた事があるが、今では二度と金を持ちたいとも思わぬ」[8] と、業界の頂点に上り詰めた人物ならではの言葉を残し、昭和 27 年（1952）4 月24 日、浮沈の多かった生涯を 78 歳で閉じた。

　「今日では想像もつかぬ富を得たが、恬淡な生れつきのため社会事業その他あらゆる事業に寄付したお蔭で、時代の不況と共に順次財を失い、晩年は不遇であったが、少しも恥とせず、むしろ清貧を誇るがごとき崇高な気持ちで大往生された」[9]（『三豫人』）の一文が、勝田の生涯を端的に言い表している。

　原口市長が葬儀委員長を務め、4 月 30 日に行われた市民葬には、5,000 人を超す市民が会葬した。勝田家の墓は、神戸市街と港を見渡せる追谷墓園の一画にある。

（執筆：太田 由美子）

【注】

1）勝田の出生地については、『松山市誌』（1962）、『愛媛県百科大事典』（1985）、『愛媛県史　人物』（1989）でいずれも「御宝町」と記載されているが、後者 2 誌では姓を「しょうだ」とルビを打っていることから、「御宝町」生まれで大蔵大臣を務めた勝田主計（しょうだ・かずえ／ 1869–1948）との混同と考えられる。そのため、本稿では『評伝　勝田銀次郎』（松田重夫著／ 11、12 頁）の記述に拠った。

2）『三豫人』「消息告知板」創刊記念号　三豫人社、昭和 27 年（1952）135 頁

3）松田重夫『評伝　勝田銀次郎』青山学院資料センター、昭和 55 年（1980）7 頁
　青山学院『青山学院九十年史』（昭和 40 年（1965））373 頁では、勝田の寄付は高等

学部校舎に総額 30 万円、院長館に 1 万円余りと記されている。

4）勝田館について、松田重夫著『評伝　勝田銀次郎』（昭和 55 年（1980））ii 頁では関東大震災により「全壊」と記載されているが、青山学院資料センター所蔵の学内広報誌『青山学報』第 23 号（大正 12 年発行）によれば、同震災により中央の塔および 2 階の破損が著しいうえ、外壁にも亀裂が多数見られ、その後の使用は難しいという技術者による調査報告が記されている。

5）松田重夫『評伝　勝田銀次郎』青山学院資料センター、昭和 55 年（1980）50 頁

6）北室南苑編著『陽明丸と 800 人の子供たち —日露米をつなぐ奇跡の救出作戦』並木書房、平成 29 年（2017）111 頁

7）原忠明『激動期　六人の神戸市長 —原忠明回想録』、昭和 63 年（1988）19 頁

8）松田重夫『評伝　勝田銀次郎』青山学院資料センター、昭和 55 年（1980）90 頁

9）『三豫人』「消息告知板」創刊記念号　三豫人社、昭和 27 年（1952）136 頁

【引用・参考文献】

松田重夫『評伝　勝田銀次郎』青山学院資料センター、昭和 55 年（1980）

北室南苑編著『陽明丸と 800 人の子供たち —日露米をつなぐ奇跡の救出作戦』並木書房、平成 29 年（2017）

神戸新聞社編『神戸市長　14 人の決断』神戸新聞総合出版センター、平成 6 年（1994）

原忠明『激動期　六人の神戸市長 —原忠明回想録』、昭和 63 年（1988）

『三豫人』創刊記念号　三豫人社、昭和 27 年（1952）

青山学院『青山学院九十年史』昭和 40 年（1965）

学校法人青山学院『本多庸一』昭和 43 年（1968）

【関係資料館、記念館等】

青山学院資料センター　東京都渋谷区渋谷 4-4-25　間島記念館 2 階
　　　https://www.aoyamagakuin.jp/history/mcenter/index.html

NPO 法人 人道の船 陽明丸顕彰会　石川県能美市福岡町ロ 10 番地
　　　問合せ先　jazzpanther7@ybb.ne.jp

【協力】

青山学院資料センター

北室南苑氏（NPO 法人 人道の船 陽明丸顕彰会 理事長）

村田省蔵
むら　た　しょう　ぞう

（1878-1957）

若いときに赴任した中国への愛着を失わず
大阪商船（現在の商船三井）社長として活躍した海運人
「海の日」産みの親

大阪商船の３人

　明治17年（1884）、住友家総理・広瀬宰平が関西の小船主28社を集めて大阪商船（今の商船三井）が呱々の声をあげた。政府の肝煎りでスタートした日本郵船と対照的に、瀬戸内小船主が集まり民主的な手段で誕生した会社である。この会社の生成に名を残す社長が３人あげられる。中橋徳五郎（在任期間1898〜1914）、堀啓次郎（1914〜1934）、村田省蔵（1934〜1940）である。

　中橋徳五郎は首都圏から東大、一橋大や商業学校卒業生を集めて経営の芯をつくりあげ

晩年の村田省蔵
（村田省蔵追想録より）

た。堀啓次郎は20年間の在任中に「大阪商船」の名を挙げる会社に伸長させた。村田省蔵の社長在任期間は政界進出のため６年に過ぎないが、明治33年（1900）に22歳で入社いらい堀社長を扶けて会社を盤石の重きに置いた。

　村田の生まれ育ちに触れたい。明治11年（1878）、東京郊外の渋谷村（いまの渋谷区）に生まれた。父・正蔵は明治維新の変革で傾いた家運を持ちなおすため種々の事業に手を出したが失敗して家産を使い果たし、最後には浅草の市村座で演劇の興行に加わるまでになる。しかし興行は水もので一家は苦しい生活を余儀なくされる。

　桑名藩出身の母親が針仕事の内職で家計を支えるが、少年・村田はリューマチの持病をもつ母を扶けて時おりボタン付けを手伝いながら学業の予習をしていた。日暮れを待ちかねて母親がわずかな質草を風呂敷に包み、人に気付かれぬよう忍び足で門を出る姿が中学生の村田の眼の底に焼きついていると、述懐している。このような貧苦のなかで親戚からの援助のもとに成長する村田は、昼は上野の図書館、夜は神田の国民英語学校で学んだ。凍てつく寒夜に街頭で買った1銭の焼芋を懐に入れて温かみをとって歩いたこともあった、と語っている。

　難関の高等商業学校（現在の一橋大学）に入学する。日中は神田の高等商業学校で学んだあと、学費を賄うため京橋の教会施設で夜学の英語教師をつとめていた。村田の徒歩ルートは番町（下宿）⇒神田⇒京橋⇒番町であった。日頃の憂さ晴らしにボート部へ入り、隅田川での漕艇に熱中する。このお蔭で身体強健となり、これが社会人となったあと、中国でのきびしい日常に耐え得る体力ができる。

東京高商漕艇部の一員として（前列左から2番目）（村田省蔵追想録より）

大阪商船の村田

　明治33年（1900）に卒業して、大阪商船神戸支店に配属されるが、その翌年に中国へ転勤を命じられる。赴任先は上海から長江を1千キロ遡航した漢

口（現・武漢）。この地は1858年の天津条約で得た権益のもと、英仏がすでに進出しており、漢口から1千キロ上流の重慶から出される綿布類を集荷していた。大阪商船は下関条約で得た権利で明治31年（1898）に上海〜漢口航路を開設、重慶からの輸出品を上海で外航船に積んでいた。

　村田は堀啓次郎支店長のもとで仕事をはじめるが、漢口と上海での生活は9年の長きにわたった。その間、大阪商船の航路は漢口から宣昌に延伸される。宣昌〜重慶間（200キロ）には三国志で知られた「山峡の嶮」があり、大型船が通れぬ難所であった。村田ら3人はジャンク（平底帆船）を雇い、この難所を危険に曝されながら27日間もかけて遡航、重慶では粗末な宿屋で1年間も過ごしたと村田の回顧録にある。

上海支店時代（前列左から4番目。向かって左隣が堀啓次郎）（村田省蔵追想録より）

　入社間もない村田に10年近い苦行をさせたのは中橋社長の意向であった。これは有為の青年に更に大きい仕事場を用意するための配慮で、そのとおり明治43年（1910）に村田はアメリカのタコマ駐在、翌年にはシカゴに転じている。これは中橋社長の勇断で明治37年（1904）に開設された香港〜タコマ定期業務のためであった。

　中橋社長は、日本郵船がイギリス勢力に切り込んで明治24年（1891）から配船していたインド航路に自社船を投入する。大正2年（1913）のことであるが、遠洋航路への大胆な進出策は堀社長に受け継がれる。中橋社長が辞任、

堀社長になる大正 3 年（1914）、村田は 36 歳の遠洋課長（いまの部長）として遠洋進出策を巡らす堀社長の片腕となっていた。

　日本と南米大陸間の交通は明治 38 年（1905）に東洋汽船が南米西岸航路を開設していた。東岸のブラジル、アルゼンチンは各種農産物とくにコーヒー、羊毛、牛、豚肉を豊富に産出することから、貿易はイギリスを始め欧州、北米に依存していた。大阪商船は大正 5 年（1916）に海軍省から笠戸丸を試験的に南米東岸まで運航して手応えを見定めた。それで航路補助を申請したが直ぐには認可されなかった。日本人の海外発展と日本の貿易進展で将来性ありとの判断で、翌年から西廻り南米東岸線を開始した。

　この航路では日本からの往航は移住者と雑貨が見込めるものの、復航は欧米諸国が買い付けていたような大量貨物を日本が輸入することが少ないという貿易構造であった。ここで村田が発想したのがパナマ経由で日本に帰航する途中に、ニューオルリンズに寄せる発想であった。これでアメリカが大量に輸入していたコーヒー、綿花、肉類がニューオルリンズからミシシッピー河を経由して中西部や北東部に流れることになる。折しも第一次世界大戦が真っ最中だったこともあり、往復航とも成績があがる。その結果、政府補助のある命令航路となった。

経営者としての村田

　村田が専務となった大正 9 年（1920）から、社長となる昭和 9 年（1934）のあいだは第一次世界大戦後の不況からニューヨーク株式暴落に端を発する世界不況にいたる時代である。堀社長のもと、村田は遠洋航路の開設に大胆な手を打つが、その間にディーゼル機関の採用という世界的に珍しい方針を打ち出す。

　大型商船にディーゼル機関を搭載した例はデンマークの「セランディア」（4,964 総トン、1912 年竣工）を嚆矢とするが、大阪商船では 1924 年竣工の瀬戸内航路客船音戸丸（688 総トン）型 3 隻と紅丸（1,540 総トン）に日本商船で初めて内燃機関を採用していた。村田は欧州〜東洋航路での「セランディア」

の運航実績を調べたうえ、ネイバル・アーキテクトの和辻春樹と打ち合わせた
うえで、これを実行した。音戸丸の翌年と翌々年、大阪商船は南米航路の大型
船さんとす丸（7,267 総トン）クラス 3 隻に大型ディーゼル機関を搭載、わが
国最初の航洋ディーゼル客船となって話題となる。

　〈船づくり〉で村田の面目躍如たるものはニューヨーク急航線の決断であ
ろう。パナマ運河経由のニューヨーク航路は英国のブルー・ファンネル・ライ
ン、プリンス・ライン、バーバー・ラインなどが 13〜14 ノットの貨物船を配
船していたが、北米への主要荷物で、船社に魅力があるものは生糸であった。
日本から出される生糸の大部分は北米西岸で陸揚げされ、そこからシルク・ト
レインと呼ばれた大陸横断鉄道を利用して、生糸が取引される中西部とニュー
ヨークに送られていた。このルートは所要時間が短いメリットがあった反面、
高い鉄道料金ゆえにトータル輸送コスト（海上運賃＋鉄道料金）が高いという
問題があった。

　大阪商船が他社と変わらぬ船を投入したのでは意味がないとして、高能率の
新船構想を提案したのは村田の部下である戸田貞次郎（「米国海運大要」の著
者）と言われている。村田や戸田をはじめ、設計責任者の和辻春樹も加わり、
計画が具体化するまでには予想以上の研究を要していた。だから即決断行で知
られた村田の机上には 30 センチもの書類が積みあがっていたという。それま
で赤字を出していたニューヨーク航路に 2 千万円（現在価値で約 400 億円）も
の大投資（浅原丈平「日本海運発展史」）であるから悲壮な覚悟を強いられて
いた。

　後年に村田はこう語っている。「これをやりそこなったら商船会社は潰れて
しまうのです。これはもうイチかバチかであったほど商船会社は苦しかった
訳です」。この時期には金融恐慌の余波で造船所も受注がなくて懊悩しており、
受注船価をディスカウントせざるを得なかった。その意味で、「船は不景気の
ときに造れ」を地で行った堀社長による乾坤一擲の決断が大きな果実を生んだ
ものである。

新造計画

　新計画の眼目は高出力のディーゼル機関の搭載であった。和辻が太平洋戦争終戦直後に著わした『船の思ひ出』によれば、

　　「重量トンを 1 万トンに抑えて、造船技術上最高の速力を具有し、かつ燃料消費の点、機関の大きさと船体との調和がよく取れて、少しも無理にならない能率的な貨物船を目標にして研究してみた。遂に機関としてズルツァー 2 サイクルのディーゼル・エンジンを採用して出力 7,200 馬力で航海速力約 17 ノットの自信を得た。本船の設計に当たっては寄港各港間の海潮の状態、風の方向、荷物積載予想、港間距離などを考慮して、常に正規制動馬力で航走することを目標とし、出入港の時間を見越して各港間の定期速力を定め、然るのちに営業方面に対して定期表を作らしめた。営業部から出てくる定期表を悉く訂正して、各港間の定期速力を自分で決定し、横浜〜ニューヨーク間を 26 日で航走する計画をたてた」

とある。和辻から出されたこのような数字に村田は眼を通していたであろう。世界恐慌での経営難（昭和 4 年（1929）までの黒字経営が昭和 5 年（1930）から赤字となる）が予想される折りの巨大投資は間違えば会社がつぶれる程のものであった。

　海運、造船界から注目の的となったこの計画は、畿内、東海、山陽、北陸という日本の旧街道名を冠した 4 隻と岸本汽船から傭船した関西丸、関東丸 2 隻、合計 6 隻による 3 週間に 1 回、香港起終点の定期であった。高価なディーゼル機関を搭載した高速船の建造は前例がないことから政府補助がつかなかったうえ、ニューヨーク株式暴落による不景気で社債による資金調達は困難を極めていた。企画が出来たとき、村田は三菱長崎造船所に役員の串田万蔵（注：浅原丈平「日本海運発展史」）を訪ねて援助を仰いだところ、言下に建造と資金も世話しようと返事があり、安堵して帰社したとのことである。

第1船畿内丸は昭和5
年（1930）6月に竣工する
が、これに先立つ4月1
日の進水式に副社長の村
田は「どうしても私に出
席させてください」と堀
社長に懇請して長崎に赴
く。そして命名台に立っ
たとき「どうかこの船を
成功させてください」と
涙ながらに支綱切断した
と伝えられている。建造

進水する畿内丸（三菱長崎造船所提供）

に必要な大投資が失敗すれば会社の存立も危うくなる程のものであったから無
理もなかった。

　世間では新船の速力はせいぜい16〜17ノットと考えていたところ、試運転
で最高18.5ノットを記録していた。7月16日に横浜を出帆した畿内丸は、8
月11日ニューヨーク・ブルックリン埠頭に到着する。所要日数は25日7時
間で、従来の他社船横断記録35日を10日間も短縮して海運界を驚嘆させた。

　大阪商船がニューヨーク急航線と名づけた新サービスは日本からニューヨー
クへ直航（途中ロサンゼルスで補油）するから輸送コストは海上運賃だけで済
む。また高速船であったから輸送日数も従来の船鉄連絡（アメリカ西岸で鉄道
に積みかえること）と大差がなかったという。

　後日、戸田貞次郎の講演では内燃機関による燃料費節約のほかに機関室ス
ペースの減少（在来の蒸気機関でのボイラーが不要になる）が貨物容積の増加
を生むこと、月2便配船の場合、10ノットの低速船では12隻必要だが、16〜
17ノットなら8隻で済むから1船隊の投資額はさほどかさ張らないと、資本
の回転にも触れていたのは興味ぶかい。

国際汽船

　村田が関わったことで特筆されるのは、国際汽船を傘下に収めたことであろう。これは昭和9年（1934）、20年間にわたり社長として大阪商船の舵取りをした堀啓次郎の後をついだ村田の仕事である。当時の国際汽船には経営問題があった訳ではないが、金融機関側の打算（国際汽船株の大阪商船への売却価格を巡る銀行間の利己的な駆引きがあったといわれる）でなされた意味で特別な事象である。国際汽船の株主銀行（日本興業銀行、第一銀行、第十五銀行）が大阪商船と交渉して銀行側の持株と国際汽船の債務を大阪商船が肩代わりしたものである。村田自身が社内でも秘密裡にこの話をまとめあげたのが昭和12年（1937）1月のことであった。当の国際汽船側は蚊帳の外にあり、社長がこの情報をスクープした新聞記事を見て初めて知ったという余話がある。この結果、大阪商船の支配船総計は77万4千総トンとなり、日本郵船の77万1千総トンを凌駕していた。

戦時体制

　昭和12年（1937）に日中戦争の火ぶたが切られると、全てが非常時態勢となり、海運業の見通しが困難となる。このとき村田が部下に洩らした言葉には一商人でない鋭さがあった。それは「非常時の日本海運業者は率先して国運を背負って立つべきだ。営利事業としての海運はしばらく休みだ」というものであった。業界に呼びかけて「海運自治連盟」を作り、自発的に運賃を低水準に決めたが、これは日本海運史における画期的な実践であった。これが非現実的な政策だとの反対論を圧して、「不況の裏に進取の気を養い、好況の裏に将来の計を建つべきだ。それには海運業界がひとつに纏まらねばならない」として自分の意見を曲げなかった。

　日中戦争の深化と第二次世界大戦の勃発により国内事情は一変する。村田の政治的手腕を高く評価していた近衛首相は幾度も入閣を勧めたのち、第二次近衛内閣の逓信、鉄道大臣に据える。この時から第三次近衛内閣の昭和16年（1941）10月まで村田は留任している。

　村田が残した事績のひとつは、昭和16年（1941）に「海の記念日」を7月20日と創設したことである。筆者の推測であるが、すでに陸海軍に徴用されていた商船と乗組員への感謝の念が村田の心にあったはずである。ところが戦後には村田の真意よりも「海に親しもう」という休日になってしまっている。

　近衛内閣が昭和16年（1941）に倒れる間もなく、村田には思いがけないことが待っていた。東條首相からの要請である。そのとき東條はこう言ったと村田は語っている。「満州事変ではすべて軍人の判断でことが行われた。大東亜戦争ではその失敗を繰り返さないために、軍司令官に配する親任官を一人つけて、その専断に陥らないようにしたい」。さらに言葉をついで「村田君、英米の如き強国を向こうにまわして戦っておる私は非常な責任を負うている。従来のよしみによる協力の意味でこの仕事を引受けてもらいたい」と謙虚な態度で言われた。戦争となった以上は一兵卒となって微力を注ごうと、村田は〈比島派遣軍最高顧問〉の任をうける。

　本間雅晴軍司令官がコレヒドールのアメリカ軍との対戦で非常な苦労を重ねていた昭和17年（1942）2月、村田はマニラに赴任する。昭和18年（1943）から駐比大使となるのは村田が65歳のときである。昭和19年（1944）から戦局の形勢が逆転、米軍がレイテ島に上陸したため村田はラウレル大統領以下の閣僚とともにマニラを去り、ルソン山中のバギオに政府を移す。昭和20年（1945）に米軍がルソン島に上陸するや、米艦や米艦載機の砲爆撃に耐えながらバギオを脱出、北東岸のツゲガラオから空路台湾に辿りついている。

晩年

　終戦帰国後は巣鴨プリズンで2年足らず過ごしたのち、昭和31年（1956）10月に79歳の村田は日本国際貿易促進協会の会長となって国慶節祝典に参列する。このあと毛沢東主席、周恩来総理と会見している。更に同年の11月には腹痛（胃がんだったことは本人に知らされず）を圧して、北京での日本商品展覧会に総裁としてふたたび毛主席、周総理と会談している。この滞在中に村田は上海へ飛び、（孫文の妻であった）宋慶齢とも会談して帰国する。これか

ら3カ月後の昭和32年（1957）3月15日、村田省蔵は多摩川河畔の自宅で永眠、80年の生涯を閉じた。

毛沢東（写真左）と歓談する村田省蔵
（村田省蔵追想録より）

　病身の老体を削るかのように中国へ往復した事実をどのように解釈すればよいだろうか。23歳から中国で体験した9年間で村田の肌にしみ付いた中国の匂いが然（しか）らしめたのではなかろうか。別の表現を借りると、（陶淵明の）帰去来の辞にある『帰りなんいざ田園将に蕪（あ）れなんとす　なんぞ帰らざる』の意気ではなかったかと考えている。

（執筆：野間 恒）

【引用・参考文献】

『村田省蔵追想録』大阪商船、昭和34年（1959）

村田省蔵『海運及び海運金融』金融研究会、昭和13年（1938）

中橋徳五郎翁伝記編纂会『中橋徳五郎』牧野良三、昭和19年（1944）

浅原丈平『日本海運発展史』潮流社、昭和53年（1978）

大阪商船『大阪商船株式会社五十年史』大阪商船、昭和9年（1934）

大阪商船『大阪商船株式会社八十年史』大阪商船三井船舶、昭和41年（1966）

内田信也
うちだのぶや
（1880–1971）

生来の商売センスで三大船成金の一角を占める一方
船をこよなく愛した豪放磊落な 90 年の人生

生い立ち

　内田信也は茨城県行方郡麻生町（現在
の行方市）の士族内田寛の五男として明
治 13 年（1880）に生まれた。若いときは
虚弱体質で、肋膜を患い、体温計を離せ
ない日々を送っていたが、中学生になっ
てから体力増強と健康回復に目覚め、ス
ポーツに熱中し始めた。柔道、スキー、
ボート、乗馬等々である。社会人になっ
てからも規則的生活を心がけ、朝は早く
起き、乾布摩擦と体操を行い、30 分程度
の散歩、夜はどんなことがあっても 12
時前に就寝する生活を続けた。

　麻布中学を経て、東京高等商業学校
（現在の一橋大学）に入学。在学中は学

内田信也

業そっちのけで柔道とボートに熱中し、ボート部ではキャプテンにまでなっ
た。乗馬は行政官として昭和 18 年（1943）に赴任した仙台で年間 200 鞍乗っ
たというから凄い。当時内田は 64 歳であったのには驚くばかりである。

三井物産入社

　明治 38 年（1905）、東京高等商業学校卒業後三井物産に入社し、神戸支店船
舶部（後の三井船舶）に配属された。学生時代スポーツに熱中していたので、

入社試験の順位は 32、3 人中下から 4、5 番目であった。内田は入社が決まると、神戸配属を知っているのにもかかわらず、本社に出社し挨拶をするという裏技にでた。この強引ともいえるやり方に三井物産の上層部は「やる気のある奴」と評価し、入社試験では下位であった順位をトップの順位とした。

　以来一日も欠勤せず、明治 43 年（1910）、31 歳で船舶主任（現在で言えば傭船部長に当たる）にまで昇進した。当時、海運荷物の主流は石炭であり、その貨物の多くは三井物産等の炭鉱を持つ大会社が握っていた。したがって海運荷物を集める方法を持たない小規模船主の多くは、三井物産のような大きな海運業者に持ち船を貸船し、傭船料を受け取るのが一般的であった。内田はこの三井物産での仕事を通じて、多くの傭船ビジネスのノウハウと海運業界での広い人脈を得て、その後立ち上げた自身のビジネスに大いに役立てた。

内田汽船創設

　大正 3 年（1914）、第一次世界大戦勃発に際し、船舶需要の高まりを予見した内田は、社内人事のトラブルもあり同年 7 月三井物産を退社した。

　自らの退職金と長兄から借りた金 2 万円をもって神戸市内に内田信也事務所を開設し、船舶傭船業を始めた。大戦勃発当初、海運運賃市況は暴落したが、すぐに上昇するなど激しい動きを見せた。内田は市場の動きを的確につかみ、船を次から次へと傭船、これを高く貸船し、利ザヤを稼ぐブローカー業で業績を上げた。

　しかし利ザヤ稼ぎだけでは事業の拡大に限界があると感じた内田は、船舶を自ら所有し、さらに大きな利益を上げようと考え、ブローカー業で稼いだ資金を元手に大正 3 年（1914）12 月内田汽船株式会社を設立し、本格的に海運業に乗り出した。同時期には日本船主同盟会理事、帝国窯業社長、そして大正 6 年（1917）には、既に設立されていた明治海運の相談役にも就任した。内田 38 歳の時である。

　海運業を始めるにあたり大正 6 年（1917）勝田汽船から中古船・大正丸を、次に三井物産から彦山丸を購入、さらに翌大正 7 年（1918）には海外船社から

4隻（空知丸、愛国丸、第二欧羅巴丸、第二雲海丸）を購入、合計6隻の船を貸船中心に運航して、40.2万円の利益を上げた。驚くべきは、そのうち37.5万円を配当してしまい、その配当は60割となり、世間はその高額配当に驚愕した。その後も13.1万円、503万円、89万円、200万円と毎年高額な配当が続いた。内田は身内で株式の大半を所有していたため配当金の殆どを手に入れ、大資産家となった。

船成金と呼ばれ

その当時、海運業界は傭船料高騰、船舶価格高騰のブームで沸いており、そこで成功をおさめ、大金を手にした者を世間は船成金と呼び、特に内田信也、山下亀三郎、勝田銀次郎を三大船成金と囃したてた。もともと「成金」とはあまり良いイメージはないが、この三人はともかく競争するように半端ない金の使い方をした。内田は神戸市の郊外須磨の敷地5千坪に、洋館のほかに畳敷きにして5百畳も敷ける堂々たる邸宅「須磨御殿」を建てた。特に大広間は100畳もあり、近くで軍隊の演習があった際には将官を招き豪華な食事で慰労した。そのほかにも、名士を招待し大盤振る舞い、友人を招いて芸妓の総上げ、箱根旅行に一列車の貸し切り等々浪費とも思われる金の使い方には驚かされる。この浪費ともいえる金の使い方も「成金」と言われる所以である。

しかし、これとは逆に社会貢献的な金の使い方もあった。生まれ故郷茨城県の水戸高等学校創立資金に100万円を寄付したことだ。しかし折角の寄付行為だったが、茨城県側からは「80万円であればたくさんと言ったのに無理やり100万円を提供した」とも言われた。これは船成金としてのイメージの悪さがもたらしたものだ。その他に、大正8年（1919）7月東海道線の死者1名、重傷者8名の脱線事故に遭遇し、本人と母親は重傷を負ったものの助かったが、長兄は死亡してしまった。この事故の新聞報道で「神戸の内田だ、金はいくらでも出す、助けてくれ」と救助の模様を書かれてしまった。内田本人は「金はいくらでも出す」などとは言っていない、あれは憲政会の横浜市会議員が救助を後回しされた腹いせで新聞記者に言った作り話だという。いずれにしても内

田＝船成金のもたらしたイメージの一つであった。

不況到来

　大正7年（1918）11月、第一次世界大戦が終わり、海運市況は一時暴落したが、翌年には戦後復興景気で沸き立っていた。しかし、年末に、日本興業銀行（現・みずほ銀行）からの情報、さらに原敬首相との面談で世界経済の様子がおかしいと教えられた。大正8年（1919）3月、不況の到来である。その当時、内田汽船では大正6年（1917）から大量発注していた新造船が続々と竣工されていた。同社所有船舶は16隻にもなり、資産価値は1億円とも言われた。ただし借入金も3千万円もあったので、船価が5分の1に急落する状況では、借入金以下になり破綻することが予見された。機を見るに敏な内田は、即座に全支店に手持ち品の売却を命じた。所有船舶も市場価格がトン当たり38ポンドのところ35ポンドでの売却を指示し、処理を急いだ。そのほか「須磨御殿」を100万円で売却し、横浜にあった内田造船を日立造船に無償譲渡した。この造船所が大正12年（1923）に発生した関東大震災で全壊したことは、内田の強運を表している逸話である。

　確かに、世界恐慌によって内田は莫大な損失を被ったが、その後の政治活動への資金に余力を残すことはできた。一方で多くの船成金は破綻し、元の「歩」に戻ったのとは対照的であった。なお大正8年（1919）、別邸として建てられた、熱海にある「起雲閣」は、現在は熱海市所有の有形文化財となり、その文化的価値を評価されている。

政界への転身

　実業界で成功した内田は、政治の世界に飛び込んだ。大正13年（1924）、政友会公認で出身地の茨城県5区から立候補、見事初当選を果たす。

　政界入りのきっかけとなったのは、当時立憲政友会総裁、のちの「平民首相」として有名になった原敬との交友が最も大きかった。原自身は大正10年（1921）に東京駅で暗殺されてしまったが、その人間性、包容力にふれ、実業

の世界から政治の世界に転身する時に政友会から立候補したのもその縁であった。以来7期連続当選し政界に確固たる地位を樹立した。

政治活動

　昭和2年（1927）、岡田啓介海軍大臣のもとで海軍政務次官となった。同時に内田はすべての会社の役員を辞任した。この辺は潔癖な性格を持つ内田の面目躍如たるところである。

　昭和6年（1931）、犬養内閣の逓信政務次官となり、船舶改善助成施設の成立に尽力した。この政策は、余剰になった老齢船舶のスクラップを条件に新造船建造に補助金を支給するものであり、船舶の品質向上と合理化を目的とするものであった。同時に有事の際に軍事徴用できるものでもあって、当時昭和恐慌にあった海運・造船界にとっては、景気回復に絶大な効果をもたらした。

　内田はこの様に海運界から手を引いた後も、海運界の発展に影で努力していた。

鉄道大臣拝命

　その後、岡田内閣では昭和9年（1934）、鉄道大臣を拝命し、昭和17年（1942）の関門トンネルの開通に尽力した。そのため関門トンネルの門司側の入り口に掲げられている「関門隧道」の扁額は内田の揮毫したものである。また東海道線の熱海にある「丹那隧道」の扁額も同じく同線の電化を計画した内田の業績をたたえるものである。

　内田は鉄道大臣に就任早々、①綱紀粛正、②安全運転、③サービスの改善、の3項目を掲げ、国鉄の改革を断行した。今見れば至極当然なスローガンであるが、当時は運輸官僚等からの反発も強かった。しかし内田は現場の声を大事に、着実に改革を進め、国鉄社員から「大臣」よりは「オヤジ」と呼ばれ慕われた。一例が関門トンネル開通式で起こった。元鉄道大臣として挨拶に立った内田は、掘削の技術責任者が末席にいるのを見て、挨拶の中でその功績をたたえ、前にきて並びなさいと言った。それを聞いた国鉄職員は祝賀パーティーの

会場で内田を担ぎあげ会場内を回った。

風雲急を告げる

　内田が第二次世界大戦前に政治活動をしている間、日本では政党政治から軍閥政治に向かう大きな事件が二つあった。一つは昭和7年（1932）の、犬養毅首相が海軍若手将校により暗殺された5・15事件、もう一つは昭和11年（1936）に陸軍皇道派若手将校が起こした2・26事件であった。この事件では、親交のあった高橋是清が殺されている。両事件とも内田は内閣の一員であり、事件の後始末に奔走した。そのような状況の中、政治信条の同じ吉田茂（サンフランシスコ平和条約に署名する首相）と親交を深め、お互いに親友と呼ぶまでになった。

　昭和18年（1943）、太平洋戦争のさなか、内田は勅命にて東北6県を束ねる行政官となった。行政官になった内田は、東北の抱えているコメの生産に不向きな湿田という現状に頭を痛めた。そこで内田は青竹に穴をあけ田んぼの水を抜くアイ

麻布三河台の自宅にて（63歳）

デア（内田式暗渠排水）を出し、コメの増産を図る工夫をした。現場主義のなせる業であった。その時の経験もあり、戦争末期の昭和19年（1944）には東條内閣の農商大臣となり、食糧増産の旗振り役となった。

　さらに貴族院議員にも勅選された。内田は東條内閣の一員であったため、第二次大戦後公職追放となるが、昭和25年（1950）、追放は解除された。東條内閣で閣僚であったが、戦中、近衛文麿グループの一員として吉田茂ら早期終戦派に属していたのが幸いし、早期公職解除につながったものと思われる。昭和

27年（1952）、第25回総選挙に自由党から茨城県第1区で出馬し当選を果たす。さらに翌年の総選挙でも再当選し、第五次吉田内閣の農林大臣として入閣した。農林大臣になるも、わずか1か月で辞任してしまう。

吉田総理（前列左）と内田（78歳、前列右）

　内田は政治が好きで、現に政治をやってきた。しかし戦前の政治と戦後の政治は、すべての面で相当違っていた。追放の期間のブランクで生来の内田の気質に合わないことが日常身辺で起こった。頭の回転が速い内田は、時代は変わり、もう自分が政治世界で力を発揮できるところはないと見極め、あっさりと政界から身を引いてしまった。

国鉄疑獄事件

　そんな内田の華やかな政治生活にあって、一度だけ窮地に陥った事件があった。国鉄疑獄事件である。この事件は当時の大手ゼネコンによる「談合」「贈収賄事件」であった。内田は鉄道大臣として関与した最後の大物として連座、昭和12年（1937）、立件起訴され、拘置所に収監された。裁判は4年もの長きにわたり行われ、内田は裁判を通じて終始無罪を主張し続け、最終的に昭和15年（1940）10月、無罪判決を勝ち取った。判決文に付言して、裁判長であった吉田肇は「内田は多年修養の甲斐あって、常にスポーツマン・シップを以て男らしく行動し（中略）、この四年間に互り憂鬱なる日を送ったことに対しては、衷心より同情にたえぬ、願わくば自重自愛、捲土重来して邦家のため、その力を致さんことを望む」と論述したので、内田は「感涙に咽んだ」とのちに述懐している。

海運界へ再登場

　政治の世界で活躍する一方で内田は、昭和24年（1949）、70歳で明治海運の取締役会長となり、海運界に戻ってきた。明治海運自体は明治44年（1911）5月、三井物産の船舶部の別組織として設立された会社であったが、太平洋戦争により所有船舶の殆どを失っていた。終戦から1年過ぎた昭和21年（1946）10月、戦争で失った船舶の戦時補償も連合国の要請で打ち切りとなり、ゼロからの出発を余儀なくされた。

　一方、政府主導による計画造船が昭和22年9月から開始された。内田は戦前戦中に築いた幅広い人脈を生かし、金融機関、造船所と自ら先頭に立ち、交渉し取り纏めていった。昭和24年（1949）の明天丸を皮切りに、明光丸（昭和25年竣工）、明徳丸（同26年竣工）などを次々と建造し、三井船舶との間に運航委託や長期傭船契約を結んだ。

　特にタンカーでは、昭和28年（1953）に竣工した明泰丸は、計画造船の船として日本初の定期傭船方式（タイム・チャーター）による船であった。本船はメジャーオイルのエッソ/モービルと提携関係があった東亜燃料工業（その後の東燃、現・JXTGエネルギー）の長期傭船保証を得て建造されたもので、その後の明治海運の長期安定傭船契約を主体とするビジネスモデルとなった。東燃との関係は、東燃の経営者中原延平が内田の実兄の窪田四郎が経営していた富士製紙に入社した縁で、家族ぐるみの付き合いがあったためである。しかし契約において内田はシビアであり、特に技術面においては妥協を許さなかった。明泰丸の試運転中、わずかな振動が機関に認められると、内田は原因の徹底究明と改修を命じ、そのため引き渡しが15日間も遅れることを厭わなかった。その結果、この船は、12年間の傭船期間中一度も故障せず、東燃から絶大な信頼を得、その後のタンカー傭船に繋がることとなった。東燃とはヒーティングコイル付きの明哲丸（昭和38年竣工）、当時としては珍しいSBT（分離バラストタンク）を持った明扇丸（同42年竣工）、そして計画造船で初めてとなる20万トン級タンカー明原丸（同45年竣工）を相次いで就航させた。

　内田は明扇丸の引き渡し前にどうしてもブリッジに立つと言い出した。老齢

で足が悪かった内田が自力で 15 万トンもあるタンカーのブリッジに上がるのは非常に無理があった。三井造船千葉と明治海運の技術者たちは、「ゴンドラをクレーンで釣って、岸壁からブリッジまで内田を吊り上げよう」と考え、前日予行演習ま

明扇丸（昭和 42 年竣工）

でして実行した。これは船をこよなく愛する内田と、それに何とか応えんとする造船所の誠意がここに結集した賜物（たまもの）であった。

　米寿を過ぎたあとも会社に毎日出勤していた内田は、特に運輸省、日本開発銀行などの重要な所にはステッキをついて自ら出かけて行った。昭和 45 年（1970）、明原丸の定期備船契約書署名が内田の最後の仕事となった。調印式は当初パレスホテルで準備されたが、体調悪化の為やむなく自宅でサインすることになった。その後自宅療養を続けたが、昭和 46 年（1971）正月、90 歳の天寿を全うした。葬儀に際し、天皇陛下から祭祀料を賜り、同時に勲一等旭日大綬章を授けられた。

人柄

　最後に趣味について触れておこう。

　まず柔道についてだが、内田は麻布中学時代から柔道を始め、内田汽船時代には須磨御殿に柔道場まで作り、若手社員に週 3 日稽古をつけていた。鉄道大臣の在任中、当時柔道界の麒麟児と謳（うた）われた三船 8 段（その後 10 段）と講道館で練習する機会があった。その際、立ち技では相手にならないので、寝技で勝負したところ、締め技が決まり三船が落ちてしまった。後日「大臣だから負けてやったのか」と聞かれた三船が「本当に技が決まって、負けた」と言って

いるので、内田の柔道5
段は名誉5段でなく真の
5段であった。

　次に内田は麻雀も大好
きであった。大正5、6年
（1916、7）頃、上海に寄
港した船長がお土産とし
て麻雀牌を買ってきた。

　中国語でかかれた解説
書を翻訳させ遊んでい
た。麻雀を日本で初めて

62歳の馬上の内田（代々木乗馬クラブにて）
中央の女性は長男・勇の嫁・文子、赤ん坊は孫・武子

やったのは自分であるとよく自慢していた。お仲間は保険会社、銀行、同業者
の面々で、その付き合いは晩年まで続いた。内田の麻雀の特徴は、すべて日本
語であったことだ。"ななぞろ"（チートイツ）、"そうかくし"（メンゼン）、"み
つぞろい"（トイトイ）等である。また大きい手を作らず、確実に上がる、全く
面白みの無いものであった。これは、内田の儲けは少なくとも確実性を重視し
たビジネス方針に通じるものでもあった。

　もう一つ、内田はプロレスの大ファンでもあった。プロレスというより「力
道山」のファンである。両国国技館、千駄ヶ谷の東京体育館にはよく足を運ん
だ。若い社員がお供について行くことになるのだが、観戦中、柔道の逆技（関
節技）を良く知っている内田は「あれは全く効いていない。こうすれば良い」
と若手社員に技をかけるのだ。しばしばプロレス会場で若手社員の悲鳴が聞こ
えたそうだ。力道山と言えば、ある時等身大の写真をもらった。サインは後で
ということで待っていたが、数日後刺殺されたと聞き、たいそう悲しんだと
いう。

（執筆：吉田　茂）

【引用・参考文献】
内田信也追想録編集委員会編『内田信也』昭和48年（1973）

内田信也『風雪五十年』実業之日本社、昭和 28 年（1953）

【関係資料館、記念館等】

起雲閣　静岡県熱海市昭和町 4-2　　https://www.city.atami.lg.jp/kiunkaku/index.html

※写真はすべて明治海運、内田家より提供。

未来へ

〜海事産業を新たなステージへと導いたレジェンドたち〜

　第五部に登場いただくレジェンドたちは、戦禍を被ったわが国海事産業を再生させ新たなステージへと導いた偉人たちです。

　森勝衛、和辻春樹、住田正一、有吉義弥、山縣勝見…彼らについて語るうえでのキーワードは、まさしく「明日へ」そして「未来へ」です。激動の時代を航海した森勝衛もまた語り継がれるべき船長である、と言っていいでしょう。大阪商船の和辻春樹は技師として多くの造船に携わり、呉造船所社長などを務めた住田正一は廻船式目に関する研究でも知られ、日本郵船社長を歴任した有吉義弥は戦艦大和や戦艦武蔵の建造用資材の極秘輸送にも関わり、山縣勝見は実業家としてはもちろん政治家としてわが国海事産業の復興に尽力しました。

　太平洋戦争によって、わが国海事産業は壊滅的な状況に陥りました。昭和25年（1950）4月に船舶運営会が解散し、全船の完全民営還元が実現します。壊滅状態にあったわが国海事産業の復活はわが国経済の再生を図るうえで不可欠とされましたが、期待とは裏腹に総司令部（GHQ）は復興抑制政策をとりました。しかし、米ソ冷戦を背景に日本を反共の防壁にしようとする西側諸国の動き、それを受けての船舶民営還元の実現、さらには朝鮮戦争による船舶需要の高まりといった一連の時の流れが、アメリカをはじめとする西側諸国の反日感情を和らげていきました。サンフランシスコ講和会議が、昭和26年（1951）9月4日からの5日間、サンフランシスコのオペラ・ハウスで開かれます。52カ国が参加した会議はアメリカ側の議長の水際立った進行によって成功裡にすすみ、8日の調印式を迎えました。それは、日本が終戦後6年にして主権を回復した瞬間であると同時に、わが国海事産業の新たな出発点であり、新たな挑戦の始まりでもありました。

森勝衛

もり　かつ　えい

（1890–1989）

激動の時代を航海した船長

はじめに

　よく人物を船、人生を海に例えて人の一生が表現される。海は、平穏と静寂
の内にすべてを許す抱擁にも似た凪から、何ものをも容赦なく飲み込もうとす
る非情な時化にまで、時々刻々とその様相を変える。人としての船は、千変万
化の海ならぬ人生を渡るに最適な擬制といえるかも知れない。

　海の見せる諸相に翻弄されつつ進む船に似て、人生にはその者の生きた時代
背景が大きく影響する。例えば歴史上、激動といわれる時代、長い時間の流れ
の中で何らかの特筆すべき変革、変動を見た一時期が青波の如く、自身の一生
に打ち返す中を進む者がいる。わが国では、文明開化以降の明治期より太平洋
戦争の終結とその復興までを一区切りとし、これを日本の近現代における激動
の時代と呼べば、この稿の主人公、森勝衛船長は正にこの激動の時代を生き抜
いた人物であった。

生い立ちと船員への志

　森勝衛は明治 23 年（1890）4 月 6 日、熊本県鹿本郡桜井村長浦（現在の植
木町）の農家に生まれた。

　勝衛の生まれる 13 年前、封建社会の最後の名残ともいえる西南の役が起
こった。桜井村の至近にあった激戦地、田原坂を手中におさめた官軍は村へと
侵入し民家に火を放つ。この災厄の前に、勝衛の生家では母屋を含めた多くの
財産が消失した。森家の家系図もその中に含まれていたため、以降、勝衛の系
譜の正確な遡及は難しくなったが、数代前の森太郎左衛門は長州藩士の身分な
がら江戸の享保年間に肥後へと下り、腰を落ち着けて寺子屋を開いた事実が知

られている。

　勝衛は父、安平のもうけた5人の子供の内の第4子にあたる。上には兄と2人の姉がいた。勝衛の齢11歳の折、母の加賀が他界、父の後添いにより2人の異母弟妹を得ている。

　子煩悩であった安平は、森家代々の気骨から子供には謹厳に接した。父の居丈高な性格はこの時代の人物伝にはよくある話である。勝衛の子供心に残る父への想い出はただ怖いというのみであったが、中学五年の折、腸チフスに罹患した勝衛に接する安平の慌てぶりともいえる一面を見、初めて父親の愛情を知ったという。

　小学校時代までの勝衛はやんちゃというには程遠く、気の優しい物怖じしがちな少年であった。自分の意思ですら人前で披露するのが苦手な、後年の勝衛からは想像もできない性格だった。その一方で勉学には精進し、明治36年（1903）、高等小学校を首席で卒業、制帽のキナセン（黄色の一条線）に象徴される熊本の名門中学、濟々黌（現在の熊本県立濟々黌高校）に進学する。

　中学時代の勝衛は小学校の時分とは異なる成長を遂げる。引っ込み思案が失せ、先頭に立ち行動する元気旺盛な青年となっていった。とはいえ自我の形成は非凡である程に様々な局面を併せ持つ。交友関係では硬派の不良仲間と行動を共にする不逞さも見せるようになり、これと迎合するかのように勉学はなおざりになった。

　勝衛が中学2年を迎えて幾ばくもない5月、日本海軍は日本海海戦で大勝利を遂げる。ロシアに勝利した国内の戦勝機運は、当時の成年男子の志を海軍へと向けさせた。濟々黌の学生らもご多分に漏れない中、勝衛は一人、商船学校への進学を目指した。勝衛の意志についてロレンス・ヴァン・デル・ポスト（後掲）は著書である『船長のオディッセー』の中で、「戦争という道よりも、合法的通商による平和という道の方が、結局は自分の求めているものといっそうぴったりすると思ったから。」と記している。

　当時の日本の海運業は日清日露の戦役での活躍を礎に置く上り坂の基調にあったが、船長をはじめとする船舶士官の多くは外国人により占められたままであった。国家を支えるべき産業の現場が外国人の支配下にある世情も、豪胆

さを宿し始めていた勝衛の抱く青雲の志を刺激して余りあるものであったといえよう。

　自分の思いを胸に秘めたままよしとはしない当人の性格は、勝衛をして船長になると広言させてはばからなかった。しかし肝心の成績は難関で知られた商船学校の合格にはとても及ぶものではなく、担任の教諭にまで、入学が果たせたなら俺の首をやるといわれる始末であった。

　勝衛は一念発起、手始めに硬派を気取っていた喫煙をやめて勉学に向かう。更に済々黌より商船学校へと進んだ先輩から、船長は英語の語学力はもちろん船員を統括するに足る人格や識見、無冠の外交官としての社交性をも兼ね備える必要ありとした助言に従い、自身の生活を厳格に律した。その甲斐あって明治41年（1908）9月、勝衛は官立商船学校航海科への入学を果たすのである。校舎は現在の東京海洋大学海洋工学部のある東京都江東区越中島にあった。

商船学校での生活と遠洋航海

　当時の商船学校での学生生活は、二年半の座学から始まった。夢にまで見た東京での暮らしであった。ここでの勝衛は模範的な優等生というには程遠く、必要と見做せば度々、校則を破るのも厭わない、勇猛とも無謀ともいえる破天荒な面を見せている。与えられ命じられたことに従順な、型にはまるかの生き方を嫌う自律的な精神は、良くも悪くも勝衛の人となりであり、天性であったといえるかもしれない。当時の写真にある勝衛の顔は大きくて四角い、俗にいう下駄顔、見るからに負けん気の強そうなこわもての印象を与えている。

　この頃のエピソードを挙げれば、海軍軍人だった校長による規律の強化に対して、学生を引き連れ校長室へ押し入り談判、「われわれを水兵の如く扱うのはやめよ」と校長に迫ったり、国会での船員の海難に関する法律審議を傍聴しようとして学校を抜け出し、あわや校則違反により退校処分となるところを免れたりしていた。

　座学終了後、半年に渡る海軍砲術学校の訓練を経て、商船学校の課程の最後を飾るのが練習帆船による遠洋航海であった。実習生として乗り込んだ大成丸

は明治 45 年（1912）7 月、館山を振り出しに太平洋を渡り米国サンディエゴに寄港後、南米最南端のケープホーンを廻り大西洋を東へ移動してケープタウン、再び大西洋へ出てセントヘレナ島からブラジル、豪州西岸、南洋諸島を廻り、大正 2 年（1913）10 月に品川沖に着く。1 年 3 カ月、36,377 マイルに渡る壮大な実習航海であった。

　本船では航海途上のサンディエゴ出港後、船内に貯蔵していた米が害虫により被害を受け不足をきたす。また副食も満足に取れない中で乗組員と実習生には栄養不足が目立ち、悪化した者には脚気や壊血病の症状が顕れた。その航海の壮絶さはこれら病の罹患者が実習生の半数に近い 80 名に達し、内 2 名が命を落としていることからも想像できよう [1]。

プロの船乗りへ

　大正 3 年（1914）4 月、勝衛は商船学校を卒業、翌 5 月に大阪商船に入社した。折しも欧州では第一次世界大戦が勃発したこの年の 7 月、勝衛は三等運転手としてデビュー船、馬来丸（まれー）（4,515 総トン）に乗船する。本船は神戸、門司から香港、シンガポールへと進み、マラッカ海峡を出てインドに至る航路を往復した。

　その頃のインド洋はドイツ海軍による通商破壊の場と化していた。同年 10 月下旬、予定通りの出帆がスコールのため 1 日、遅れて次港のペナンに入る。入港時に本船の周りに浮遊する水死体を確認、水先人に事情を聴けば前日、敵国ドイツ巡洋艦（エムデン号）が本港に入り、数隻の商船と軍艦とを攻撃し逃げ去ったとのことだった。1 日遅れの入港が幸いしたと胸をなでおろす船長一同をよそに、勝衛は敵陣に殴り込み攻撃をしかけるという、大胆不敵な敵艦の艦長の勇ましさに素直にあこがれた。

　大正 5 年（1916）、馬来丸を下船した勝衛は所帯を持つ。伴侶となる相手は関喜美。勝衛 26 歳、喜美 18 歳であった。喜美の父、関順一郎は勝衛の商船学校入学時の保証人であり、関家への度々の訪問が喜美との縁となった。二人はその生涯の中で 10 人の子を授かり、夭折した 3 人を除き立派に社会へと送り

出している。

　新婚生活を満喫していた勝衛に乗船命令が下った。結婚から1カ月足らずで北米航路の1万トンの旅客船、はわい丸に二等運転士として乗船した。しかしこの時期、欧州の戦雲は急を告げ、大阪商船はボンベイ・マルセイユ航路の就航船へ備砲の搭載を決定する。勝衛はその一隻である呂宋丸（るそん）の一等運転士として乗船を命ぜられた。事実上の抜擢と昇進であった。しかし新婚早々、決死隊のような船をあてがわれたことに不満を覚えた勝衛は会社へ談判しようとするが、結局はしぶしぶ受け入れて地中海へと向かった。

　呂宋丸は予定通りスエズ運河を越え、いよいよ地中海に入る。そこは既にドイツ潜水艦の作戦海域であり、相当数の連合国商船が撃沈されていた。本船はポートサイドで他の船舶と船隊を組み、英国海軍の護衛の下にマルセイユへと向かい無事、入港を果した。その後、マルタ島からナポリへと移動する途上、隊中のイタリア船舶1隻が撃沈される。これを見た呂宋丸は後甲板の備砲の準備をして航行していたが、警戒に当たる勝衛は潜水艦の潜望鏡らしきものを発見し攻撃を命じた。幸いに呂宋丸に損害はなく本船はナポリ港に達した。ここで本船の乗り組み達は、ドイツが降伏し第一次大戦が終わったことを知った。大正7年（1918）11月のことであった。

若き船長として

　大正12年（1923）5月、勝衛はジャワ航路に就航していた朝鮮丸（3,016総トン）に乗船、最初の船長職を執った。そして大正15年（1926）3月、大阪商船による東南アフリカ航路開設の第一船、勝衛の名を不動のものとしたかなだ丸（6,064総トン）の船長を拝命する。乗組員60名、乗客62名の貨客船を指揮する35歳の若き船長の船出となった。

　東アフリカはモンバサ港に入港した勝衛は一つの事実に直面した。ここではレストランやホテル、レジャー施設はもちろんのこと乗り物やトイレに至るまで、欧米人とアジア人それぞれの利用が区分けされていた。いわゆる人種差別がまかり通っていた訳である。日本人もその対象であり、貿易振興のため日

本からやって来ていた大阪商工会議所の面々もまた、国辱的な待遇を受けていた。

　勝衛は打開策を考えた。本船で晩さん会を催し、多くが英国人であるモンバサの有力者数十名を招待する。会では余興として柔道、剣道、尺八演奏等、日本文化の紹介もした。そして彼は船長としての挨拶の中で、日本の美しさや日本人の心情、勤勉さに触れ、「残念ながら私たちはご当地で未開人なみの差別と屈辱を受けております。」と明言し、更に「私はこの席を借りて、ご当地の各界指導者である皆さまにお願いをしたい。どうかご当地においては、日本人に対する屈辱的な差別はやめて頂きたい。」と歯に衣を着せず主張したのである。これに応じた現地商工会議所の会頭はこれまでの差別待遇の非を認め、勝衛の要請に協力する旨、述べている。

　本船が南アフリカのダーバンに着いた後、若い2名の記者が乗り込んで来た。地元新聞社のロレンス・ヴァン・デル・ポストとウィリアム・プルーマーだった。日本人に対する差別と闘う勝衛の話を耳にしたロレンスは、勝衛と直に会い自分の思いを告げた。勝衛は白人であるにも拘わらず人種差別に対して深い嫌悪を抱く青年に感銘を受け、ロレンスと同じ意志を抱くプルーマーの両者の願いを聞き入れた。彼らはかなだ丸での日本渡航を懇願したのである。勝衛はこの航路を通じて日本の正しい姿をアフリカに紹介する妙案と考え、彼らに大阪商船の賓客として無賃での乗船を許した。

　ロレンスの著した『船長のオディッセー』は、本船での乗船経験がその下地となっている。

　勝衛にまつわる様々な話題を通して見れば、どう見ても支配観念の強い権威主義的な船長をイメージしてしまうが、船内統率に見る彼の姿は意外なものだった。ロレンスはその様子について、船長は「船内でなんと僅かの命令しかださなかったことか ―驚くべきものだった。どうしても必要と見た場合、命令は、低い明確なほとんど内密の声調で発せられるだけだった。乗組員すべてに、暗黙のうちの形式と秩序への愛があって、まるで自分自身のものでもあるかのように、複雑きわまるさまざまの形式を整え、かつ遵守するのだった。」と描写した。勝衛がモンバサでのスピーチに表現した日本人の民族性ともいえ

る勤勉さ、柔剣道の披露を通して見せた生真面目さと自己鍛錬の支配する船には、「外からの強制といった感じが全くないのだ。ここから生まれる開放と自由の雰囲気には感嘆させられた」と、若い外国人に言わしめている。乗組員の行動の微細に入らずしてその能力と手腕とを信頼しつつ、大海孤高の中で船内の秩序、融和の維持に心を配る勝衛の思想が窺い知れる。

　かなだ丸の日本帰港後、勝衛はロレンスとプルーマーとを伴い京都、大阪、伊勢、東京から日光等、わが国の近代都市と共に名所を巡り日本の今と昔を伝え、果ては後の宰相、幣原喜重郎に面会し2名を紹介している。当時、外相であった幣原への面会について、勝衛が大阪商船のアフリカ航路への支援を要請し、また日本人差別の状況を訴え、その打開のために外交の力を期待したのではとする説がある[2]。

　ロレンスは約3週間の滞在の後、かなだ丸にて再び南アフリカへと戻り、勝衛の思惑通り現地紙に日本印象記を連載して話題を呼んだ。ロレンスは太平洋戦争の初期、東南アジアで日本軍と闘い捕虜となる等したが、戦後の昭和35年（1960）に再び来日し『日本の肖像』という大著を出している。また日本でかなだ丸を下りたプルーマーはそれから2年余り、日本に留まり東京外語学校の講師等を務める傍ら、日本の文化や精神を探究した。

シーマンシップの発露

　昭和10年（1935）1月、40歳半ばを越えた勝衛は志かご丸（6,182 総トン）の船長としてフィリピン航路に従事した。

　その年の11月、本船はルソン島東岸からマニラへと向かう中、とある海峡で英国船シルバー・ハーゼル号の座礁に行き会った。見れば乗組員は岩の上に下りて志かご丸へと手を振っているではないか。勝衛は救助を決断し機関停止の後、至近に錨泊を試みるも岩礁の底質のうえに速い潮流に流され、本船もまた座礁の憂き目に遭ってしまう。勝衛は即座に抜錨し本船の破損状況を調べた後、船体の動きに乗じて機関後進を発令し離礁に成功した。

　志かご丸の損害は軽微ではあったが浸水状態となった。勝衛は英国船の乗組

員に他船へ救助依頼せよと信号を送り、マニラに向かおうとした。しかし同じ船乗り仲間を置き去りにするのに忍びなく、現場に停留して彼らを見守り、来航した他船による救助を見届けて現場を離れた。

マニラ港で志かご丸の損傷を確認すれば、右舷外板に直径16センチほどの破孔を見たが、ほぼ同じ大きさの石が食い込み浸水を防いでいたことが判明した。本船の救助談を報じたマニラ・タイムズは「義の船に天祐の石」と題し、志かご丸の栄誉を称えた。

翌年5月、横浜の英国領事館はこの件に記念品を贈り勝衛の労をねぎらおうとした。勝衛は救助の失敗を理由に辞退しようとするも、領事官は「自船の危険を冒してまで救助に努力されたこと」に報いたいとして、勝衛に受け入れさせている。

海を去る

フィリピン航路で日本とフィリピン、フィリピン諸島間や台湾との往来に勤しんでいた勝衛は、昭和6年（1931）以降、右傾化を見せる当時の日本の国策に共鳴しつつ、船長職を務めていた。民間船社の船長とはいえ、わが国の生命線の維持というその公的な役割を自覚し、軍の作成したパンフレットを寄港地で配る等して協力する他、現地の日本人会の集まりにも積極的に顔を出し時局の厳しさを説いた。ところがこうした勝衛の姿勢が日本の外務省の機嫌を損ね、本省は志かご丸から移民輸送許可証を取り上げようと画策する。困惑した大阪商船は突然の如く、勝衛に中国の青島埠頭株式会社からの招聘ありと退職勧奨し、彼はこれに応じたのである。昭和13年（1938）9月のことであった。

太平洋戦争の始まる昭和16年（1941）の7月、逓信省は7月20日を海の記念日とし、併せて海国日本に貢献した海事関係者の表彰を企画、第一回の栄誉に勝衛他10名が選出された。当時の逓信大臣は村田省蔵前大阪商船社長であった。勝衛を若い頃から知る村田は、勝衛のこれまでの日本海運への貢献に報いたのである。

勝衛はほぼ開戦と同時に、南方で港湾作業を営む南洋倉庫会社へ移籍、常務

取締役としてベトナムに赴任した。そこにあった陸軍の南方軍司令部で日本への海上輸送についての意見を求められた際、敵潜水艦の攻撃を避けるためには大型船ではなく、200 トンクラスの木造船が最適と示唆したところ賛同を受ける。そして新南興業会社の専務としてセレベス島で木造船の建造に取り掛かったが、昭和 18 年（1943）の暮れと時すでに遅く、現地で終戦を迎えた。

復興と共に

　昭和 21 年（1946）、勝衛はセレベス島の一般邦人 700 名と共に帰国した。内地にいた喜美夫人と 7 名の子息は無事だった。新天地ならぬ故国での 56 歳の再出発は多くの日本国民と同様、困窮の中での労苦を強いられた。

　当初は東京にあった新南興業に通うも、国策によった会社は直に解散、続いて港運関係の小川運輸に取締役として招かれたが、不景気の中での人員整理の中に、専務であった自らを入れた。

　昭和 29 年（1954）、洞爺丸の海難を受け船員の再教育に力を入れていた国鉄により、長年の船長経験を請われて指導を引き受けた後、労使紛争の絶えない協和検数会社の設立者から社長就任を託される。

　総評系の最左翼に位置し、強硬な闘争を自負する協和の組合は、就任早々の勝衛と真っ向から対立した。当然、会社は火の車、勝衛は金策に奔走する中で自身の自宅も二重担保に入れた。しかし組合の攻勢は止まず、行き詰った勝衛が最後通牒として、役員報酬の減額と従業員 1 割の人員整理に応ずるか、さもなくば会社を解散するかの択一を迫ったところ、組合員の投票により解散は回避された。70 歳を迎えて会社の存続を果たした勝衛の面目躍如であった。

　第一線を退いた勝衛は、毎年恒例の日本寮歌祭で後輩を率い壇上へと上がり、横須賀は観音崎の戦没船員の碑の建立式に立ち合い、濟々黌の創立 90 周年には船長の制服姿で出席する等、かくしゃくたる姿を見せ続けた。

　長年の功労により黄綬褒章、勲四等瑞宝章を下賜されている。

　平成元年（1989）5 月 24 日、99 歳の天寿をまっとうした。

キャプテン森勝衛

　勝衛の一生は同じ激動の時代を生き抜いた日本人船員、船長の生きざまの一つであった。しかし彼の特異な面は船舶の安全な運航と乗組員、旅客の保護に徹するのみならず、船乗りがよく併せ持つ正義感や負けじ魂を土台にして、たまたま外地で受けた差別ではあれわが意に反すればこれに立ち向かい、国は違えど危機に瀕する同士を見捨てず、陸では日本の生命線の維持に尽力し、戦後は複数の会社の立て直しに奔走した。その何れにも船員、日本人としての誇りを忘れず最善を尽くし、私利私欲を顧みずに信頼に応え、乗組員を、社員を、そして家族を大切にした勝衛の一貫した信念が見て取れる。

　最後に南アフリカの港での奇遇ともいえる出会いから勝衛の船に乗り、戦後も親交のあったロレンスによる勝衛の描写を引用して、この稿を閉じることとしたい。

> 「森船長にとって海を航行することはただの肉体的技術的冒険にとどまらず、生そのものによって生みつけられたと彼が信ずる使命の達成なのだ。彼は船長としての自分の業務をそらんじ、その使命を水際だって見事に遂行した。それも人間性とのつながりを決して失わない権威をもって。しかし究極のところ、森船長の天職の摑み方には、はるかにそれ以上のものがあった。祖国とその国土の人への愛、義務への愛、なかんずく意味ある人生への愛とより大きな存在への探求の愛 ——これらがすべて天職の把握の仕方のなかに結びついていた。このことが日々に彼を試練にかける矛盾と緊張の両極端を併せ呑むことを可能にさせている。」[3]

（執筆：逸見 真）

【注】
1）この時の航海の様子は、同じ実習生であった米窪満亮が太刀雄の筆名で著わした『海のローマンス』に詳しい。
2）青木澄夫「明治時代のエチオピア像（2）」JANES フォーラム 8 頁
3）ロレンス・ヴァン・デル・ポスト、由良君美訳『船長のオディッセー』328 頁

【引用・参考文献】

（財）日本海事広報協会『キャプテン森勝衛 海のもっこす 70 年』（日本海事広報協会、
　　昭和 57 年）

ロレンス・ヴァン・デル・ポスト、由良君美訳『船長のオディッセー』（日本海事広報
　　協会、1987 年）

東京商船大学百周年記念事業委員会編『東京商船大学百年史』（東京商船大学百周年記
　　念事業委員会、1976 年）

青木澄夫「明治時代のエチオピア像（2）」JANES フォーラム 7〜10 頁

和辻春樹
（わつじはるき）
（1891–1952）

ネイバル・アーキテクトとしての一生

ネイバル・アーキテクトという言葉がある。英和辞典で「造船技師」という軽い響きでない。人びとが陸上建築の設計者に敬意を込めて呼ぶのと同じ意味で、船という世界最大の可動構造物の実現に取りくむ技術者の呼び名である。商船は他の交通機関のようにマスプロでなく、手作りで産まれる。ここに語るのは船のカタチづくりを造船所に任せず、船主の立場でデザインマインドに富んだ船を創ったネイバル・アーキテクトの話である。

ネイバル・アーキテクトとしての和辻春樹について、筆者の印象にあることは次の通りである。

和辻春樹
あるぜんちな丸ベランダにて
（『随筆　船』より）

◎　デザインに独特の美意識を込めたこと
◎　他社に先んじてディーゼル機関を採用したこと
◎　他社に先んじて船体の舷弧（げんこ）（sheer）と梁矢（りょうし）（camber）を廃止したこと
◎　ハウス（上部構造）デザインに曲線を多用したこと

生い立ち

和辻春樹は和辻春次（京都帝大教授）の長男として明治24年（1891）東京に生まれた。和辻は14歳のとき母を亡くす。思春期のさなか、中学1年の少年には余りにも辛い体験で、先年亡くなった息女の美代が叔母（和辻の妹）か

ら聞いた話によれば、母が亡くなった日に小さい船の模型をたくさん作って庭の池に浮かべていたという。自分なりに「好きな船」と対して懸命に悲しみをこらえていたのであろう。

　明治44年（1911）、和辻は東京帝大船舶工学科に入学する。和辻の父母方ともに医科系だったから、春次博士は和辻も医科に進ませたかったが、本人が幼時から船が非常に好きだったから船舶工学科を選ばせたという。その8年前に卒業した平賀譲は海軍省に入省していたが、慣例に従い東大で講義していたから、和辻も聴講していた筈である。昭和8年（1933）に和辻は平賀博士の指導をうけて博士論文（注：畿内丸をテーマにした「ディーゼル貨物船の経済性について」）を提出、工学博士号を授与される。次男春夫によれば、このとき父が部屋に図面を広げカーブに沿って切り抜くのを手伝ったという。

　大正4年（1915）、和辻は大阪商船に入社する。卒業時の席次が12名中5番だったから、三菱造船所か日本郵船に入っても不思議でない。なぜ大阪商船にしたのか定かでないが、小学校から高等学校（第三高等学校）まで京都で過ごし、大阪商船を「ショウセン」と呼ぶ関西人であったこと、父親春次からの勧めか、大学先輩の小島精太郎から勧誘されたことも推測される。

　船の建造は船主が要目をきめ、設計は造船所に任せるのが普通であった。ところが、大阪商船では、大正6年（1917）に工務課が監督課から独立して新船設計に本腰を入れている。課長（今の部長）は小島精太郎（東大船舶工学科を首席卒業）である。和辻は小島のもとで各種の計算や設計、現場監督をみっちり学ぶ。大正8年（1919）、専務の小島が急死する。この瞬間、会社の工務部門は和辻の双肩にかかる。以後24年間、和辻は工務の責任者として数々の商船を産みだしてゆく。

人間像

　和辻の人間像に触れたい。優秀な技術者に有り勝ちなことだが、理解の遅い人、野暮ったい人やマナーの悪い人には顔をそむけることがあったという。自分の専門分野では冷厳、頑固で部下から煙たがられたという。部下が図面を引

いていると「どれ貸してみろ、こう引くんだ」といつの間にか自分で仕上げたこともあった。

美代の言葉を借りれば、テニス、スケート、山登りのほか、家ではピアノを弾き、囲碁と将棋は人に負けぬほど強く、たびたび一人で碁盤に向かっていたとのこと。夜にラジオから良い音楽（クラシック）が流れてくると、部屋中の電灯を消させて聴き入っていたという。この情景から、家庭での和辻は、多趣味で繊細な神経の人というイメージが浮かびあがる。

和辻の合理性重視を物語るエピソードを、自分の処女設計船むらさき丸（1,586総トン、1921年竣工）の例で語っている。この客船は大阪〜別府航路用に日立造船で建造最中であった。艤装がかなり進んだとき現場に赴いた。波をかぶる心配のない上甲板の1等船室の角窓には2センチもの分厚いガラスが取り付けられている。しかもそのガラスに合わせてメタルの頑丈な窓枠が取付けられていた。「30年もの間この船には必要のない重

和辻の処女設計船・むらさき丸（筆者蔵）

いものを担ぎまわっているが、このように些細な不注意が眼に見えない大きな損失を招く。これが非科学的、合理性に乏しい日本の一面だ」と憤慨したという。

大正13年（1924）にアメリカ政府が「排日移民法」（通称）を成立させ、日本からの移住が制約された。この頃、労働力が不足する南米へ移住者が急増すると、大阪商船は日本最初のディーゼル外航客船を建造して斯界から注目される。さんとす丸（7,267総トン、1925年竣工）ほか2隻の姉妹船は定員が在来船の2倍半という本格的客船で、和辻が手がけた最初の大型船となる。

ネイバル・アーキテクトとして

高速ディーゼル貨物船・畿内丸（三菱長崎造船所提供）

　不況さなかの昭和5年（1930）、大阪商船が社運を賭してニューヨーク急航線用に建造した畿内丸（8,365総トン）ほか3隻の高速ディーゼル貨物船は、全社が心身をすり減らして決断した計画であるが、これが和辻の設計歴での金字塔となる。その回顧録によると、1万載荷重量トンで燃料消費、機関の大きさと船体との調和が良くとれた無理のない能率的な貨物船を目標にしたとある。設計に当っては寄港地間の海潮の状態、風の方向、荷物満載予想、港間距離を考慮、各港間の速力を定めて営業部にスケジュールを作成させ、横浜～ニューヨーク26日間で航走する計画を立てた、と述べている。

　海事史上に輝くこの快哉事（かいさいじ）を当時のニューヨーク・タイムスは「ペン先のように鋭くとがった船首の日本船（後略）」と数段抜きで報道していた。と同時に、その反面、2～3行の記事にしただけの日本の新聞を嘆いて、「日本人は理知に乏しいから、ものの軽重が分からず、社会に寄与する程度も価値も批判が出来ず（中略）自ら理知に乏しいことを知らず、独善に陥っているほど危険なことはない（後略）」と厳しく批判している。

　和辻のいう「理知に乏しい」の批判は会社幹部にも向けられていた。こがね丸（1,906総トン、1936年竣工、別府航路の客船）の設計である。本船は昭和10年（1935）に霧中で衝突沈没したみどり丸の代船として計画された。

　和辻は常に構造面と経済面でバランスのとれた船づくりを哲学としてきたが、「不沈船を造れ」という上席役員の強制で、やむなく2区画浸水浮揚構造

に設計したために重い船体の船となった。和辻は「如何にも沈んだ船が悪かったかのように考えて、その船に一生涯余計な重量を積むことで余分な燃料を消費する」ことの愚を戒め、それよりも、事故が起こらぬように航路標識の整備や運航術の向上が先決と訴えている。

　日本郵船は、経営が遠洋航路主体であったのに対し、大阪商船は東洋方面（近海水域）、とくに台湾と満州へのサービスに拠っていた。満州国が誕生した昭和7年（1932）には大阪～大連航路の旅客数が大阪～基隆航路を抜く。輸送需要の増加に応じて大阪商船は大阪～大連ルートの配船数をふやす。

　大阪～基隆航路は台湾総督府の命令航路で、大阪商船にとり、大連ルートとともに重要な位置にあった。このため同社は常に船質改善を心がけ、和辻は同航路で最適の客船高千穂丸（8,154総トン、1934年竣工）を設計する。和辻がこの船で試みた新しい方策が舷弧（sheer）と梁矢（camber）の廃止であった。凌波性に重きをおく帆船時代からの伝統で、それまでの船には舷弧と梁矢が付けられていた。ところが、和辻は船体の前部4分の1以外にはこれを撤廃したのである。当時の造船界で大いに注目されたこの手法は、高千穂丸の拡大改良型高砂丸（9,315総トン、1937年竣工）にも踏襲されるが、現代の商船ではこれが常識となっているから和辻の先見性がうかがえる。

　大阪に生まれた大阪商船は人材を早急に揃えるため、官立大学出身者を採って優遇した。とかく幅をきかせる法文系出身者とノンキャリ社員のあいだに挟まれた技術系の和辻らの立場は微妙だったらしい。それに技術系の人間に対する社内認識が十分であったかどうか疑わしかった。

大学か会社か

　前出のように昭和8年（1933）に和辻は工学博士となる。丁度その翌年に高千穂丸が竣工していたことから、社内では「高千穂丸で学位がとれたのだ」とかまびすしく噂された。たまたまその頃、平賀東大総長から母校で教鞭をとらないかとの誘いがくる。和辻の心は動いたが、村田省蔵社長が「お前の一生は面倒みるから」と強く慰留して思いとどまらせている。社内の一部から疎んじ

られていた和辻がこのあと専務にまでなったのは、村田の庇護（ひご）の所為だったとも考えられる。和辻も、その後の新船設計と戦時中の報国造船社長として建造した機帆船で村田の期待に応えている。

こののちも、「設計者は微に入り細にわたって注意をしなければ良い船を造ることが出来ない」との信念で建造監督をつづける。しかし当時の船会社では、造船所に主体性をもたせて船を注文するのが普通であったから、和辻のスタンスは奇異の目でみられたようである。和辻は造船所工員の努力にはいつも心から感謝していたが、造船所のトップや中堅からは「やかまし屋」のニックネームがつけられていたという。

昭和4年（1929）10月24日、ウォール街株式の暴落で世界中が経済恐慌に突入する。このような不況のなか、大阪商船だけは三菱長崎造船所へ畿内丸型貨物船4隻を一挙に発注、それから昭和7年（1932）までのあいだ、うすりい丸（6,386総トン、1932年竣工）と高千穂丸（8,154総トン、1934年竣工）、貨物船では南海丸と北海丸（共に8,416総トン、1933年竣工）を含めた8隻も発注している。この3年間（昭和4年・1929秋〜同7年・1932年秋）に同造船所が受注した他社船は3隻しかなかった。ところが景気が回復すると、それまで注文を控えていた他社が続々と発注を始める。そうなると、和辻によれば両社の関係が微妙になったとある。

結局、昭和10年（1935）に三井物産（造船部玉工場）へ高速貨物船かんべら丸（6,471総トン）を発注してから三井物産との縁が深まる。これには両社の営業関係（大阪商船は三井物産から燃料炭を購入、三井物産は大阪商船の荷主）があった。それで三井物産としては、大阪商船から大型船の発注に感激、精魂こめて取り組んでいた。これが昭和15年（1940）竣工の報国丸（10,483総トン）型3隻に結実する。

煙突

和辻デザインのもうひとつの特徴は「煙突重視型＝在来観念では煙突の過大さの採用」であるが、これも当時の西欧客船の傾向に沿うものであった。高千

巨大煙突がシンボルとなった台湾航路の高砂丸
（三菱長崎造船所提供）

中国航路の泰山丸
（筆者蔵）

穂丸や高砂丸でこれが顕著にあらわれているが、これはイタリー客船「コンテ・ディ・サボイア」（1932）や「ノルマンディ」（1935）のコンセプトに倣っている。

　客船サービスで郵船の後塵を拝する大阪商船であったから、和辻は近海ルートの客船設計で力量をフルに発揮した。昭和12年（1937）は日本が中国侵略に踏みきる運命的な年であるが、これは同年に優秀船舶建造助成施設が発布されたこともあり、高砂丸、黒龍丸、鴨緑丸、盤谷丸という錚々たる作品が完成した。この意味で、昭和9年（1934）から12年（1937）に至る3年間は国内、近海から遠洋まで各種の船舶を産みだして、和辻にとり、実りの多い年月であった。

インテリア

　昭和15年（1940）に工務課長（今でいう部長）と取締役に就任して、大阪商船船隊建造と整備の総括者となる。船のインテリア・デザインは造船所のデザイナーでなく、専門の設計家に委託するのが和辻の姿勢であった。和辻は中村順平（1887-1977、迎賓館、如水会館など設計）や村野藤吾（1891-1984、日生劇場、新歌舞伎座など設計）など、陸上建築で知名度のあるデザイナーを早くから起用している。中村は横浜高等工業学校（現・横浜国立大学）で教鞭をとる気鋭の建築デザイナーであったが、大阪出身ということで和辻と気脈が通じていたらしい。中村も村野も岸田日出刀東京帝大教授（1899-1966、東大安田講堂など設計）を筆頭とする東京帝大系デザイナー陣の対極にあったようで

ある。和辻は東京帝大工学部出身ながら大阪に根を下ろす船会社のデザイナー
として、大阪出身デザイナーの感性と力量を恃んでいた。これは和辻が京都人
であることと無関係でないように思われる。

　船内設計については、
中村、村野も「船内のイ
ンテリアはその国の文化
の表現と考えて工芸文化
の結集を図ろう」として
いた。和辻は中村に、昭
和2年（1927）の長城丸
（2,594総トン）から設計
を依頼したのに続き、村
野には浮島丸（4,731総
トン、1936年竣工）から

あるぜんちな丸の1等社交室（三菱長崎造船所提供）

設計させている。船内装飾について和辻は『随筆　船』で次のように述べてい
るが、洋式重視のインテリアを採用した日本郵船の手法に対比して、読む人を
納得させる考えを述べている。

　　「（前略）長城丸に初めて日本の四阿造りをとり入れた様式、長安丸に支
　　那式を採用してみた。むろん洗練されたとは言い難いが、船の公室装飾
　　に日本式採用の確信を得たので（中略）装飾様式といえども我々の現代
　　の生活様式及び文化に即したものでなければならないから、世界の文化
　　水準が大凡変りない以上、欧米近代船と共通性のある装飾様式となるこ
　　とは極めて当然である。しかし私が日本式という言葉は日本人が設計し
　　たのであるから日本人の独創で、欧米装飾家も容易に真似できないもの
　　でなければならない。現代日本式は日本の古典模様即ち飛鳥、天平、藤
　　原、鎌倉、足利、桃山などの様式を形の上で取り入れなければならない
　　という訳ではない。（中略）その室に入ると何処ともなしに日本式の流
　　れが室内にも壁の裏にも流れていると感じる装飾を私は現代日本式とい

うのである（後略）」。

　こうして和辻はインテリア・デザインを「現代日本式」で通すことになり、昭和14年（1939）のあるぜんちな丸クラスでその昇華を見る。大阪商船の事務長で戦後に退職した筆者の叔父は、この客船が他社から「別府航路の船を大きくしたようだ」と言われたと語っていた。揶揄めいた言葉の裏には、続々と魅力あるスタイルの船を産み出す同社に対する他社の嫉妬があったのであろう。

現代日本式デザイン

　和辻はイギリスの造船雑誌 "Shipbuilders" などを購読していたから、一般的な航洋客船のスタイルは知っていた筈である。しかし北大西洋と異なり、長途の航海を強いられる南米航路で、3等船客にも充分な遊歩スペースが確保できるように乾舷の低いスタイルにならざるを得なかったと考えている。

　世界的に有名な船舶研究家ローレンス・ダンがこの客船を評して「極めて先進的なプロフィールで日本的なタッチが滲み出ている」と語っている。和辻は先述のこがね丸で大胆に曲線を採り入れているが、北大西洋ブルーリボン・ホルダー客船「ブレーメン」（51,656総トン、1929年竣工）からヒントを得たものと考えられる。

　この手法は高砂丸やあるぜんちな丸に踏襲され、スタイリッシュな外観への効果を生みだしているが、この時期は統制経済下で建造資材は軍事優先であったから、建造には「代用品」と呼ばれた国産品で賄われた。しかし和辻が率いる設計陣と造船所側の協力が実を

あるぜんちな丸（筆者蔵）

結び、あるぜんちな丸は昭和 14 年（1939）5 月に竣工、12,755 総トンの船体を五島沖に浮かべた。

公試運転の前日、和辻は長崎港内に係留された本船を遠望して、形が整わぬ部分がないか双眼鏡から 2 時間も眼を離さなかったという。後日譚だが、和辻の弟子だった技師は「船は遠くから見て格好の良いものを造らねばいかんよ」とよく言われたという。

あるぜんちな丸の商業生命は短く、南米線は 4 航海（1 年 3 カ月）で終わる。昭和 17 年（1942）12 月海軍省へ売却、特設空母・海鷹となるが、華々しい活躍の機会は与えられず、瀬戸内海で擱座して一生を終える。

戦時中と戦後

和辻にとって最大の心痛は太平洋戦争中の日々であった。第一次世界大戦中の北米出張で国力の巨大さに接していたから「アメリカと戦争したらあかん」、「日本人に大和魂があるようにアメリカ人にもヤンキー魂がある」、「こんど生まれ変わったらアメリカ人になる」と洩らすほどアメリカ好きであった。親しい人やその子弟が出征するときには「絶対に死ぬな、生きて帰ってこい」と密かに言っていたという。和辻自身も長男・俊樹を南海で戦没させていた。

戦争がたけなわになると、大阪商船にも社船を喪う日々が来る。夜になると「〇〇丸が撃沈された」と電話がある。その都度、「また可愛い娘が死んだ」と涙を流していたという。娘の美代が「娘は私だけでしょう」と言ったところ、「あの船はお父さんが設計したのだから娘のようなものだ」と、その夜は決まって寝ず、不機嫌だったという。喪った息子のほか、あれほどの苦労と喜びのなかで創った船ぶねは、和辻にとってわが子以外の何ものでもなかった。

昭和 21 年（1946）に大阪商船を退き京都市長（官選）となる。アメリカが好きだった和辻だが GHQ から公職追放令が出る。昭和 26 年（1951）6 月、京都の自宅で軽い脳溢血に襲われる。「京都は寒いから」という美代の気遣いで、嫁ぎ先の神戸に移る。しかし多彩なセンスで京都文化の心をこめて船を創ったネイバル・アーキテクトには幾ばくの余命も残されていなかった。翌年の盛

夏、家族に看取られながら 61 歳の生涯を閉じたのである。

　村田の庇護を得て大きな実績を残した和辻の半生を考えるとき、人が一生で感じ得たであろう生き甲斐の大きさと、その人が社会に遺し得た遺産の大小とは必ずしも正比例しないと思うのは筆者ばかりだろうか。

（執筆：野間 恒）

【引用・参考文献】

和辻春樹『随筆　船』明治書房、昭和 15 年（1940）

和辻春樹『船の思ひ出』弘文社、昭和 23 年（1948）

和辻春樹『無限泡影』大京社、昭和 23 年（1948）

野間　恒『豪華客船の文化史』NTT 出版、平成 5 年（1993）

和辻春樹『随筆　船　新版』NTT 出版、平成 8 年（1996）

野間　恒『客船の時代を拓いた男たち』交通ブックス、平成 27 年（2015）

住田正一
すみ　た　しょう　いち

（1893–1968）

実業界にとどまらず、海事研究・考古学の研究でも一流の功績を残した
また、評論や人間味ある随筆など数多くの著作を世に出した

色彩豊かな故郷の思い出

住田正一は明治 26 年（1893）1 月 2 日に、松山城西側の本町 1 丁目で絣問屋を営む家の一人息子に生まれた。松山に暮らしたのは 9 歳までだったが、幼心に刻まれた色彩豊かな思い出はいつまでも消えることはなかった。

当時、伊予絣（かすり）は久留米・備後と並ぶ日本三大絣のひとつで、農家の副業として織られた絣が近隣の村から毎日のように店に持ち込まれた。住田にとっての父の思い出は、反物の長さを庭先で確認している姿だ。また、新時代を迎えたとはいえ、城下町には藩政時代の名残りがあり、松山藩主松平家の名前

住田正一

「隠岐守（おきのかみ）」にちなんだ戯れ唄を、近所のおばあさんが教えてくれた。

「伊予の松山朝ねがすぎる　それで殿様おきのかみ」

大きな声で歌うと藩からお叱りを受けるので、小さな声でそっと唄ったというおばあさんの昔話は、強い印象を残した。

子どもにとって何よりの楽しみは祭りだった。鍛冶屋町で行われるふいご祭で沢山まかれたミカン、町を華やかに彩った七夕飾り、子どもたちだけで家々を回って、家の繁盛を祈る亥の子（いのこ）の行事などを懐かしんでいる。

後年、住田は考古学、ことに古瓦の蒐集（しゅうしゅう）に熱心に取り組んだが、考古学への興味は、松山師範学校附属小時代に芽生えた。

　4年生の遠足で市街から4キロほど離れた古戦場「星ケ丘」を訪れた時、偶然に「矢の根石」と呼ばれる石鏃（石製の鏃）を発見した。「こんなものがあった」と教師に報告すると、教師は南北朝時代の合戦で使われたものだと答えた。だが、南北朝時代にはすでに刀や槍は鉄であったはずなのにと、子ども心に疑問を持ったという。のちにその場所が石器時代の集落の遺跡であったことを知る。

呉に転居、東京帝大へ

　明治35年（1902）、一家は広島の呉に転居する。転校した当初は伊予弁をからかわれて落ち込んだりもしたようだが、しだいに頭角を現す。

　その後進んだ広島県立三次中学校時代は、演説会で机を叩いて弁じたてる姿が印象的だったと、同級生が述懐している。同校には後年、戯曲『出家とその弟子』で世に出た倉田百三が一級上に在籍していた。歴史と作文が得意だった住田は倉田と文学を語り、時折雑誌にも投稿したが、倉田が一等入選しても、住田は選外佳作がせいぜい。文学の道を諦めたのは、そのような理由からだったという。

　明治45年（1912）に入学した第六高等学校では、柔道部に所属するとともに、生涯の趣味となった古瓦と出合う。

　きっかけは、寮仲間に徳富万熊（蘇峰の子息）がいたことだ。日曜日になると毎週のように万熊と古瓦の採集に出かけては、夜が更けるまで古瓦を手に議論を交わし、長い休みを利用しては中国、九州、四国地方へと足を延ばした。

　大正4年（1915）、東京帝国大学法学部政治学科入学。「本当は考古学者になりたかったが、それでは飯が食えないので法学部に入った」と後年、人に語っている。

大学時代の住田

　3年後に大学を卒業した住田は、前年の大正6年（1917）に三井物産をしのいで日本一の総合商社となった鈴木商店に入社する。

実業界への船出

　鈴木商店にとって初の法学士採用となった住田は、海商法を得意としたことから船舶部に配属され、大番頭である金子直吉の秘書を務めた。

　同期入社でのちに帝人社長となった大屋晋三は、鈴木商店時代の住田について、図抜けて異色の存在であり、上司にも臆せず議論をふっかけたと述べている[1]。

　荒武者のようでありながら、何事も手際よく処理する能力に長けていた住田に、金子は全幅の信頼を寄せた。中央での財界や政界との交渉などでは金子は姿を現さず、名代として住田がほとんど挨拶を行ったという。

　金子名義で唯一出版された『経済野話』（大正13年（1924））も、東京ステーションホテルの20号室で、金子が語った内容を住田が口述筆記してまとめたものだ。

　私生活では、大正9年（1920）に結婚し、神戸に新居を構えている。同年、初の著作となる『傭船契約論』を刊行。学問的に未開拓の法学分野である傭船契約について書かれた本であり、以後、毎年のように海運関連の本を上梓した。いずれも本来の業務のかたわら執筆されたもので、エネルギッシュな活動ぶりがうかがえる。

鈴木商店の解散

　他の財閥のように自前の金融機関を持たず、台湾銀行の融資に依存していた鈴木商店は、第一次世界大戦や関東大震災後の不況で業績が悪化する。パートナーであった台湾銀行からの融資打ち切りに伴い、鈴木商店は昭和2年（1927）、解散した。

　金子の側近として解散までの経緯を逐一見聞きし、整理事業に奔走する中でさまざまな苦汁をなめた住田である。当時の苦い思いは生涯、記憶の底に澱（おり）の

ように沈殿し、ふとしたはずみに浮かび上がっては住田を苛<ruby>苛<rt>さいな</rt></ruby>んだのではないだろうか。

　財界の無慈悲さについて、住田が人に語った言葉は強烈だ。

> 「財閥、財界人というものは、平素は人に対して菩薩の如き面をしているが、一度面をはぐと、夜叉の如く、飽くなき冷酷無慙<ruby>慙<rt>むざん</rt></ruby>なものとなる。これは人がするのではない。資本がそうさせるのだ」[2]
> 「（金融資本を評して）『恐竜のかくした恐ろしい爪を見た』」[3]

とまで言い切っている。

愛すべき人柄

　住田は昭和2年（1927）の鈴木商店解散後、国際汽船株式会社の取締役就任を機に、東京へ住まいを移した。転居した昭和4年（1929）から5年間にわたり、週1回、青山学院で交通論などの講師を務めている。

　しばしば青空のもとで行われた授業では、実業家としての豊富な経験をとりまぜた軽妙洒脱な名調子で、時に授業の本筋から脱線しては学生たちを喜ばせた。住田もまた、開放的な空間で若者たちから新鮮なエネルギーを得たことだろう。

　他人の面倒見がよく、柔道部の後輩などが訪ねてくるとおおいに歓待して、共に楽しんだ。サービス精神も旺盛で、宴会で酔えば、満面の笑顔で「お江戸日本橋」を歌い、色紙を頼まれれば、フグの絵に添えて「河豚よりもふくれる女房恐ろしい」と書いて、皆を笑わせた。

　短気でせっかち、怒りっぽかったというが、いつまでも尾を引かなかった。放胆にみえながら、他人には細やかな気遣いを見せたという。そのような人柄と多方面での活躍で、多くの人から慕われた。息子たちには、物質的財産より精神的財産を蓄えることが大事だと語り、何度か送った浪人生活でも、良き友人たちに助けられたと振り返っている。

戦後の混乱期、東京都副知事に

　終戦から 2 年後の昭和 22 年（1947）に、東京都の副知事に就任する。初の
公選知事となった安井誠一郎は、戦後の混乱した都政を収め、荒廃した都の復
興を進めるために、政治、経済、文化の各分野に適した人物を副知事に迎えた。
その経済担当として白羽の矢が立ったのが住田だった。

　「あんな伏魔殿へ入って、手をよごすのはおよしなさい」と忠告する人もい
たが、「判っとる、判っとる。だが、今の東京都には、大事な、しかも急を要す
る仕事が山ほどあるのだよ」と応じて、都庁の門をくぐった[4]。

　物資不足、都民人口の急増、インフレ昂進という状況のなか、都政を円滑に
推進するには財源が大幅に不足していた。都政における自らの使命を承知して
いた住田は、財界とのパイプをフルに活かしながら、都財政の立て直しに力を
注いだ。

　日銀へもしばしば融資の依頼で訪れたが、もっぱら「私のところでは馬鹿話
ばかりして、帰りぎわによろしく頼むという程度」[5]。それでも最終的に話を
まとめた。役人ばなれした、ユーモアあふれる人柄だったと、当時の日銀営業
局長は振り返っている。

呉造船社長ほか役職多数

　副知事を昭和 24 年（1949）暮れに辞任したのち、同 27 年（1952）には法務
省東京地方矯正審議部会委員に就任。

　（株）来島どっくの坪内寿夫は住田から多くを学び、生涯、交流を持った一人
である。その坪内から、受刑者自身の自律的な行動規制により、一般社会生活
に近い環境で社会復帰を目指す「塀のない刑務所」（松山刑務所大井造船作業
場）の建設構想を打ち明けられた住田は、実現に向けて支援を惜しまず、昭和
41 年（1966）には同社取締役に就いている。

　昭和 29 年（1954）には、播磨造船所から分離独立した株式会社呉造船所の
初代社長に就任し、経営の舵を取った。のち会長、相談役となり、同 43 年
（1968）の石川島播磨重工業株式会社との合併を機に辞任するが、呉造船では

旧海軍の巨艦用ドックを活用した大型船の建造を推し進め、同社を発展させた。船舶会社を中心に数多くの会社の取締役を務めたほか、日本原子力船研究協会理事、日本造船工業会常任理事、呉商工会議所顧問、日本海事財団顧問など、多数の役職に就いている。数々の功績から、昭和33年（1958）の交通文化賞受賞に続き、同35年（1960）に藍綬褒章、同40年（1965）には勲二等瑞宝章を受けた。

古瓦に魅せられて

　松山で一つの石と出合ったことで考古学に興味を覚えた住田は、中学校時代の古墳めぐりに続き、高等学校でも、時間をみつけては日本各地の古墳や国分寺などの古代史跡を訪ね歩いて古瓦を蒐集した。

　大学時代には帝室博物館（現・東京国立博物館）の鑑査官や著名な研究者に教えを請いながら研究を進め、大正9年（1920）末までに、14編の論考や紹介文を『考古学雑誌』に発表している。

　社会人になってからも古瓦蒐集は続けられ、昭和9年（1934）には211枚の拓本を納めた『国分寺古瓦拓本集』を限定出版する。

　住田は古瓦を「放置された芸術品」と表現し、そこに刻まれた文様の美しさとともに、価値のない瓦礫と思われているものが、古い歴史を物語る貴重な史料であることに尽きせぬ魅力を感じていた。歌人・美術史家で知られる会津八一とも、古瓦を通じて親交があった。

　東北から九州まで、全国50ヵ国あまりの国分寺および古寺で住田が蒐集した古瓦を含む1,700点あまりの考古資料は、平成17年（2005）に東京都国分寺市へ寄託され、「住田

古瓦収集の趣味（昭和17年頃）

正一古瓦コレクション」として、武蔵国分寺跡資料館で保管されている。また、優れた研究に対し、「住田古瓦・考古学研究奨励賞」（公益財団法人　交通研究協会）が授与されている。

貴重な海事史料を後世に

　住田は生涯で 80 冊あまりの本を出している。中でも、『海事大辞書』（3 巻）、『海事史料叢書』（20 巻）、『日本海防史料叢書』（10 巻）と、海商法に関する著作には大著が多い。

　専門家の間でことに評価が高いのが、構想から 10 年以上を経て刊行された『海事史料叢書』である。

　住田は学生時代から古い史料の蒐集に努めたが、そうした史料は個人所蔵が多いうえ、関東大震災での焼失や散逸などで、蒐集には大変な苦労が伴った。その経験から、後世の研究者のためにも、貴重な史料の数々を編纂・刊行したかったと、第 1 巻の序文で述べている。

　第 1 巻は、「廻船式目」に始まり、天正 20 年（1592）発布の「海路諸法度」、元和から享保までの海上商人間の慣習を収録した「船法御 定 并 諸方聞書」等で構成されており、以降の巻でも、江戸時代の航海技術書や漂流記、造船記録、能島家傳など、多様な古文書が収録されている。

　第 20 巻（最終巻）の巻末には、総目録と 122 ページにおよぶ総索引が付さ

『海事史料叢書』全 20 巻（松山大学図書館蔵）

れ、また、原本の所在を明記するなど、研究者の立場に立った配慮がなされている。

　住田は 13 世紀に編纂されたといわれる日本最古の海商法規である廻船式目の研究に精力を注いでおり、『海事史料叢書』にも最初に取り上げているが、のちにまとめた論文『廻船式目考、廻船式目史料集成』により、昭和 31 年（1956）に日本大学から法学博士の学位を授与された。

　また、明治 34 年（1901）に恩師の松波仁一郎博士が創設した日本海法会の理事として支援を惜しまず、昭和 37 年（1962）に創設された日本海事史学会では、請われて初代会長に就任するなど、学術団体の発展にも寄与した。

人柄のにじむ文章

　海事関係の著作に励む一方で、大正 12 年（1923）には小説『中学時代』を著したほか、昭和 18 年（1943）に子ども向けに書かれた『日本の船』（講談社）は、10 万部超えのベストセラーになっている。

　昭和 26 年の日本エッセイスト・クラブ結成時からの会員（同 31 年、理事に就任）で、暇さえあればポケットから原稿用紙を出して文章を書いていたという。住田の文章は、豊富な知識と経験に裏打ちされた含蓄の深さと、人柄そのものの温容さとユーモアがあり、多くの読者を獲得した。記事のテーマも政治・経済から恋愛関連までと幅広く、日本商工会議所の機関紙に連載された「財界千一夜物語」は 15 年という長期にわたり紙面を飾った。

　昭和 43 年（1968）10 月 2 日、住田はこの連載記事を執筆中に急逝する。早朝から書斎で机に向かうことを日課にしており、この日も記事の概要をメモに書き付けていた。家族が異変に気付いた時にはすでに意識がなかったそうだ。心筋梗塞による 75 歳での逝去だった。タイトルにちなんで一千回までの連載を目指していた「財界千一夜物語」は、684 夜で終わることになった。蒐集と研究に情熱を注いだ古瓦に関する新著『古瓦』（内藤政恒との共著）出版 1 ヵ月前のことだった。

　青山斎場での葬儀には、各界から多数の参列者があり、坪内寿夫来島どっく

社長や、高等学校の後輩で、戦後の財界をリードした永野重雄氏らが弔辞を述べた。

昭和8年撮影の家族写真
後列左より長男俊一、次男正二

　弔辞を述べたひとりで、当時運輸大臣だった中曽根康弘元首相は、「財界人でありながら真理を愛し、学問を愛し、真実と正義に生きる青年や書生のような清冽なものをもっておられたと思います」[6)]と人柄を偲んでいる。

　子息の住田正二氏（元運輸事務次官、前JR東日本相談役）は、「自由主義的な性格が強かったのですが、しかし理想主義的なところは少なく、現実主義的な発想の持ち主でした」[7)]と父について書いている。

　酸いも甘いも噛み分けた人生は唐突に幕を下ろしたが、後世に資する史料を多数遺すなど、多才ぶりをいかんなく発揮した異色の実業家であった。

　東大在学中から大正14年（1925）頃までに蒐集した、江戸期の慶長年間（1596–1615）から明治初年（1868–）にかけての海事・地誌関係の古文書や地図など約6,500点を、大正15年（1926）に神戸高等商業学校（現・神戸大学）に寄贈しており、それらは「住田文庫」（原則非公開）として神戸大学で所蔵、一部デジタル化されている。

　また、呉市海事歴史科学館（大和ミュージアム）に寄贈された約2,500点の資料は、「住田海事資料」として一部が同館ライブラリーにて公開されている。

　逝去の翌年の昭和44年（1969）には、海事文化の発展に寄与した父の功績を記念して、正二氏が「住田正一海事奨励賞」を創設。以降、「住田正一海事史奨励賞」「住田正一海事技術奨励賞」が設けられ、現在も「住田海事賞三賞」として海事研究者に毎年授与、後進の育成に寄与している。

（執筆：太田 由美子）

【注】
1）『住田正一想い出集』61 頁
2）前掲書　236 頁
3）前掲書　229 頁
4）前掲書　198 頁
5）前掲書　33 頁
6）前掲書　187 頁
7）前掲書　339 頁

【引用・参考文献・ウェブサイト】
住田正一想い出集編集委員会編『住田正一想い出集』　成山堂書店　昭和 44 年（1969）
住田正一著『海事史料叢書』巌松堂　昭和 4〜6 年
住田正一著『海運盛衰記』創元社　昭和 27 年（1952）
住田正一著『財界・話の屑籠』実業之日本社　昭和 29 年（1954）
住田正一著『財界世渡り説法』実業之日本社　昭和 34 年（1959）
『住田古瓦コレクションの世界 ―瓦に魅せられて―』国分寺市教育委員会　平成 30 年
　　（2018）
住田正一・内藤政恒著『古瓦』学生社　昭和 43 年（1968）
『三豫人』第三巻第七・八号　三豫人社　昭和 28 年（1953）
日本考古学会『考古学雑誌総目録』吉川弘文館　昭和 18 年
http://www.suzukishoten-museum.com/footstep/person/cat25/
http://www.lib.kobe-u.ac.jp/sumida/about-sumida.html

【その他の文献】
金子直吉著『経済野話』巌松堂　大正 13 年
住田正一著『傭船契約論』巌松堂　大正 9 年
『考古学雑誌』考古学会　大正 4〜9 年に論考等を発表
住田正一著『国分寺古瓦拓本集』不二書房　昭和 9 年
住田正一著『海事大辞書』海文堂書店　大正 14 年
住田正一著『日本海防史料叢書』海防史料刊行会　昭和 7 年
住田正一著　論文「廻船式目考、廻船式目史料集成」

【関係資料館、記念館等】
武蔵国分寺跡資料館　東京都国分寺市西元町 1-13-10
　　　http://www.city.kokubunji.tokyo.jp/shisetsu/kouen
神戸大学附属図書館（社会科学系図書館）　兵庫県神戸市灘区六甲台町 2-1

http://www.lib.kobe-u.ac.jp/sumida/index.html
呉市海事歴史科学館（大和ミュージアム）　広島県呉市宝町 5-20
　　http://yamato-museum.com/

【協力】
住田親治氏、（株）成山堂書店、国分寺市教育委員会、松山大学図書館

※写真は『海事史料叢書』以外は『住田正一想い出集』より

有吉義弥

<ruby>有<rt>あり</rt></ruby> <ruby>吉<rt>よし</rt></ruby> <ruby>義<rt>よし</rt></ruby> <ruby>弥<rt>や</rt></ruby>

（1901-1982）

昭和の日本海運を支え続けた国際人
その古武士然とした気質と、流麗な英会話、洒脱な人柄に
世界の海運人も魅了された

有吉義弥

　有吉義弥は大正 14 年（1925）に日本郵船に入
社後、ロンドン支店に勤務し、戦中・戦後直後は
海運統制団体の実務を担い、戦後は航路権回復な
どに尽力し、副社長・社長として日本郵船の業務
拡大を主導した。社長を退いた後も、日本海運の
大御所として存在感を発揮し、国際的にも著名な
海運人であった。

　その人柄について、学生時代からの畏友である
早川種三 [1] が、次のような弔辞を寄せている。

　　「君は国際人として多方面に亘り活躍され
　ましたが、常に日本人としての心を失わない、いわば古武士然とした風
　格の持主でした。君の人となりが我が日本の国益に如何に貢献したか、
　万人の認めるところであります。君はまた抜群な語学力をもって江戸小
　噺や川柳を英訳して外国人との会合の席上で紹介するなど、君のたくま
　ざる話術とユーモアは誠に得難いものがありました」[2]

　有吉義弥の著書には、太平洋戦争中からサンフランシスコ平和条約発効まで
の日本海運史をまとめた『占領下の日本海運』（国際海運新聞社、1961 年）、江
戸小噺・川柳などをまとめた『花と柳と』（国際海運新聞社、1963 年）、エッセ
イ集『愉快、爽快』（内外海事新聞社、1980 年）、『有吉義彌講演集』（有吉義彌
講演集刊行会、1983 年）などがある。また自叙伝として、『海運五十年』（日
本海事新聞社、1975 年）、『回想録　日本海運とともに』（日本海事広報協会、

1981 年）、さらに秋田博『海の昭和史』（日本経済新聞社、2004 年）の伝記が
ある。これらをもとに、まずその略歴を記す。

「船キチ」[3] になるまで

　有吉義弥は明治 34 年（1901）11 月 4 日、東京牛込で生まれた。父・忠一は
内務官僚で、千葉・宮崎・神奈川・兵庫などの県知事や朝鮮総督府政務総監を
歴任した後、横浜市長に就任し、関東大震災後の復興事業を完成させた人物と
して知られる。また学生時代に洗礼を受けるなどキリスト教にも理解が深く、
義弥の名前は旧約聖書のモーセの後継者ヨシュアからとったという。

　京都府嵐山の渡月橋脇に「花のいえ」という保養施設があり、脇に「此附
近　桓武天皇直営角倉址　了以翁邸址　平安初期鋳銭司址」との石碑が建てら
れている。平安初期には桓武天皇直営の倉庫や貨幣の鋳造所があり、江戸時代
には角倉了以の邸宅となっていた、由緒ある場所である。ここには忠一の父・
有吉三七が住んでおり、義弥も正月や夏休みにはよく訪れていた。

　義弥が海運に惹かれるようになったのは、15 歳頃のことであるという。大
正 4 年（1915）に父が宮崎県知事から神奈川県知事へ転任となり、義弥は神奈
川県立第一横浜中学校（現在の希望ヶ丘高等学校）に通うこととなった。伊勢
山の官舎から毎日横浜港に出入りする船舶を見ているうちに、船体・船橋・マ
スト・船殻・煙突などで、船の国籍や名称まで判別できるようになり、船会社
に出向いてパンフレットを貰い、「船キチ」を自称するまでになった。

日本郵船に入る

　その後、松山高等学校を経て東京帝国大学（法科）を卒業後、大正 14 年
（1925）に日本郵船に入社した。船舶事務員として乗組員の給与管理や運賃徴
収などの海上勤務に従事し、船員や乗客から「会計さん」と可愛がられながら、
船内サービスなどを学んだ。1 年後に本社営業部貨物課勤務となり、配船や集
荷、新造船の建造などを手掛けた。この頃の日本郵船は、サンフランシスコ航
路の浅間丸・龍田丸、シアトル航路の氷川丸、欧州航路の照国丸・靖国丸など、

1万総トン級以上の豪華客船を次々に就航させるなど、世界第3位の海運国をリードしていた。

　昭和9年（1934）、有吉義弥はロンドン支店に転任となり、ここから約5年半に及ぶ欧州生活が始まった。ロンドン時代の有吉は専ら英語の翻訳に明け暮れ、大半の仕事は英国人がやるために大した業務ができないと上司に愚痴をこぼしていたが、趣味のゴルフ・テニス・ボートで汗を流し、パブで社交英語を鍛えた。

ロンドンへ向かう榛名丸船上で

　昭和12年（1937）にベルリンに転任となり、戦艦大和・武蔵の装甲板の圧延機械など軍需物資の輸送を差配した。その後、昭和14年（1939）に第二次世界大戦が勃発したため、同年暮れに有吉はドイツを離れ、翌年初頭に帰国した。

船舶運営会/CMMC

　帰国後、有吉は再び貨物課に配属となり配船業務などに従事していた。昭和12年（1937）7月に勃発した日中戦争の長期化に伴って戦時統制が強まり、昭和17年（1942）3月、戦時海運管理令が公布された。これにより国内の船舶・船員・造船を国が一元的に管理することとなったが、その管理運営を行うための組織として船舶運営会が発足した。総裁には日本郵船社長の大谷登が任命され、有吉も文書部長として出向し、配船の実務を一手に担うこととなった。

　昭和16年（1941）12月太平洋戦争の開戦当時、日本の商船隊は合計642万トンを保有していたが、軍事徴用により船舶運営会が使えるものは177万トンに過ぎなかった。有吉らは民需用には300万トンが必要と訴えたが、陸海軍から第一段の作戦終了後に110万トンを民需用に回すとして押し切られた。結

果的にこの約束は守られることなく、また昭和 18 年（1943）以降は米軍の潜水艦・機動部隊による攻撃で多くの船舶と船員を失った。日本商船隊は完全に崩壊し、敗戦時に稼働できる船舶はわずか 60 万トンにも満たなかった。有吉は当時の心境を「日本海運が粒々辛苦で建造して来た、優秀貨物船は相次いで敵空襲の犠牲になって南海に沈んで行った。船員の消耗が一番ひどかったのもこの時期である」[4]と語っている。

　昭和 20 年（1945）8 月の敗戦後も、有吉は船舶運営会の実務担当者として、横浜と東京の間を頻繁に往復するなど、多忙を極めた。船舶運営会はGHQ 日本商船管理局（SCAJAP）の管理下に置かれ、Civilian Merchant Marine Committee（CMMC）と呼ばれた。CMMC は、アメリカ船舶の貸与を受けながら在外邦人の帰還輸送にあたったほか、アメリカ第 8 軍の軍需輸送や、戦災を受けた船舶の引き揚げ・修復なども手掛けた。

日本海運の復活

　昭和 25 年（1950）4 月、日本の全船舶の民営還元が実現した。有吉は昭和 28 年（1953）5 月に日本郵船へ戻り、営業部長となった。ちょうど日本郵船の海外定期航路への復帰が認められる時期にあたり、有吉は国内外の船会社との調整窓口の役割を担うこととなった。昭和 30 年代に入り日本は高度経済成長期を迎えた。日本郵船は戦前の花形であった船客業務をやめて、石油・鉄鉱石・ボーキサイト・自動車などの大型専用船を外国航路に次々に就航させた。有吉は営業部長としてこうした運航部門の多角化を下支えした。「戦後は日本復興の尖兵、経済繁栄の牽引力であったという誇りもある」と、当時を振り返っている[5]。

　昭和 40 年（1965）11 月に有吉は日本郵船の社長となった。この頃、国際海運は物流量の飛躍的増大に伴いコンテナ化の時代を迎えつつあった。有吉はいち早くこの潮流を見抜き、昭和 43 年（1968）9 月に日本郵船は日本初のコンテナ船である箱根丸（752 TEU）を就航させた。この輸送革命は、国内の港湾整備を促す結果となり、1970 年代に日本が国際物流の拠点に成長する基盤をつ

1962 年箱根で開かれた米航船主同盟会議（右から 4 人目が有吉）
米航船主同盟会議：北米航路やニューヨーク航路など、米国向け定期
航路を運航する船主たちで構成され、運賃や配船などを協議する。

くった。

　昭和 46 年（1971）5 月、有吉は日本郵船社長を退き会長（後に相談役）と
なったが、オイルショックや海員ストで揺れる日本の海運界を側面から支え
た。また国際的活動も旺盛で、コンテナ船の定期寄港地となったアメリカの
オークランドやポートランドの名誉市民の称号を授与されたほか、渋谷大山町
の自宅で親睦会・アゼリア会を開催して大勢の在日外国人を招いた。こうした
活動が認められて、昭和 53 年（1978）3 月 BIAC（OECD の民間経済諮問委
員会）の会長にも選任された。

　このように、有吉義弥の足跡は、昭和期の日本海運の興亡半世紀の歩みと重
なることが分かる。

敗戦直後の船舶運航再開をめぐって

　ここでは、敗戦直後に有吉が船舶運営会の実務者トップとして、GHQ 側と
の交渉に当った際のエピソードを紹介したい（以下の記述は『占領下の日本海
運』を参照しているが、一部有吉自身がつけていた当時の日記を引用した部分
がある）。

　昭和 20 年（1945）8 月の敗戦と連合軍進駐で、船舶運営会は GHQ の管轄

下に置かれることになった。しかし命令系統が複雑化したため、実務担当者の有吉は多忙を極めることになった。GHQへ提出する書類を作成する際には、英文に翻訳をした後、自らタイプライターを打って清書し、それを外務省の終戦連絡事務局に見せ、さらに大本営の連絡事務所で担当者の署名を貰った上で、提出しなければならない。GHQ司令部が横浜にあった頃はなおさら大変であった。

　GHQからの最初の命令（8月24日）は、8月26日までに全船舶を停船させよというものであった。戦災で国内の通信網が甚大な被害を受けるなか、6人の職員を主要港に派遣して事なきを得た。

　9月4日に船舶の運航許可の見込みが伝わると、今度は配船計画表の作成が必要となった。船舶運航再開を急ぐ外務省から矢のような催促を受け、翌日手書き原稿のまま提出しようとすると、大本営側から「左様ナ話ハ聞イテ居ラズ」「コンナ原稿デハ問題ニナラヌ故、全部ヲ浄書タイプノ上、明後日提出アレ」と横槍が入り、時間を空費した。6日にようやく完成版が出来上がり、大本営へ持っていくと、今度は、外征部隊の帰還輸送を優先する陸軍と、まず物資輸送を再開して民生安定を図るべきとする海軍との間で激論が始まった。夕方から始まった宴席の場で、配船表のうち貨物船分は伏せて提出するということで陸海両軍の妥協が成立した。

　その日の午後9時にGHQ側の代表・バレンタイン少将に面会し、配船に最も通じた有吉が、パブ仕込みの英語を駆使しながら説明役に立った。バレンタインは海運事情によく精通し、海上輸送の早期再開にも理解を示してくれた。ここで有吉は、先方の好意的態度から、小細工は不得策と考え、同行の諸氏に断ったうえで、貨物船を含む全ての配船表を出すことにした。

　　「提出ノ計画表ヲ一覧シ種々質問アリ、質疑肯綮ニ中リ特ニTankerノ行
　　動ニ注目シ居ルガ如キ印象ヲ受ケタリ。又麦等ハ只食フヨリモ whisky
　　ニスル方ガヨカラン等、諧謔ヲ混ヘ態度極メテ軽シ。顔色ヲ変ジテ激
　　論セル本邦陸海両将軍ニ比シ、其ノ対照誠ニ甚ダシキモノアリタリ。多
　　大ノ希望ヲ得テ夜半近ク帰京ス」[6]

　翌日、有吉は陸軍側に呼び出されて、貨物船の配船表まで提出したことを詰問されたが、彼は極度の二日酔いを理由にうやむやな返事をして、なんとか帰してもらった。有吉の咄嗟（とっさ）の判断が、バレンタインの信頼を勝ち取り、その後の交渉もスムーズに進む結果となった。9月中下旬にかけて日本船舶の運航開始が逐次許可された。

有吉義弥関係文書

　有吉義弥は前述の自叙伝のほか、約 1,000 点余りの貴重な歴史資料を残している。この中には、ノート約 200 冊のほか、日々の予定・行動記録・面会人などを記載した BUSINESS DIARY、先述の敗戦直後の日記、スクラップブック、随筆や講演の原稿、関連のアルバム類などが含まれている。これらは有吉家から横浜開港資料館に管理委託された資料群で、現在、同館のご協力を得ながら、筆者をはじめ数名の研究者らがその整理・分析を行っているところである。

　最も史料的価値が高いのは、昭和 29 年（1954）9 月から昭和 56 年（1981）11 月まで継続的に残されているノート 200 冊で、自筆の日記、社内会議の記録、さらには欧米船主たちとの会合記録などがまとめられている。そこには、日本郵船の社史などでは確認できない極秘の社内情報が豊富に含まれているほか、国際海運の動向を左右する海運同盟に関する記述が充実している。

　海運同盟とは、国際定期航路を運航する海運企業によって組織されたカルテルのことで、航路別に運賃や配船量・寄港地・積載物などに関する協定を結んでいた。そこでは、メンバー間の協調体制の維持と、同盟外メンバーへの対抗措置が、重要な課題となった。有吉義弥は、日本郵船のなかで海運同盟の交渉窓口を担っており、欧州同盟（欧州航路）・米航同盟（米国航路）・豪州同盟（豪州航路）・印パ同盟（中近東航路）などの各種会議の記録、要人との往復書簡など、海運同盟の活動を示す貴重な情報が詳細に書き込まれている。

　同盟関係の書類は、「支店長の部屋の特別のファイルに収めてあって、支店長自身が鍵を持っていて他人に扱わせない。同盟関係事項といえば、聖域と

いった具合」[7]　で、極めて機密性の高いものであった。ここでは、そのうちの
一つ、三井ファイトに関する記述を紹介する。

三井ファイト

　三井ファイトとは、昭和28〜31年（1953–56）の4年間にわたり、欧州航路
への参入を目指した三井船舶と欧州同盟との間で繰り広げられた激烈な海運企
業間の競争のことである。

　当時、日本とヨーロッパとを結ぶ欧州航路には明治12年（1879）に発足し
た支那極東航路同盟を起源とする欧州同盟があり、英国・仏国など10か国20
船会社の間で詳細な運航方法が決められていた。日本からは日本郵船と大阪商
船の2社が参加していたが、講和後にようやく復帰を果たしたばかりで、年12
回・6回の航海しか認められず、未だ弱い立場にあった。こうしたなか、三井
船舶は欧州航路への新規参入を目指すが、同盟側に拒絶され続けたため、やむ
なく未加盟のまま低運賃で欧州航路開設を強行した。これに激怒した欧州同盟
は対抗措置をとり、両者間で凄まじい運賃値下げ競争が始まった。日本郵船や
大阪商船は同盟側から三井排除を強く迫られるが、日本国内の世論は国際カル
テルに闘いを挑む三井の方を支持する声が強く、交渉担当者であった有吉は板
挟みにあって苦しい立場に立たされた。

　以下、有吉のノートの冒頭の記述（昭和29年（1954）9月21日）である。

> 「朝10時 Glen line の重役室にて Sir John [8]　と会見。日本事情説明。特
> に国家主義的の輿論の傾向、十次造船決定を控へての各方面の意見等を
> 述べ、同盟が我社に権益を附与し、同盟第一主義にても我が海運の伸長
> の可能なる事を実証せざれば、吾社の主張が朝野に滲透し難き旨を説
> く…Sir John の考へ方は、日本船は吾社と云はず三井も共々に徹底的に
> やっつけんと云ふが如き印象と取った…同午后 4:00 大使館に大使訪問。
> 海運問題は重要だと言ふ事、吉田総理来英の際、強く申入れがあるに違
> いないから、社長から総理出発前会見して予備知識を与へられるを可と
> すと思ふ旨申聞けあった」[9]

　当時有吉は日本郵船を代表して渡英し、欧州同盟側と交渉の任に当たっていた。彼の考えは、同盟に加盟している日本郵船や大阪商船が権利を伸長していくことで、日本海運の航路権拡大という国益につながるというものであった。もし同盟側が三井排除を強く叫ぶならば、まず日本郵船の配船権を増やして欲しい、さすれば三井に対抗できるし、国内世論も説得できるとして、同盟側に月1回の配船を無制限にすることを要求しているのである。

　しかし欧州同盟側は、日本側の動きを強く警戒していた。日本政府や日本の船会社は、三井の同盟外活動を容認しながら、片方で郵船も無制限配船権を要求するという「二股」作戦で、航路権の大幅な拡張を要求しているのではないか、と強い疑念を抱いていたのである。当時運輸省は国内の新造船に対して利子補給金を給付する計画造船を進めており、三井の欧州航路の船舶にも同様の措置が取られていたため、同盟側は政府が三井を後援しているように見ていたのである。有吉の日記には、同盟幹部をつとめる Sir John や P&O 重役で海運

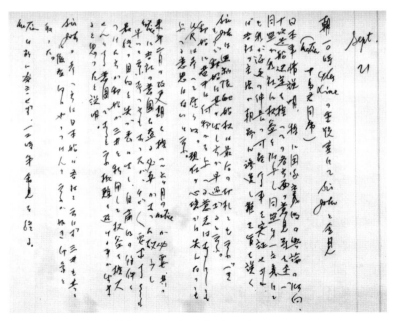

有吉義弥日記　昭和29年（1954）9月21日

同盟議長の Mr. Thwaites らイギリス船会社の要人や、ロンドンの日本大使館員らに何度も直談判して、日本郵船の立場に理解を求める姿が克明に記されている。

　この問題は、日英間の外交問題にまで発展し、最終的には、日本郵船の持つ配船権の一部を三井船舶の就航に充てるというアンダーウィング方式で解決が図られた。解決に至るまでには、有吉は何度も、時には病身を引きずりながら渡英して、欧州同盟の各種会議に出席し、日本の海運事情について繰り返し説明した。

国際海運人・有吉義弥

　こうした経験が、後に国際海運人としての有吉の名声を高めることに繋がったと言えよう。有吉が日本郵船の社長時代に、副社長として彼を支えた菊地庄次郎 10) は、次のように述べている。

テニスを楽しむ

　　　「有吉さんは国際的な海運人として有名であったが、お供で海運同盟会議に出ると、有吉さんの国際人としてのセンスに感服させられたものだった。会議では、鋭い洞察力と当意即妙の判断力をフルに発揮され、日本側として、あるいは会社として何か言わなければならない場面が展開して来ると、時機を失せずに割り込んで誠にタイミング良く発言され、結果的に立派な成果をいつもあげられるのであった。有吉さんは語学力だけでなく、外国人と打ちとけてユーモアに富んだ明るい雰囲気をつくる特異な能力をお持ちになっていた。戦後、日本船の航海権利の回復や海運摩擦の解消は、そうした有吉さんの力にあずかるところが大きい。」11)

　有吉義弥は、昭和57年（1982）9月7日入院中の東京女子医科大学病院で静かに息を引き取った。まさしく昭和の日本海運を支えた国際海運人であった。

謝辞

　本稿作成にあたり、「有吉義弥関係文書」の利用をご快諾頂いた有吉家ならびに横浜開港資料館に深謝申し上げる。本資料については、整理作業が終了した後、同館で公開される予定である。

（執筆：松本　洋幸）

【注】

1) 早川種三（1897–1991）宮城県生まれ。ペンキ材料の卸売会社から出発し、東京建鉄（現日本建鉄）の再建や、日本特殊鋼（現大同特殊鋼）などの管財人をつとめ、会社再建の神様といわれた。
2)『海運』661号（1982年10月（社）日本海運集会所発行）p.71
3) この表現は、今日の観点から見ると差別的ととられかねないとも考えられるが、有吉氏が差別的意図なしにこの言葉を使っていた事情に鑑み、そのまま使用させていただく。
4) 有吉義弥『回想録　日本海運とともに』p.161
5) 有吉義弥『回想録　日本海運とともに』p.9
6)「マ」司連絡日誌（「有吉義弥関係文書」）
7) 有吉義弥『回想録　日本海運とともに』p.67〜68
8) Sir John Nicholson （Alfred Holt & Co. 重役）
9)「有吉義弥日記」1954年9月21日
10) 菊地庄次郎（1912–1984）宮城県生まれ。日本郵船に入社し、1967年副社長、1971年社長、1978年会長。低成長時代にそなえ保有タンカーを削減して海運不況をきりぬけるなど、経営手腕を発揮した。
11) 日本経済新聞社編『私の履歴書 ―経済人〈22〉』（同、1987年）p.309

【引用・参考文献】
有吉義弥『占領下の日本海運』（国際海運新聞社、1961年）
有吉義弥『花と柳と』（国際海運新聞社、1963年）
有吉義弥『海運五十年』（日本海事新聞社、1975年）

森川英正監修・エコノミスト編集部編『戦後産業史への証言　2　巨大化の時代』（毎日新聞社、1977 年）

有吉義弥『有吉義弥のエッセイ集　愉快、爽快』（内外海事新聞社、1980 年）

有吉義弥『回想録　日本海運とともに』（日本海事広報協会、1981 年）

有吉義彌講演集刊行会編『有吉義彌講演集』（同、1983 年）

日本経営史研究所編『日本郵船株式会社百年史』（日本郵船株式会社、1988 年）

日本経済新聞社編『私の履歴書 ─経済人〈22〉』（同、1987 年）「菊地庄次郎」

秋田博『海の昭和史』（日本経済新聞社、2004 年）

竹野弘之「有吉義弥 ─その人物、足跡及び著作─」（『LAMER』176 号、2006 年 1 月）

「有吉義弥関係文書」（横浜開港資料館保管）

【関係資料館、記念館等】
横浜開港資料館　神奈川県横浜市中区日本大通 3
　　　http://www.kaikou.city.yokohama.jp/

※写真はすべて横浜開港資料館所蔵

山縣勝見
やま　がた　かつ　み

（1902–1976）

戦後日本海運をゼロから再建し
国際社会への復帰に尽くした男

若き日の人間形成と後年に続く趣味（1902–1925）

　山縣勝見は、灘西宮の酒造家、辰馬
一門の本町辰馬家の 6 人兄弟の末っ
子（三男）に生まれ、神戸一中、第
三高等学校（京都）から東京帝国大
学法学部政治学科に進んだ。細身・
中背で、大人しい勉強家であった。

　後年、書画、骨董、古書籍、陶磁
器等の蒐集等高尚な趣味を持ち、一
見近づき難い印象もあったが、長唄
や歌沢等の洒脱な芸能にも親しみ、
実は温かい人間性を持っていた。

　一方、スポーツも、野球、テニス
（軟式）、ゴルフ、ボート、登山等何
でもこなした。野球は、三高時代は
選手であったが、老齢になってから
も、毎年恒例の東西財界人野球に選

山縣勝見

手として出場し、3 番打者、内野手として活躍した。

若き青年実業家として（1925–1936）

　大正 14 年（1925）大学を卒業した勝見は、直ちに辰馬家の経営する辰馬海
上火災保険（株）（以下、辰馬海上）に入社し、外国部勤務となって海外再保

険取引の業務に携わった。この頃は保険に関する文献は少なく、外国文献（原書）で学ぶ以外知る術はなかった。若き日の勝見は名だたる勉強家をもって知られ、原書を片っ端から読破してまもなく社内随一の保険通となり、役職員はその能力に舌を巻いたと言われている。

　やがて、辰馬本家出身で当時の社長であった辰馬吉左衛門（13代目）にその能力・識見を見込まれた勝見は、辰馬社長の弟、浅尾豊一の次女で東京新川で酒問屋を営む山縣家の養女となっていた冨貴子と結婚して、山縣姓を名乗ることになった。

　昭和の初頭、金融恐慌による不況の影響とロンドンの再保険取引の失敗により辰馬海上の経営は悪化し、取締役会の大勢が会社解散論に傾いた時、若き外国課課長であった勝見は敢然として立ち上がり反対した。当時勝見は経営上の意思決定に参画できる立場にはなかったものの、損害保険事業の使命、社員の生活の安泰、家門の名誉等の理由を挙げ、会社再建の必要を説いた。勝見の熱誠に動かされて、ついに辰馬社長は会社の再建を決断し、勝見に会社再建策の作成を命じた。勝見は、当時辰馬海上の大株主であった東京海上火災保険（株）（以下、東京海上）の会

昭和2年　辰馬海上火災本社玄関にて

長で、損害保険業界の重鎮であった各務鎌吉[1]に会い、経営危機に立ち至った経緯を詳細に説明し、会社再建の構想を述べるとともに指導と援助を要請した。各務は人格・識見とも優れた人物で業界の指導的地位にあり、勝見はかねて尊敬してやまなかった。昭和5年（1930）12月、東京海上と辰馬吉左衛門との間で会社再建のための覚書が取り交わされ、未払込株金の追徴、減資後の

増資などを柱とした再建策が確実に実行に移されたことが評価され、勝見は若くして常務取締役に栄進した。

　一方、勝見は、辰馬家の経営するもう一つの「海運部門」である辰馬汽船の取締役にも昭和7年（1932）12月就任し、次いで同9年（1934）5月には副社長兼専務取締役に選任された。この年、台湾米受荷主磯野銀策商店に対するB/L なし荷渡し事件が発生したが、この時も勝見は、銀行や磯野銀策商店など関係先と交渉し、損失を未然に防ぐことが出来た。

　勝見は、その頃、その後の長い「海運人」としての人生行路を明るく照らしてくれることとなった村田 省蔵[2]に出会った。各務鎌吉と村田省蔵、この2人の師を得たことが、勝見にとって大きな励ましとなり、道標になっていく。

戦時統制下の海運・保険業界と辰馬海事記念財団の設立（1937−1945）

　昭和初頭から、既に戦時色を強めつつあった内外情勢の中で、海上輸送力と物資の確保は喫緊の課題となっていた。しかし運賃・用船料の著しい高騰で重要物資の輸送は阻害され、その蓄積を遅らせ、国内物価の騰貴を誘う要因となり、業界の早急な統制実施が要望されるようになった。

　昭和12年（1937）には日中戦争が勃発、海運の戦時体制を確立し、公正な船舶の運営を期するとともに主要物資の円滑な運送を促進するために、村田省蔵の提唱により「海運自治連盟」が結成された。この後、わが国海運は、官民協力の統制時代を経て、同15年（1940）半ばから国家統制の時代を迎える。勝見は戦時統制経済への段階的突入に対処し、昭和13年（1938）10月辰馬汽船（株）社長に就任早々、統制経済下の各委員会や団体などの役員を歴任し、また統制経済の理論家として、海運統制と輸送効率の向上の必要性への理解を深めるために多くの論文を発表した。

　戦雲急を告げる中、経営者として忙殺されていた勝見であったが、一私企業の経営者に留まらず、国家産業としての海運の役割の重要性を常に認識し、その理論的理解と国民海事思想の普及に努めるために財団設立を企図した。こう

して昭和 15 年（1940）6 月 3 日誕生したのが、（財）辰馬海事記念財団（現・（一財）山縣記念財団）で、勝見は初代理事長に就任した。

　この後、戦時統制経済へ段階的に突入し、昭和 16 年（1941）12 月太平洋戦争が開戦すると、遠洋航路は全く運航を停止し、その保有船腹の大半は、軍用又は国家使用船として徴用され、「船舶運営会」の管理下で運航されることになった。また、戦争による喪失船舶の増大に対処する為、政府は戦時標準型船（戦標船）を一元的に発注・建造するいわゆる造船の国家管理を実施した。勝見は、運航実務者の集約と企業統合が必要との政府の意向を受け、辰馬汽船を中心に海運会社の合併・株式の取得等により集約を実行した。

　昭和 18 年（1943）10 月、勝見は辰馬海上の取締役社長にも就任し、関係当局からの要請を受け、昭和 19 年（1944）、大北・神国・尼崎の各海上火災保険との 4 社合併協議をわずか 2 日でまとめあげ、興亜海上火災運送保険（株）を設立、勝見は会長に就任した（昭和 29 年（1954）興亜火災海上保険（株）と改称）。

戦後の日本海運ゼロからのスタート（1945–1949）

　敗戦後、日本の非軍事化を目的とした占領政策では、占領と同時に全ての日本船舶の移動を禁止し、100 総トン以上の船舶は全て総司令部の指揮に従うべきことを指令するなど、日本海運の復興を厳しく抑制する方針を示し、また戦時補償交付も打ち切られたので、海運業の前途は暗黒であった。昭和 21 年（1946）11 月に発表されたポーレー賠償委員長の米国大統領に対する対日賠償最終勧告案は、5,000 総トン以上の船舶を賠償の対象とし、日本の船腹量を極東の貿易に必要な鋼船 150 万総トンに限り、更に船型・速力・建造量などにも制限を加える厳しい内容だった。勝見はじめ海運界首脳は、日本経済自立のためには、何をおいても日本海運を再建すべきであり、そのためには外国航路への就航を禁止すべきでなく、船型・速力などについても制限を加えるべきでないことを、関係方面に強く訴えた。

　財閥解体指令により、辰馬汽船株式の 65 ％ を所有する辰馬本家商店が昭和 22 年（1947）地方財閥に指定され、解散することになった為、辰馬汽船は辰馬

家との資本関係がなくなった。勝見は会社再建への熱意に燃えて社員から新社名を募集した。こうして選ばれた新社名「新日本汽船（株）」は、「世間から支持を得られる立派な会社」、「財閥から離れて民主的に運営される会社」を念願する海陸従業員の気持ちを高め、新生日本にふさわしい社名として敗戦直後の挫折感と低迷を払いのける大きなきっかけとなった。

　その後、米国の対日海運政策においては、米ソ両陣営間の「冷戦」が激化するにつれて、日本を反共への防壁にするために、むしろその経済を自立させ、その潜在的な軍事生産力を活用しようという考えが米国の世論に急速に芽生えた。そして昭和 23 年（1948）に入って対日管理政策の再検討が行われ、ガリオア・エロア[3] による物資の供与、民間貿易の許可及び企業の集中排除の緩和などの政策に表われた。そして最大の懸案であった「日本船舶の賠償取立問題」も同年 5 月の「ドレーパー報告」にて、船腹保有量と船型等の制限を撤廃し、民間造船施設を賠償の対象から外すとされ、一挙に決着することになった。

日本海運の再建への道のり（1）
～日本船主協会会長・参議院議員として～（1950–1951.5）

　対日賠償問題の好転を契機として、日本海運の再建への希望をつなぎ得た勝見たちにとって、当然に次の課題となったのは、日本商船の外航海運への復帰だった。これなくしては日本経済の復興もなく、従って日本再建の道も閉ざされるであろうとの国民世論の後押しもあった。

　昭和 22 年（1947）再発足した日本船主協会の首脳は、総司令部或いは政府や国会など関係方面に対し、速やかに海運の民営還元（船舶運営会から各船会社への船籍移行）を断行して海運本来の姿に戻し、輸送力の増強を図るよう主張した。昭和 25 年（1950）1 月、勝見は日本船主協会会長に選任されるが、それから間もない 4 月、ついに民営還元が実現した。船舶のスムーズな運航を図るため、勝見は日本海員組合と日本船主協会との間に、戦後最初の労使間労働協約を締結したほか、民営還元に関する善後処置の幾多の問題を解決するに至った。

　ところで、当時の海運問題は、その重要なものはほとんど全てが政治問題であったので、勝見は、日本船主協会会長として仕事を全うするためには、国会に議席を持つ必要があることを痛感し、昭和25年（1950）6月の参議院選挙に兵庫県から出馬して当選し、参議院議員となった。

　同じ月に勃発した朝鮮戦争は、たちまち世界規模の船腹不足を招き、また戦争を背景として米ソの対立も深まり、米国を中心とする自由主義国家群の対日感情が好転した。この結果、昭和26年（1951）1月以降、総司令部が相次いで外国定期航路の開設を許可するに及んで、日本商船の外航進出はついに本格化するに至った。また、その同じ月、参議院運輸常任委員会委員長となっていた勝見は、「外航船舶緊急増強に関する決議案」を衆参両院に提案し、満場一致でこれを成立させた。

　しかし対日平和条約締結が近づくと、米英の国内特に海運業界から、日本海運に対し制限条項を設けるべしという意見が台頭してきた。特に英国の態度は冷厳で、英国本国及び属領の諸港への日本商船の包括的入出港許可を保留し、また米国においても、昭和26年（1951）2月、海運関係9団体が、日本海運（船腹）の拡充が米国の援助による見返り資金で行われていることに反対する旨の意見書をトルーマン大統領に送り、また米国太平洋岸船主協会も対日平和条約に制限規定を入れるべきとの陳情書を提出した。

　そのような折、米国の海運政策にかかわる最高の実力者で、上院の海運漁業分科委員会の委員長であったウォーレン・マグナソン上院議員が、平和条約との関連で日本海運水産関係の調査のため来日することとなった。勝見はこの機会を最大限に生かし、米国議会と海運界を代表し、対日強硬論の急先鋒であったマグナソン議員に日本海運再建の必要性を訴えた。先ず、彼の日本海運に対する誤解を解くには理論と数字によって反論し説得するのが一番の解決法だと考え、提出する書類上の数字が総司令部に出したものと同じであるかどうかを確かめた。数字の食い違いは信用にかかわることだと思ったからである。同時に米国の海運界の挙げている数字の誤りも指摘してわが国経済の将来にとっての海運再建の必要性を訴えた。

　また、マグナソン議員の警戒心を解き、相互信頼の念を持ってもらうために、

かつてマグナソン議員とワシントン大学で机を並べた、ある日本人の友人の仲介で、正式会談の前にマグナソン議員と私的に会った。こうして、昭和26年（1951）4月10日、帝国ホテルでの勝見たち日本船主協会首脳とマグナソン議員との公式会談は成功裡に終わり、これによって来日前あれほど日本に批判的であったマグナソン議員の認識は改められ、平和条約では日本海運に制約の規定を設けないこと、日本海運は日本経済の自立に必要な範囲においてその拡充が許されるべきこと、といった見解を得ることが出来た。

　また、この公式会談の翌日（4月11日）、勝見は目黒の公邸において、マグナソン議員、シーボルド駐日米国政治顧問、それに吉田総理とともに海運問題について種々懇談する機会を持ち、総理の口からも協力を要請してもらうなど万全を期した。また、勝見はその後来日したジョン・フォスター・ダレス大統領特使（後の国務長官）ともマグナソン議員を交えて会い、協力を要請した。

　それにも拘らず、対日平和条約の中で、日本の海運・造船の能力を制限すべしという英国の

昭和26年4月11日 目黒公邸にて
左からマグナソン議員、勝見、吉田総理、
シーボルド駐日米国政治顧問

態度は執拗なものだった。英国は米国にも働きかけ、米国政府筋においても平和条約の早期締結のためにその障害の一つになっている海運問題についてこの際英国の主張を入れてはどうかという意見が一部に有力になっていた。勝見は平和条約締結前のこの際、直接米英両国を訪問し、海運関係者と直接会談して、この問題の解決に努力しようと思い立った。

日本海運の再建への道のり（2）
～欧米歴訪後サンフランシスコ講和会議まで～（1951.6-9）

　昭和 26 年（1951）6 月 3 日、勝見は羽田を発ち、ポルトガルのリスボンにて開催された国際商工会議所（ICC）総会に日本代表として出席し、総会に出席した各国代表に対して日本海運・造船の再建について訴えた。これは終戦後日本が国際会議に出席した最初のものであった（以後、勝見は、1961 年、63 年、65 年、67 年、69 年、71 年にも同国際会議に出席し、海運問題はじめ、貿易・投資・多国籍企業・環境等の諸問題に取り組んだ）。

　次いで勝見は、吉田総理の要請を受けてスイスを経て英国に赴き、時の英国運輸大臣バーンズと会見した。丁度勝見がロンドンに滞在中、米国のダレス大統領特使が平和条約草案の最終的折衝のために英国を訪れたが、英国側の日本海運再建を制限しようという姿勢には相当頑迷な所があり、ダレスはとうとうその頑迷さに辟易して憤然としてロンドンを去り、パリに飛んだと言われている。その時の英国政府の驚きは大きく、ついに辞を低くしてパリよりダレスの帰英を乞い、ついにダレス草案を受諾して米英共同提案の形を採るに至った。

　勝見は次の訪問国ドイツとフランスでも海運関係の人々と会い、海運関係について懇談した。特にドイツの船主協会会長ステッカー博士からは、敗戦によって無一物になったドイツ海運が如何に過酷な占領政策に苦しんでいるかを聞き、その夜 2 人は、ホテルの食堂の薄暗い灯火の下で、日独両国海運再建のためにお互いに協力することを誓い合った。

　欧州訪問を終えた勝見は、昭和 26 年（1951）7 月 11 日、ハンブルグより空路ニューヨークに到着し、直ちに米国船主協会モルガン会長はじめ海運界首脳と懇談する機会を持ち、日本海運再建に対する日本海運界の意図をよく説明し、その理解と協力を求めた。

　次いで勝見はワシントンに赴き、同年 7 月 17 日からサンフランシスコ講和会議（以下、講和会議）が開催された 9 月まで国務省を中心とする政府当局と陸海軍当局、上下両院、特に上院を中心とする国会、ワシントンに対外活動の本拠を有する米国海運連盟などに対し、日本海運制約排除のための活発

な折衝・工作を続けた。丁度運輸省からワシントンの日本大使館に出向中の壺井玄剛[4]らの協力も得て、国務省やペンタゴン（国防総省）、国会、海運連盟に通う日々が続いた。その間英国はじめ英連邦諸国や米国国会の一部、海運界からの執拗な日本海運制限論の動きの中で、終始一貫して日本海運支持の立場を守り通してくれたのは、当時対日平和条約の草案作成に当たっていたダレス大統領特使とその片腕であったアリソン公使、そして国務省で海運政策を担当していたソーグステッドらだった。

　9月上旬の講和会議を控え、2月に海運関係9団体からトルーマン大統領に送られた日本海運制約の陳情書（前記p264、16–18行目参照）に対し、国務省はラスク国務次官補名で正式回答書を送った。その中で「日本の経済自立は米国自らの利益のためにも必要であるが、日本の地理的経済的事情からして、日本海運がその国民経済に占める地位は決定的に重要である。」として、米国海運界の日本海運制約の主張を真っ向から論破し、米国の採るべき道は、日本海運制限ではなくその再建育成にあることを率直・明快に表明したのであった。それでも尚、米国海運関係9団体は重ねて国務省の再考を促す書簡を送りつけ、抵抗を示した。

　そんな中、マグナソン議員の斡旋もあって、当時の副大統領でもあったバークレー上院議長が、日本海運の再建のために国会工作を続けている日本の参議院議員・運輸委員長である勝見に敬意を表して、上下両院の実力者を招いて、昼食会を開いてくれた。席上、バークレーは、「日本を再建することは米国の防衛上も必要であり、日本の再建は経済の再建以外になく、日本経済の再建のためには海運の再建しかない。」と強く訴えた。また、勝見も米国海運界の主だった人々を招いて懇談会を開催した。この会合は、対日海運問題に関係する国務、商務両省及び陸海軍並びに国会の他、海運界の代表などを網羅したものだった。

　講和会議に先立ち、ダレスら米国当局の、何としても会議を成功させ平和条約の調印にこぎつけようとする熱意と努力は並大抵のものではなかった。ダレスは、平和条約草案に少なからず不満を持つアジア諸国や尚も日本の海運・造船並びに繊維工業に一定の制限を設けようとしていた平和条約草案の共同提案

国である英国を訪ねて説得工作を続けた。その一方で、突然会議に参加を表明
してきたソ連に覚書を送り、本会議が改めて審議を重ねようとするものではな
く、既に審議済の最終案による平和条約に各国が調印するためのみの会議たる
べきことを指摘してソ連をけん制した。このような中で、平和条約への如何な
る妨害からも日本国民を守ろうとする米国世論は高まり、米国の対日感情はか
つてない好転を見せた。

　待望の講和会議は、いよいよ昭和26年（1951）9月4日から、サンフラン
シスコのオペラ・ハウスで開かれた。参加国は52ヶ国で、アチソン米国務長
官の水際立った議長振りによって、予て英国等と打ち合わせて用意された議事
規則に則って、全くソ連に隙を与えず、一方、日本側の演出も見事で、吉田全
権の日本語の演説を通訳した外務省の島内連絡局次長の流暢な英語のみが放送
され、米国民に与えた好印象は絶大だった。演説中イヤホーンを耳に当てて聞
き入る各国代表から、勝見も盛んに握手を求められたそうである。かくして、
講和会議は、予想以上の成功裡に、9月8日の調印式を以って無事5日間の幕
を閉じ、ここに日本は、終戦後6年にして、待望の主権の回復を、それも敗者
としての立場ではなく、友邦としての対等の立場で勝ち取り、勝見も、制約さ
れざる新しい日本海運の誕生を目の当たりにすることが出来た。

　会場のオペラ・ハウスの演壇には、開会式以来、日本を除く参加各国の国旗
が一列に飾ってあったが、調印式の行われる9月8日の朝、勝見が会場に入っ
てみると、それらの最右翼に、色も鮮やかな日章旗が立っているのを見つけ、
頬を伝わる感激の涙を押しとどめることが出来なかった。調印式の済んだ夜、
開催された晩さん会では、日本代表団は、名実ともに主権を回復した友邦よ
りの客として遇され、吉田全権はじめ日本代表団の顔も晴れ晴れとしたもの
だった。

吉田内閣閣僚、日本船主協会会長等（1952–1965）

　昭和27年（1952）、勝見は議員一期目ながら、第三次吉田内閣国務大臣、次
いで第四次吉田内閣厚生大臣に任命された。翌昭和28年（1953）には、引続

き第五次吉田内閣厚生大臣にもなった。厚生行政は専門外だったが、勝見は誠心誠意務めた。

　昭和 31 年（1956）5 月、勝見は日本船主協会会長に復帰し、6 月には参議院議員を退いて民間人に戻り、昭和 33 年（1958）まで、会長を務めた。また、その 6 月には日本国有鉄道（現・JR）理事となり、戦後の荒廃から漸く立ち直りを見せた鉄道輸送網と輸送機関の再建拡充に尽力したほか、海運造船合理化審議会他海運・港湾・貿易関係の多くの審議会・委員会委員を務めた。

　勝見は、昭和 32 年（1957）5 月、日本船主協会創立 10 周年記念事業として海運研究所（海事産業研究所を経て、現・（公財）日本海事センター）を創設し、海事資料センター（現・（公財）日本海事センター内海事図書館）や（社）日本海運倶楽部（現・（株）日本海運会館）の創設や海運ビル（昭和 47 年（1972）3 月、平河町に竣工）の建設を提唱した。

　また、同年 7 月、（社）日本海洋少年団連盟会長、10 月には上記（社）日本海運倶楽部理事長、翌昭和 33 年（1958）1 月には（社）日本海員掖済会会長と次々に海事団体の要職を歴任することとなる。特に、（社）日本海洋少年団連盟については、第 3

昭和 44 年 日本海洋少年団連盟会長

代会長として、その組織面・財政基盤・事業活動全般の強化に尽力した。

　昭和 34 年（1959）5 月、5 年後の昭和 39 年（1964）にオリンピックが東京で開催されることが決まった。勝見は、昭和 35 年（1960）10 月、（財）日本ヨット協会（現・（公財）日本セーリング連盟）会長に就任し、東京オリンピックでは、ヨット競技会会長を務めた。

　昭和 37 年（1962）2 月に還暦を迎えた勝見は、5 月に新日本汽船（株）社長を退いて会長となり、昭和 39 年（1964）4 月には、「海運集約」の一環として新日

本汽船と山下汽船が合併して設立された山下新日本汽船（株）の会長となった。

日ソ経済交流の発展を夢見た晩年（1966–1976）

　勝見は晩年、経団連（現・（一社）日本経済団体連合会）の海運委員長や外交問題委員長として力を尽くした。昭和41年（1966）には、日ソ経済合同委員会日本代表となり、以後、モスクワにおける同委員会日本代表や同委員会港湾運輸小委員会委員長、同港湾輸送

昭和45年　ウランゲル新港建設基本契約調印式

委員会使節団団長・同委員長、外務省参与、政府派遣ソ連極東港湾輸送調査団最高顧問等として、度々ソ連を訪問した。

　日ソ貿易の円滑な発展のためには、極東港湾の整備が不可欠と信じていた勝見は、シベリア・ランドブリッジ[5]の起点に近いナホトカ市内のウランゲル新港（現・ボストーチヌイ港）[6]の建設に心血を注ぎ、昭和45年（1970）には、ついに日ソ経済合同委員会にて、ウランゲル新港建設基本契約が調印された。

　勝見は、昭和46年（1971）、脳梗塞で倒れ、車椅子生活となったが、この「ウランゲル新港」を起点に、日ソ経済交流が発展することを夢見て、さらにその先には「北極海航路」の構想についても語っていた。[7]

　昭和50年（1975）7月には、体調も一時回復し、ウランゲル港湾視察団団長として、最後に現場を見届けることが出来たのは幸せだった。

　翌昭和51年（1976）10月29日、勝見は永眠した。74歳という年齢だったが、海運のために捧げた一生だった。

（執筆：郷古 達也）

【注】

1）各務鎌吉（1868–1939）は、東京海上保険会長、日本郵船社長、貴族院議員等を歴任。本書評伝参照。

2）村田省蔵（1878–1957）は、大阪商船（現・商船三井）社長、貴族院議員、逓信大臣兼鉄道大臣などを歴任し、海の記念日（現・海の日）を創設。本書評伝参照。

3）ガリオア基金は Government Appropriation for Relief in Occupied Area Fund（占領地域救済政府基金）の、エロア基金は Economic Rehabilitation in Occupied Area Fund（占領地域経済復興基金）の略称で、ともに、米国が第二次世界大戦後の占領地域において、社会生活の困難を救うために、軍事予算の中から支出した援助資金。

4）壷井玄剛（1907–1995）は、運輸省大臣官房長、東京タンカー（株）社長等を歴任。

5）シベリア・ランドブリッジは、シベリア鉄道と船舶やトラック等の複数の輸送モードを利用した日本・アジアと欧州・中近東・中央アジアを結ぶ国際複合一貫輸送方式による輸送ルートで、1970 年代に開発された。

6）ウラングル新港（現・ボストーチヌイ港）は、ナホトカ湾内東部にある港湾で、シベリア・ランドブリッジの発着港。昭和 46 年（1971）日ソ経済協力事業として日本側の支援により建設。現在、日本では舞鶴港など日本海側の主要港湾がコンテナ船の定期航路を有している。

7）山縣勝見「第 2 回日ソ経済合同委員会議に出席して—港湾および輸送問題を中心に—」（山縣記念財団『海外海事研究』第 14 号 p.12–14、1967 年 10 月発行　所収）

【引用／参考文献】

1. 山縣勝見『風雪十年』（財）海事文化研究所　1959

2. 山縣勝見『炉辺夜話』新日本汽船（株）社内誌「しんにほん」連載　1962〜1964

3. 山縣勝見追想録編集委員会『山縣勝見追想録』1977

4. 田村茂『海、船、そして海運—わが国の海運とともに歩んだ山縣記念財団の 70 年—』山縣記念財団　2012

5.（社）日本船主協会『日本船主協会 20 年史』1968

6. 興亜火災海上保険（株）『興亜火災三十年史』1975

7. 山下新日本汽船（株）『社史 —合併より 15 年』1980

8. 幸田文・山縣勝見「番茶清談」（『幸田文対話』上 岩波現代文庫 2012）

【関係資料館、記念館等】

（一財）山縣記念財団　東京都中央区八丁堀 3-10-3　正和ビル 5 階

https://www.ymf.or.jp/

※写真はすべて山縣家提供

執筆者紹介

谷 弘（たに ひろし）

運輸省、科学技術庁等において、海運造船、運輸政策、防災安全、技術開発業務等に従事。著書に『千石船の湊を訪ねて』（芸立出版）、『江戸の町造りと船』（文芸社）等。他に日本海事史学会「海事史研究」に論文多数。

代田 美里（だいた みさと）

鈴鹿市文化スポーツ部文化財課勤務。学芸員。同課が所管する大黒屋光太夫記念館では、展示や資料調査を担当している。年4回開催する展覧会や講演などを通じて、光太夫の業績と魅力を伝えるために奮闘中。

斉藤 智之（さいとう ともゆき）

1963年兵庫県洲本市生まれ。関西学院大学文学部仏文科卒業。高田屋顕彰館・歴史文化資料館学芸専門員。訳書『日本幽囚記』（I、II、III、IV）、『対日折衝記』。

木越 隆三（きごし りゅうぞう）

1951年金沢生、金沢大学大学院文学研究科卒、同大学より学位博士（文学）取得。『銭屋五兵衛と北前船の時代』で泉鏡花記念市民文学賞受賞。現在金沢工業大学客員教授、石川県金沢城調査研究所長、北陸史学会副会長。

高山 みな子（こうやま みなこ）

フリーランスライター。海舟の三女・逸の曾孫。祖母は海舟と一緒に暮らしたこともある。共著で『勝海舟関係写真集』（風狂童子）他。高知県、長崎市、松阪市、東京都港区の観光大使、神奈川県大和市健康都市大学客員教授。

村上 泰賢（むらかみ たいけん）

1941年生。駒澤大学文学部卒。東善寺住職、小栗上野介顕彰会理事、群馬県山

岳連盟参与。編著作は本文掲載作以外に『小栗忠順のすべて』新人物往来社、『シャルミリ　インドヒマラヤ CB53 峰初登頂の記録』みやま文庫。

北代 淳二 （きただい じゅんじ）

NPO 法人・中浜万次郎国際協会理事長。元 TBS ワシントン、ニューヨーク特派員、アメリカ支社長などを歴任。コロンビア大学院卒。高知生まれで中学生時代から万次郎に興味を持ち、退職後は万次郎研究に専念。

渋谷 雅之 （しぶや まさゆき）

徳島大学名誉教授、現代龍馬学会副会長、元徳島大学教授、薬学博士。歴史関連著書：『近世土佐の群像』シリーズ（本巻 9 冊、別巻 2 冊）、『寺村左膳』（以上私家版）他。

木原 知己 （きはら ともみ）

日本長期信用銀行（現新生銀行）などを経て現在早稲田大学大学院非常勤講師。専門は船舶金融論、海洋文化論。著書に『シップファイナンス』（住田海事奨励賞）、『船舶金融論』（山縣勝見賞著作賞）、『波濤列伝』など。

武田 晴人 （たけだ はるひと）

1949 年生。東京大学経済学部、大学院を経て同大助教授、教授。2005 年定年退職（東京大学名誉教授）。2020 年（公財）三井文庫常務理事・文庫長に就任。主要著書は『日本経済の発展と財閥本社』東京大学出版会（2020 年）など。

平野 隆 （ひらの たかし）

慶應義塾大学商学部教授、慶應義塾福澤研究センター副所長、専門は近現代日本産業史・経営史。著書に『近代日本と福澤諭吉』（共著、慶應義塾大学出版会、2013 年）、『慶應義塾史事典』（慶應義塾、2008 年）編集委員など。

新田 純子 （にった じゅんこ）

中央公論女流新人賞受賞。祖父が浅野の部下であった。総一郎を書くと決心するや、次々と日本が歩んだ近代史が見事な織物のように広がり、現代の基盤となったことを実感。是非、彼の一生懸命さを知って欲しいと願っている。

河村 直樹 （かわむら なおき）

1975 年川崎汽船入社。2017 年米国現法会長を退任したのち 2019 年に創立 100 周年を迎えるにあたり刊行した『川崎汽船 100 年史』の編集に携わった。

宮本 しげる （みやもと しげる）

1967 年（株）ジャパン近海に入社、2008 年（株）商船三井内航を退職後、内航大型船輸送海運組合・事務局長に就任。2014 年退任後、同郷の山下亀三郎翁を描いた『トランパー』を愛媛新聞サービスセンターより自費出版。

宮崎 悟司 （みやざき さとし）

1972 年東京海上火災保険（株）入社、船舶保険部、日本船舶保険連盟、ブラッセル・パリ各主席駐在員を経て宇宙保険室長、国際航空宇宙保険者連合スペースリスク委員会委員歴任。『東京海上 125 年史』編纂を担当、2006 年退社。

太田 由美子 （おおた ゆみこ）

ライター。神奈川県出身、愛媛県在住。松山で発行の冊子にて愛媛ゆかりの偉人に関する記事を執筆。主な編著に『広田村史　続編』、『村の記憶―留吉さん、九十二歳が綴る物語』（愛媛出版文化賞）など。

野間 恒 （のま ひさし）

愛媛県西条市生まれ。慶應義塾大学経済学部卒、大阪商船（現商船三井）勤務を経て九州急行フェリー取締役社長（1990–98）、The World Ship Society 終身会員。山縣勝見賞・住田海事奨励賞受賞。『客船の世界史』他著書多数。

吉田 茂 （よしだ しげる）

明治海運（株）取締役常務執行役員を経て現在同社顧問。大正期に船成金として名を馳せ、その後政治家に転身し農林・運輸行政で活躍、戦後海運業に戻り明治海運の安全・安定経営の基礎を築いた内田信也を知って欲しいと願っている。

逸見 真 （へんみ しん）

新和海運株式会社船長、海技教育機構海技大学校准教授を経て、現在、東京海

276

洋大学学術研究院海事システム工学部門教授、一級海技士（航海）、博士（法学）、著書に『船長論—引き継がれる海の精神』。

松本 洋幸（まつもと ひろゆき）
大正大学文学部准教授。元横浜開港資料館調査研究員。現在、日本学術振興会科学研究費助成事業「有吉義弥家資料からみた第二次世界大戦後の日本海運」（2019–2021）の研究代表者をつとめる。

郷古 達也（ごうこ たつや）
兵庫県西宮市生まれ。三菱銀行（現三菱 UFJ 銀行）勤務を経て、山縣記念財団に入り、2017 年理事長に就任。他に（公社）日本海洋少年団連盟理事、海洋立国懇話会運営委員等。山縣勝見の孫に当たる。

以上

編者紹介：一般財団法人山縣記念財団

　山縣記念財団は、昭和 15 年（1940）、商船三井の源流企業のひとつである旧辰馬汽船の社長を務めた山縣勝見（1902–76）によって、学理と実務の統合的機関として設立され、令和 2 年（2020）に設立 80 周年を迎えました。

　山縣勝見は、戦後、海運会社と損保会社の社長を務めたほか、（社）日本船主協会会長、参議院議員、吉田内閣での国務大臣・厚生大臣などを歴任しました。先の太平洋戦争でほとんどの船を喪い、多くの船員が犠牲になるなど、壊滅的な状況にあった日本海運の再起を図るべく、昭和 26 年（1951）、欧米各国を歴訪して政府や海運業界の要人たちと折衝するなど、同年 9 月のサンフランシスコ平和条約で日本海運が国際社会に復帰するために尽力しました（詳細は、本書の「山縣勝見」評伝をご覧下さい）。

主な事業活動

　2012 年、一般財団法人となり、以下の 3 事業を中心に活動しています。

　各事業の対象分野は、「海運、物流、港湾、造船、海上保険及びその周辺分野」です。最新の募集要領については、当財団ホームページにてご確認下さい。

1.『海事交通研究』等出版

　1965 年 11 月創刊。毎年 11〜12 月頃発行。海事研究者、海事企業/団体、図書館などに配布しており、海事交通分野を扱った数少ない学術研究誌として好評です。また、事業の一環として、海事関係図書の出版を行って参りました。

2.「山縣勝見賞」

　設立者の名前を冠して 2008 年に創設されました。著作賞、論文賞、功労賞、特別賞があり、毎年 3〜4 月に公募し、7 月の「海の日」前後に贈呈式を行います。

3. 補助金助成事業

　海事分野の調査研究、その他海事の発展に貢献し、または貢献しようとする事業への助成制度です。毎年1～2月に公募します。

近年の事業実績

1. 出版事業（『海事交通研究』以外）

田村茂編著『海、船、そして海運―わが国の海運とともに歩んだ山縣記念財団の70年―』平成24年（2012年）9月

山縣記念財団編『海想～海運業界の想い出話集～』平成25年（2013年）7月

山岸寛著『海運70年史』平成26年（2014年）7月

高田富夫著『ロジスティクス管理の方法』平成29年（2017年）3月

逸見真編著『船長職の諸相』平成30年（2018年）3月

2. 表彰事業「山縣勝見賞」受賞者（平成30年以降）

平成30年（2018年）

著作賞　岸本宗久編著『海上衝突予防法史概説』（成山堂書店）

論文賞　畑本郁彦著「内航船の安全管理体制構築に関する研究」（神戸大学海事科学研究科海事科学専攻博士学位論文）

功労賞　今津隼馬（東京海洋大学名誉教授）

特別賞　谷川夏樹（画家、船や海運に関する絵本『かもつせんのいちにち』、『コンテナくん』等に対して）

平成31年／令和元年（2019年）

論文賞　丹羽康之著「海上無線通信を活用した船舶の位置情報共有に関する研究」（東京海洋大学大学院海洋科学技術研究科／応用環境システム学専攻博士学位論文）

功労賞　富田昌宏（神戸大学名誉教授）

特別賞　海部陽介（人類進化学者、「3万年前の航海 徹底再現プロジェクト」代表）

同　　　　野間恒（海事史家）

令和 2 年（2020 年）

著作賞　小林登著『定期傭船契約論』（信山社出版）

同　　　水本邦彦著『海辺を行き交うお触れ書き―浦触の語る徳川情報網―』
　　　　（吉川弘文館）

功労賞　池田宗雄（元東海大学海洋学部教授）

特別賞　菊池金雄（徴用船の調査研究に対して）

山縣記念財団 80 周年記念出版編集委員会メンバー

代表委員　苦瀬博仁（東京海洋大学名誉教授、流通経済大学教授）

同　　　　木原知己（早稲田大学大学院非常勤講師）

委員　　　逸見　真（東京海洋大学教授）

同　　　　伊藤義和（山縣記念財団評議員）

同　　　　中出　哲（早稲田大学商学学術院教授）

同　　　　郷古達也（山縣記念財団理事長）

事務局　　松尾泰彦（山縣記念財団理事）

ISBN978-4-303-63442-1

日本の海のレジェンドたち

2021 年 3 月 28 日　初版発行　　　　　　　　　　　　　Ⓒ 2021

編　者　山縣記念財団 80 周年記念出版編集委員会　　検印省略
発行者　岡田雄希
発行所　海文堂出版株式会社
　　　　本社　東京都文京区水道 2-5-4　（〒112-0005）
　　　　　　　電話 03（3815）3291（代）　　FAX 03（3815）3953
　　　　　　　http://www.kaibundo.jp/
　　　　支社　神戸市中央区元町通 3-5-10　（〒650-0022）
日本書籍出版協会会員・工学書協会会員・自然科学書協会会員

PRINTED IN JAPAN　　　印刷　東光整版印刷／製本　誠製本